北京高等教育精品教材

高职高专金融类"十三五"规划系列教材

个人理财规划

（第二版）

GEREN LICAI GUIHUA

主　编　胡君晖

副主编　张伟芹

中国金融出版社

责任编辑：王效端
责任校对：张志文
责任印制：张也男

图书在版编目（CIP）数据

个人理财规划（Geren Licai Guihua）/胡君晖主编 . —2 版 . —北京：中国金融出版社，2017.5
高职高专金融类"十三五"规划系列教材
ISBN 978 - 7 - 5049 - 8965 - 9

Ⅰ.①个… Ⅱ.①胡… Ⅲ.①私人投资—高等职业教育—教材 Ⅳ.①F830.59

中国版本图书馆 CIP 数据核字（2017）第 072825 号

出版 发行	**中国金融出版社**

社址　北京市丰台区益泽路 2 号
市场开发部　（010）63266347，63805472，63439533（传真）
网上书店　http：//www.chinafph.com
　　　　　　（010）63286832，63365686（传真）
读者服务部　（010）66070833，62568380
邮编　100071
经销　新华书店
印刷　北京市松源印刷有限公司
尺寸　185 毫米×260 毫米
印张　14.5
字数　321 千
版次　2012 年 7 月第 1 版　2017 年 5 月第 2 版
印次　2018 年 7 月第 2 次印刷
定价　33.00 元
ISBN 978 - 7 - 5049 - 8965 - 9
如出现印装错误本社负责调换　联系电话（010）63263947
编辑部邮箱：jiaocaiyibu@126.com

第二版前言

《个人理财规划》教材自 2012 年第一版出版后，承蒙广大财经院校各位教师同人及学生的支持与厚爱，在五年时间里多次重印。这对教材的作者来说，无疑是莫大的鼓舞和鞭策，同时也对我们提出了更高的要求和期望。近年来，随着居民家庭收入的增加，教育、住房、养老等方面政策的变化，理财规划越来越受到家庭的重视，为了适应新的变化，《个人理财规划》课程教材的更新与完善也势在必行。

为了便于教学，第二版基本保持了第一版建立的课程体系，继续以项目为主线，以学生为主体，进一步突出对学生职业技能的培养。教材重点内容为：家庭财务报表的编制与分析；家庭现金规划、保险规划、消费支出规划、教育规划、证券投资规划、退休养老规划、财产分配与传承规划；综合理财规划报告的撰写训练。为了使教材内容更加科学、完善，教学资料等内容更具有时效性，第二版修订的主要内容如下：

1. 对第一版中有关排版、编辑、内容等方面存在的纰漏和差错进行订正，力求做到概念准确、表述正确、数字精确。

2. 对有关章节的导入案例、实训活动、阅读资料等进行了适时更新，力求通过阅读资料、案例等的更新做到教材内容与时俱进，课程与生活实践同步。

3. 对有关章节的教材内容和条目顺序进行调整、充实、更改甚至重写。通过修改，力求做到强调实践、突出实用、强化实操训练。

4. 对有关章节中的习题做了更新与替换，力求方便学生课后的练习，帮助学生了解与课程相关的职业资格证书的考试方向。

5. 对综合理财规划职业技能训练做了更新与修订，力求通过综合理财规划职业技能训练实现学生对全部课程内容的融会贯通，以及对理财规划师职业技能的综合运用。

经修订的第二版教材依然保持以下特色：

1. 以学生为主体，注重学生的技能培养。强调学生有效参与，在结构体例上，注重学生情感体验，精心构建学生活动。

2. 注重教材的趣味性和可操作性。在项目中配有小插图、名人名言、阅读材料等栏目，增强了教材的趣味性和可读性。

3. 兼顾职业资格考试。在每个项目后，配备了助理理财规划师考试习题，使学生在学完本教材后具备通过助理理财规划师考试的潜力。

本书由胡君晖担任主编，张伟芹担任副主编，具体分工如下：胡君晖（项目一初识个人理财规划；项目六教育规划；项目七投资规划）、张伟芹（项目二财务报表分析；项目九财产分配与传承规划）、王卫华（项目五消费规划；项目十综合理财规划）、李岩（项目八退休养老规划）、张风存（项目四保险规划）、赵姣姣（项目三现金规划），本书最后由张伟芹统稿和校对。

在本书第二版修订编写过程中，参考了国家助理理财规划师职业资格考试教材及一些同行的相关教材，借鉴引用了部分网络案例资料和部分专业学者的研究成果，在此表示诚挚的敬意和谢意！由于编者水平有限，书中疏漏和不足之处在所难免，肯定广大读者和师生不吝赐教！

编　者
2017 年 3 月 20 日

前　　言

　　本教材以项目为主线，以学生为主体，在传授理论知识和操作技能的同时，更注重职业技能的培养。本教材首先简单介绍个人理财规划的基本内容和流程，讨论如何成为一名合格的理财规划师；然后介绍了个人财务报表的编制和分析；接着分别讨论现金规划、保险规划、消费支出规划、教育规划、证券投资规划、退休养老规划、财产分配与传承规划等分项规划；最后是一个综合理财规划报告的撰写训练。

　　本教材具有如下特点。

　　1. 以学生为主体，注重学生的技能培养。本教材强调学生有效参与，在结构体例上，注重学生情感体验，精心构建学生活动。本教材在项目教学中遵循引导案例、知识介绍、案例分析、情景模拟和职业技能训练、检测、反馈的过程，通过螺旋式上升的实践训练，培养学生的各项专业技能。

　　2. 注重教材的趣味性和可操作性。在项目中配有小插图、名人名言、阅读材料等栏目，增强了教材的趣味性和可读性。每一个项目均设计了生动、客观的引导案例、情景模拟、职业技能训练，并在教材的最后安排了综合案例训练，使本教材具有良好的可操作性。

　　3. 兼顾职业资格考试。本教材在内容设置上，兼顾了国家助理理财规划师考试的内容，并在每个项目后，配备了助理理财规划师考试习题，使学生在学完本教材后具备通过助理理财规划师考试的潜力。

　　本教材由胡君晖担任主编，张伟芹担任副主编，具体分工如下：胡君晖（项目一初识个人理财规划；项目六教育规划；项目七证券投资规划）、张伟芹（项目二财务报表的编制与分析；项目九财产分配与传承规划）、王卫华（项目五消费支出规划；项目十综合理财规划）、李岩（项目八退休养老规划）、张风存（项目四保险规划）、赵姣姣（项目三现金规划），本书最后由张伟芹统稿和校对。

　　本教材在编写过程中参考了国家助理理财规划师职业资格考试教材，借鉴引用了部分网络案例资料和部分专业学者的研究成果，在此表示诚挚的谢意！

　　由于编者水平有限，书中疏漏和不足之处在所难免，恳请广大读者和师生不吝赐教！

编　者

2012 年 5 月 2 日

目　　录

初识个人理财规划

CHUSHI GEREN LICAI GUIHUA

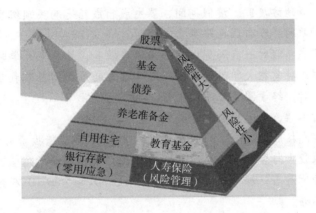

"君子爱财，取之有道；君子爱财，更当洽之有道。"

——孔子

【工作任务】

1. 掌握理财规划设计的主要内容。
2. 了解理财规划设计的流程。
3. 认识理财规划师及其资格认证。

【引导案例】

8 年内败光 183 万英镑大奖　彩票富翁沦为穷光蛋

英国西约克郡韦瑟比市 42 岁男子罗杰·葛里费斯 8 年前买彩票中了 183 万英镑的大奖，但如今，他的银行账户只剩 7 英镑存款，重新沦为穷光蛋。他哀叹道："现在回头看，中大奖简直就是喝下一杯加了毒药的美酒。"

狂购豪宅名车珠宝，孩子读上贵族私校

2005 年罗杰购买了一张英国国民彩票，竟然中了 183 万英镑大奖（相当于当时的 2745 万元人民币）。顿时，罗杰一夜暴富，这笔奖金每天产生的利息就有 340 英镑，足够让罗杰一辈子衣食无忧。

中奖后，罗杰立即和妻子劳拉在韦瑟比市买下一幢 67 万英镑的豪宅，同时送孩子去就读每年学费高达 1 万英镑的私立学校。此外，罗杰还狂花 5 万英镑奖金为自己买下了包括保时捷在内的多辆高级跑车，又为妻子买了价值不菲的"卡地亚"珠宝和许多昂贵的手工订制衣服。

奢华度假跻身名流，烧钱录唱片圆星梦

中奖之后，罗杰先后花了 3 万英镑带着家人一起到摩纳哥、美国纽约、佛罗里达州和西班牙马略卡岛等地方度假。度假期间，罗杰成箱成箱地购买顶级香槟酒，重金邀请许多名人举办各种派对，令自己也跻身名流之列。

此外，由于罗杰年轻时一直渴望成为一名摇滚歌星，并曾在大学时组建过一支摇滚乐队，中奖后，罗杰特意把大学时代与他一起玩摇滚的乐团团员都找了回来，花 2.5 万英镑录制了一张专辑，终于圆了他的歌星梦。

投资股票全打水漂，豪宅竟也意外失火

中奖之后，罗杰按照理财专家的朋友建议，拿出 20 万英镑投资开了一家美容沙龙，并将巨额款项投入股市与金融市场。但不巧遇上 2007 年全球金融海啸，使他们投资血本无归，罗杰眼睁睁地看着这些钱全都打了水漂，最终只能拿回 10 万英镑，光是应付生活开销的账单都不够。

更不幸的是，2010 年，罗杰豪宅竟意外失火，屋内价值 12 万英镑的物品全都付之一炬。由于妻子劳拉无法忍受这种生活的剧变，最终和罗杰离了婚。

银行账户仅剩 7 英镑，重新变成"啃老族"

就这样，在短短 8 年后，罗杰彻底败光了 183 万英镑"飞来横财"，银行账户也只剩 7 英镑存款。如今，重新沦为穷光蛋的罗杰不得不搬回父母家居住，同时正设法卖掉他用奖金买的 2 套豪宅还债。与此同时，几乎身无分文的他只有依靠父母救济生活，成了"啃老族"。

案例来源：人民网，2013 - 03 - 21。

【案例分析】

1. 面对突然降临的巨款，一些中奖得主没有理财观念，无度的挥霍令他们从人生财富的最高点跌至低谷。

2. 据了解，在中国广东的中奖得主中，有八成是打工一族。他们中奖后试图来个"大翻身"，不仅辞去工作，还不顾后果地"下海"经商，甚至轻信别人盲目投资，结果不是投资不当就是被人利用，白白地将这笔幸运之财浪费了。投资知识和投资能力不是天生的，没有和财富相匹配的能力，别说创造财富，守住财富都不是一件轻而易举的事情。

3. 下面是一个理财顾问对中大奖者的理财建议，你觉得如何？

(1) 对获奖的事绝口不提。(2) 不要马上改变现在的生活习惯，暂且继续工作。(3) 满足自己一个渴望已久的"小愿望"。(4) 把巨额奖金匿名存入一家在大城市的大银行，并且找一位有经验的理财咨询师。(5) 把大奖设为定期储蓄。(6) 从狂喜中挣脱出来。(7) 不要匆忙买大件。(8) 认真思考今后的生活计划。(9) 在理财咨询师的帮助下安排资产的家庭合理分配。(10) 奉献爱心，救助无家可归的人和孤儿。

任务一
了解个人理财规划的主要内容和流程

【工作目标】

1. 了解个人理财规划的主要内容。
2. 掌握个人理财规划的原则。
3. 掌握个人理财规划的流程。

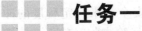 **训练一** 树立正确的理财理念

个人理财规划是指为达到客户终生的财务安全、自主和自由，不断提高生活品质的目的，运用科学的方法和特定的程序为客户制订切合实际、具有可操作性的某方面或综合性的理财方案，并实施和管理协调一致的总体财务规划的过程。从另一个角度来说，理财就是在人生不同的生命周期阶段，从财务角度审视和安排我们的生活方式。理财就是个人一生的现金流量与风险管理。

个人理财规划的深刻内涵可以从以下几个方面来理解。

1. 理财是一项长期的经济活动。对于个人理财，我们应该从生命周期的角度来看待。我们知道，在人一生的各个阶段中，人力资源和收入水平的变动都不是呈一条水平的直线，而是有上升也有下降，有波峰也有波谷。一个人在他经济上独立到结婚的这段时间里，人力资源处于一个急速上升的阶段，而收入则可能是一生中最低的时候。但这个阶段的花销并不少，结婚、买房的压力让年轻人不得不勒紧裤带，节约开支。在渡过了这个最困难的阶段之后，个人的事业开始有所成就，收入也逐渐上升。但随着子女长大，他们接受高等教育的费用成为家庭的主要负担。个人的收入并不会一直上涨，随着进入退休年龄，人力资源开始退化，收入也开始有所下降。而在正式退休之后，收入的重要组成部分工薪收入便停止了，个人只有早做准备才可以维持期望的生活水平。总的来说，人在其一生中收入的获取是非常不平均的。一个人如果不提早做好整体的规划，就可能会出现有钱的时候大手大脚、潇洒自在，而收入下降的时候处境困窘的情况。个人财务规划可以站在一个整体规划的角度，帮助客户订立一生的目标与计划，使客户在保证财务安全的前提下享受更高质量的生活。

2. 规避风险与保障生活。现代人面对的是一个瞬息万变的世界，风险无处不在，任何人在任何时候都有可能遭遇意外事件。但如果事先早做安排则可以将意外事件带来的损失降到最低限度，从而达到规避风险、保障生活的目的。个人所面对的风险主要有两类：一类是微观风险，即自身相关的风险，例如失业、疾病伤残、意外死亡等；另一类是宏观风险，即由宏观因素所决定的风险，这种风险对个人来说是无法控制的，例如通货膨胀、金融风暴、政治动荡等。以上这些风险都会给个人的财务安全带来一定程度的冲击。个人理财则可以帮助客户事先采取有针对性的防范措施，当风险来临时就不会惊慌失措了。例如，当客户由于某些原因而失业时，如果客户还比较年轻又没有结婚，那么自然不必过于担心。但是如果客户的年纪较大而家庭负担又很重，那么失业将会给客户的生活造成很大的影响。针对失业的风险，理财规划师的责任就是通过预先准备充足的失业保险以及保持资产的流动性等方式，将对风险的预测纳入财务规划建议中来。这样一旦客户真的失业，就不必为一家人的生活发愁了。

3. 为客户子女的健康成长打好经济基础。天下所有的父母都希望自己的子女健康苗壮地成长，并且能够接受高等教育，以在未来竞争激烈的商业社会中占有一席之地。然而，养育子女的费用常常是非常高昂的，尤其是像出国留学等这些教育支出，并不是每个家庭都可以轻松承担的。如果父母等到即将面对这些支出时再做打算，恐怕为时已晚。因此，做父母的应当提前规划子女未来的教育支出。个人理财师则可以帮助客户将子女的养育计划纳入家庭的整体财务策划中去，为子女未来的养育支出提前做好规划，避免因为财务上的困难而影响了子女的成长。

【知识要点】

一、理财规划的目标

理财规划的最终目标是实现财务安全，追求财务自由。

1. 财务安全是指自己或家庭对自己的财务状况有充分信心，认为现有的财富足以应对未来的财务支出，足以实现一些生活目标，不会出现大的财务危机。这一目标又是通过很多具体的理财目标来实现的，包括是否有充足的现金准备，是否有稳定充足的收入，个人是否有发展潜力，是否有适当的住房，是否购买了适当保险，是否有适当、稳定的投资，是否享受社会保障，是否有额外的养老保障，是否有有效的财产分配与传承等。

2. 追求财务自由。财务自由指个人或家庭的收入主要来源于主动投资而不是被动工作。表现为投资收入可以完全覆盖个人或家庭的各项支出，个人从被迫工作中解放出来，已有财富成为创造更多财富的工具。

二、理财规划的原则

理财规划的原则主要有以下几个方面。

1. 整体规划。整体规划原则既包含规划思想的整体性，也包含理财方案的整体性。整体由部分组成，一个方面出现了变化，必然会对其相关部分产生影响。

2. 提早规划。货币经过一段时间的投资和再投资可以进一步增值，即货币的复利现象，由于货币具备这样的特性，所以理财规划应尽早开始，理财方案应尽早制订。

3. 现金保障优先。依据专业理财规划的基本要求，为客户建立一个能够帮助客户家庭在出现失业、大病、灾难等意外事件的情况下也能安然渡过危机的现金保障系统十分关键，也是理财规划师进行任何理财规划前应首先考虑和重点安排的。只有建立了完备的现金保障，才能考虑将客户家庭的其他资产进行专项安排。一般情况下，家庭建立现金储备要包括日常生活覆盖储备和意外现金储备。

4. 风险管理优于追求收益。理财规划旨在通过财务安排和合理运作来实现个人、家庭或企业财富的保值增值，最终使生活更加舒适、快乐。保值是增值的前提，在理财规划中，必须要认清可能出现的任何风险，合理利用理财规划工具规避风险，并采取措施应对这些风险。

5. 消费、投资与收入相匹配。消费支出通常用于满足短期需求，投资则应具有追求将来更高收益的特质，收入无疑是二者的源头活水。在现实生活中，应特别注意使消费与收入相匹配，如在购房规划中要充分考虑月供与还贷能力。

6. 家庭类型与理财策略相匹配。不同的家庭有不同的理财策略。一般情况下，青年家庭的风险承受能力比较强，理财规划的核心策略为进攻型；中年家庭的承受能力中等，理财规划的核心策略为攻守兼备型；老年家庭的风险承受能力比较低，因此理财规划核心策略为防守型。

三、投资与理财的区别

1. 目标不同。投资是将钱放在某一渠道或某些产品中增值、保值、超值，其目的是为了获得利润，它关注的是资金的流动性与收益率；理财则不只是为了赚钱，更重要的是帮助人们更合理地安排收入与支出，以达到财务安全、生活无忧，而不仅仅是单纯地追求资产的保值、增值。

2. 决策过程不同。在理财方案的设计与实施过程中，不仅要考虑市场环境的因素，更重要的是考虑个人及家庭的各方面因素，包括生活目标、财务需求、资产和负债、收入和支出等，甚至还要考虑个人的性格特征、风险偏好、投资特点、健康状况等。而在投资的决策中，主要考虑的是收益率，而很少考虑个人的其他需求。

3. 结果不同。通常而言，投资的结果是获得了收益，实现了资产的保值增值，但也可能因为风险而承受一定的损失。理财则是在目前的资产和收入状况下，使我们未来的生活更加富有、更加有质量，家庭成员更加健康、更加快乐。

4. 涵盖的范围不同。具体而言，个人及家庭的投资渠道主要包括金融市场上买卖的各种资产，如存款、债券、股票、基金、外汇、期货，以及在实物市场上买卖的资产，如房地产、金银珠宝、邮票、古玩，或者实业投资，如个人店铺、小型企业等。理财的内容则要丰富得多，包括个人及家庭收入与支出的方方面面。

【实训活动】

活动 1：分小组讨论，你有哪些人生目标，思考人生和目标之间的关系。

活动 2：收集失败的理财案例，并分析其失败的原因。

训练二　了解个人理财规划的内容和流程

【案例导入】

教师与学生共同阅读本书项目十综合理财规划，初步了解一份个人理财规划报告的主要内容。

【知识要点】

一、个人理财规划书的主要内容

个人理财规划就是通过制订财务计划，对个人（或家庭）财务资源进行适当管理而实现生活目标的一个过程，包括现金规划、消费支出规划、保险规划、教育规划、税收规划、证券投资规划、退休养老规划、遗产分配与传承规划等内容。

1. 必要的资产流动性——现金规划。个人持有现金主要是为了满足日常开支需要、预防突发事件需要、投机性需要。个人要保证有足够的资金来支付计划中和计划外的费用，所以理财规划师在现金规划中既要保证客户资金的流动性，又要考虑现金的持有成本，通过现金规划使短期需求可用手头现金来满足，预期的现金支出通过各种储蓄活短期投资工具来满足。

2. 合理的消费支出——消费支出规划。个人理财的首要目的并非个人价值最大化，而是使个人财务状况稳健合理。在实际生活中，减少个人开支有时比寻求高投资收益更容易达到理财目标。通过消费支出规划，使个人消费支出合理，使家庭收支结构大体平衡。

3. 完备的风险保障——保险规划。在人的一生中，风险无处不在，理财规划师通过风险管理与保险规划做到适当的财务安排，将意外事件带来的损失降到最低限度，使客户更好地规避风险、保障生活。

4. 实现教育期望——教育规划。教育为人生之本，时代变迁，人们对受教育程度要求越来越高，再加上教育费用持续上升，教育开支的比重变得越来越大。客户需要及早对教育费用进行规划，通过合理的财务计划，确保将来有能力合理支付自身及其子女的教育费用，充分达到个人（家庭）的教育期望。

5. 合理的纳税安排——税收规划。纳税是每一个人的法定义务，但纳税人往往希望将自己的税负减到最小。为达到这一目标，理财规划师通过对纳税主体的经营、投资、理财等经济活动的事先筹划和安排，充分利用税法提供的优惠和差别待遇，适当减少或延缓税负支出。

6. 积累财富——投资规划。个人财富的增加可以通过减少支出相对实现，但个人财富的绝对增加最终要通过增加收入来实现。薪金类收入有限，投资则完全具有主动争取更高收益的特质，个人财富的快速积累更主要靠投资实现。根据理财目标、个人可投资额以及风险承受能力，理财规划师可以确定有效的投资方案，使投资带给个人或家庭的收入越来越多，并逐步成为个人或家庭收入的主要来源，最终达到财务自由的层次。

7. 安享晚年——退休养老规划。人到老年，其获得收入的能力必然有所下降，所以有必要在青壮年时期进行财务规划，达到有一个"老有所养、老有所终、老有所乐"的尊严、自立的晚年生活的目标。

8. 合意的财产分配与传承——财产分配与传承规划。财产分配与传承是个人理财规划中不可回避的部分，理财规划师要尽量减少财产分配与传承过程中发生的支出，协助客户对财产进行合理分配，以满足家庭成员在家庭发展的不同阶段产生的各种需要；要选择遗产管理工具和制订遗产分配方案，确保在客户去世或丧失行为能力时能够实现家庭财产的世代相传。

二、个人理财规划的流程

个人理财规划主要流程如图 1－1 所示。

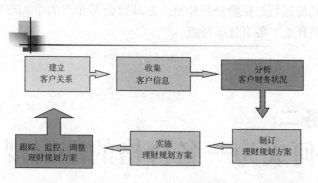

图 1－1 个人理财规划流程

1. 建立客户关系。建立客户关系是个人理财规划设计的第一步。在建立客户关系的过程中，理财规划师的沟通技巧非常重要，除了语言沟通技巧外，理财规划师还要懂得各种非语言的沟通技巧，包括眼神、面部表情、身体姿势等。理财规划师作为专业人士，在与客户交往时，应当尽量使用专业化的术语。

2. 收集客户信息。在提交任何方案前，理财规划师应当尽可能收集有关客户家庭的收入、支出、资产、债务、个人生活状况、价值取向、态度、风险承受能力、期望及时间要求等信息，并根据收集到的信息，与客户共同确定客户生活和财务需求、目标，以及实现的先后顺序。这些信息可以通过客户直接获取，也可以通过客户访问、调查问卷、客户记录等其他途径获取。

3. 分析和评估客户当前的财务状况。客户的财务状况分析是理财规划的基础。理财规划师需要将客户的财务状况用会计语言表述出来，这就需要帮助客户编制资产负债表和现金流量表，并进行财务指标分析。

4. 制订并向客户提交个人理财规划方案。通过客户信息分析，结合客户的理财目标，经过与客户的充分沟通，运用本书后续学到的理财规划的知识和技能，我们就能制订一份符合客户需求的、个性化的理财规划方案。

5. 实施个人理财规划方案。个人理财规划方案的实施，要兼顾准确性、及时性和有效性的原则。所谓准确性是指执行者在执行数额和分配的品种选择上准确无误；及时性是指要及时落实各项行动措施，根据客户情况和市场状况的变化及时地进行计划调整；有效性主要是执行者要使计划的实施能够有效实现理财规划方案的预定目标，使客户的财产得到真正的保护或者实现预期的增值。只有同时兼顾这三项原则，理财规划书才能够得到有效的执行。

6. 跟踪、监控、调整个人理财规划方案。理财服务不是一次完成的，客观环境会不断变化，客户的理财目标也会发生变动，因此，理财规划师需要根据新情况不断调整方案，以适应情况的改变。一般来说，理财规划师需要定期对规划方案的执行和实施情况进行监控和评估，并就实施结果及时与客户沟通，必要时还可以对计划进行适当的调整。

【实训活动】

分小组收集几份银行、保险公司和第三方理财公司作出的个人理财报告，看看这些报告的主要内容是什么，各有什么特点。

任务二
如何成为一名合格的理财规划师

【工作目标】

1. 了解理财规划师职业资格考试。

2. 了解理财规划师的职业素养。

【知识要点】

一、理财规划师的职业前景

随着中国经济的快速发展，中产阶级和豪富阶层正在迅速形成，并有相当一部分从激进投资和财富快速积累阶段逐步向稳健保守投资、财务安全和综合理财方向发展，因而对能够提供客观、全面理财服务的理财师的要求迅猛增长。据统计数据显示，2013年全国居民储蓄总额接近40万亿元人民，财富迅速向个人集中，专业理财将成为我国最具发展潜力的金融业务之一。与理财服务需求不断看涨形成反差，我国理财规划师数量明显不足。目前，年收入达50万元标准的中产阶级在国内约有1000万户，按照1个理财规划师服务100人估算，国内理财规划师的"缺口"至少为10万人。在中国，只有不到10%的消费者的财富得到了专业管理，而在美国这一比例为58%。国家理财规划专家委员会秘书长刘彦斌认为，国内理财规划师的年薪"应该在10万到100万元人民币之间"。参考我国的宏观经济形势，不难预见，随着经济的发展和民众理财理念的成熟，理财规划师将成为继律师、注册会计师后，国内又一个具有广阔发展前景的金领职业。

理财规划师既可以服务于金融机构，也可以独立执业、以第三方的身份为客户提供理财服务。在我国，目前还没有独立的理财规划师，从事理财规划的理财规划师散见于银行、保险、证券等金融行业或者第三方理财行业。主要原因如下：首先，大众观念上的误区。在西方发达国家，个人理财规划师和私人医生、律师一样，成为人们一生中不可或缺的朋友。但把自己的钱交给别人打理，在中国还未形成习惯，人们通常不愿意与别人分享自己的财务问题。由于存在认识和观念上的种种误区，金融业的信誉度还需要时间和实践来培育，个人理财师们还需等待市场的成熟。其次是从业人员知识和阅历有待提高。按照国际惯例，优秀的理财师一般都是中年以上，有银行、证券等金融机构多年从业经历，了解保险、基金、股票等多种投资理财工具，具有丰富的人生阅历。而国内的理财规划师多数为毕业不久的年轻人，投资经验和人生阅历欠缺，在管理经验、营销策略、风险管理以及业务规范上落后于国际平均水平。目前，居民对个人投资理财专业化服务需求的迅速增长，同整个金融服务业高端复合型人才的严重匮乏形成了鲜明的对照。培养出一批精通银行、证券、保险等多方面金融业务的专业个人理财顾问，已显得尤为迫切。

二、理财规划师资格认证

目前，我国理财规划师认证还没有一个权威、统一、得到政府和企业普遍认可的认证机构，各种认证机构并存，其中比较有影响的有国家理财规划师（ChFP）及其资格认证、注册金融策划师（CFP）及其资格认证、注册财务策划师（RFP）及其资格认证。

1. 国家理财规划师（ChFP）及其资格认证。理财规划师国家职业资格认证是由中华人民共和国人力资源和社会保障部颁发的职业资格证书。理财规划师国家职业资格认证分为三个等级，即助理理财规划师（国家职业资格三级）、中级理财规划师（国家职业资格二级）、高级理财规划师（国家职业资格一级）。理财规划师国家职业资格认证证书必须经考试取得，认证考试为全国统一考试，每年考试两次，分别为 5 月中旬和 11 月中旬，考试地点由各地区人力资源和社会保障部门指定。目前，助理理财规划师的考试资格已经放宽到在校大学生群体，在校大学生也可以报考助理理财规划师职业资格考试。助理理财规划师全国统考科目为理论知识、实操知识两门。中级理财规划师全国统考科目为理论知识、实操知识、综合评审三门。

理财规划师国家职业资格认证是由政府推动的职业认证，目前来说，社会认可度比较高。教材的编写考虑了中国国情，具有本土化的特点，在培训和考试中，注重实务操作。

2. 注册金融策划师（CFP）及其资格认证。CFP（Certified Financial Planner）是注册理财规划师的简称，由 CFP 标准委员会（CFP Board of Standards）考试认证，是目前国际金融领域最权威和最流行的个人理财职业资格认证。1972 年美国首批 CFP 诞生，截至 2004 年底全美共有 5 万人获得该项认证资格。CFP 考试涉及七大类共 102 个子课题，涵盖了保险、投资、财务、会计等基本原理、政策法规及市场投资品种等方方面面的知识，内容广，难度大。

中国 CFP 组织负责机构为中国金融理财标准委员会（FPSCC，下称"金标委"）。金标委在中国实施两级理财规划师认证制度，即理财规划师（AFP）和国际理财规划师（CFP）认证制度。在 2005 年 11 月之前，金标委只进行 AFP 的资格认证。国际金融理财标准委员会（FPSB）在 2005 年 11 月 22 日吸收金标委为准成员，2006 年 4 月 2 日金标委正式签约成为 FPSB 正式成员，取得了代理美国理财规划师的培训资格，除 AFP 的资格认证外，同时进行 CFP 的资格认证。

AFP 认证是 CFP 认证的第一阶段，可获得"理财规划师培训合格认证"；在完成 AFP 培训后，学员可参加 CFP 第二阶段的培训。其中 AFP 的证书是由金标委发放的，CFP 是 FPSB 发放的。

3. 注册财务策划师（RFP）及其资格认证。注册财务策划师学会（Registered Financial Planner Institute，RFPI）于 1983 年在美国成立，其资格在加拿大、英国、澳大利亚、日本、德国等国家获得认可度较高。到目前为止，全世界获得 RFP 资格的人数超过 6 万人，在中国地区，RFPI 会员也已达到 6 000 多人。根据 RFPI 国际标准委员会的要求，RFP 系列认证申请人必须完成至少 120 学时的专业培训课程及考试。中文教材 2011 版的课程体系分为三大系列。

系列一：金融理财原理（Foundation of Modern Financial Planning），内容包括现代理财导论、家庭与企业、法律基础、员工福利基础、风险管理基础、经济学基础、金融学基础、财务管理基础，人生规划、职业规划、储蓄规划、消费规划、居住规划、教育规划、税收筹划等。

系列二：个人理财实务（Professional Practices of Personal Finance），内容包括保险理财、投资理财、银行理财、综合理财、职业素质、工作技能等。

系列三：公司理财实务（Professional Practices of Corporate Finance），内容包括财务管理、筹资管理、投资管理、营运管理、理财专题、税务筹划等。

完成并通过系列一课程可申请财务策划师（ARFP）资格证书；完成并通过系列一和系列二课程可申请注册财务策划师（RFP）个人理财方向资格证书；完成并通过系列一和系列三课程可申请注册财务策划师（RFP）公司理财方向资格证书。

【实训活动】

以小组为单位，至少对一家银行或一家保险公司进行调查和咨询。通过设计调查问卷、现场咨询或者浏览网站等多种方式了解该机构对理财规划师资格认证的要求，了解该机构认可的理财规划师证书、考试通过率、理财规划师资格认证对职业前景的影响等问题，并通过电话录音、照片、列表等形式展示成果。

项目二
财务报表的编制与分析

CAIWU BAOBIAO DE BIANZHI YU FENXI

　　一个人一生离不开三件事：健康、法律和财务。我们学校教育中缺乏财商教育，现在许多孩子都习惯于看到一件满意的东西就朝爸爸妈妈开口"我要买"，但是钱是哪里来的、如何去衡量价格和价值等，都不知道。我们要从小学就倡导财商教育，让孩子们知道怎么挣钱花钱。

——刘彦斌[①]

　　"务本节用财无极。"

——荀子

---

　　① 刘彦斌系《理财规划师国家职业标准》创始人，现任国家职业技能鉴定专家委员会委员，理财规划师专业委员会秘书长。

【工作任务】

1. 把握客户财务信息的内容，熟悉客户财务信息收集的方法。
2. 掌握客户家庭财务报表类型及编制方法。
3. 掌握客户家庭财务分析的方法。

【引导案例】

以前时常组织同学朋友 K 歌，现在只敢偶尔蹭别人去玩；爱吃火锅的小两口，有小孩后没出去吃过一次；接到请帖不出席，只为送礼可以少送点；晚餐一菜一汤，三两肉要吃两三顿……月收入 6 000 多元的 80 后工装设计师郭先生一家如此节俭地过日子，却依然没有存款，"总感觉钱不明不白就用出去了。"

郭先生是一名工装设计师，他和妻子都是 1981 年出生的。妻子自从怀上小孩，就一直赋闲在家。郭先生说："我月收入六七千，比一些家庭全家收入都多，可小孩出生后这 9 个月，深感窘迫。"今年 12 月，郭先生购买的住房将交房，还需近万元手续费，而全家竟没有半点存款，平日生活还紧巴巴的。郭先生掰着手指细数，吃蔬菜，一顿饭 2 斤白菜要 4 元钱，而买 3 两肉花 11 块多，加上用剩菜下面条，可以吃 3 顿。"吃肉比吃菜划算，蒜都吃不起了，1 斤 7 块多。"一个月的薪金怎么感觉不明不白就用完了？小两口之间出现了争论。有了小孩的这 9 个月里，郭先生的生活也"因经济而改变"。

"一个在上海的朋友挣得没我多，但每个月都还能存 3 000 元。"郭先生说，从下个月起，他要把每一笔开支认真记录，精确到 1 角钱，希望找到理财良策，改变家庭经济现状。

分析：

一个家庭的生活状态不仅仅是由家庭收入来决定，更重要的是由家庭的支出来决定。对于处于家庭形成期的年轻人来讲，要想实现家庭的财务自由，第一，打好基础，改掉花钱大手大脚的习惯，学会如何理财；第二，清楚自己的实际经济状况，量体裁衣。

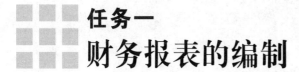

任务一
财务报表的编制

理财规划服务主要针对个人和家庭，因此在做理财规划服务之前，必须先要收集客户信息，对客户信息进行分类，从中把财务信息整理出来，并根据客户家庭的财务信息编制客户家庭的财务报表，以便于对客户家庭的财务状况进行分析。

【工作目标】

1. 掌握与客户沟通的技巧，熟悉搜集客户信息的各种方法。
2. 了解所需搜集的客户家庭信息的内容。
3. 能够对客户家庭信息进行分类。
4. 能够根据客户的财务信息编制资产负债表。
5. 能够根据客户的财务信息编制现金流量表。

【工作程序】

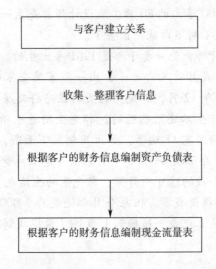

与客户建立关系

↓

收集、整理客户信息

↓

根据客户的财务信息编制资产负债表

↓

根据客户的财务信息编制现金流量表

训练一　与客户建立关系

　　理财规划师的理财规划服务是以与客户建立关系、收集客户信息为起点的。为客户提供的理财规划或理财建议是否符合客户实际、是否切实可行、是否能被客户接受，关键在于对客户信息的收集是否全面、分析是否准确到位，因此，对客户信息的收集和整理在理财服务过程中是一个非常重要的工作。

【知识要点】

一、理财规划师与客户沟通方式的选择

　　客户是否愿意与理财规划师建立理财咨询服务关系很大程度上取决于理财规划师与客户的沟通方式及沟通效果。理财规划师与客户沟通交流的方式多种多样，包括面谈、电话交谈、书面交流、互联网沟通等。理财规划师应根据不同的客户群体以及与客户关系的程度采取不同的沟通方式。

二、提高与客户沟通的效果

1. 采取合适的态度。在与客户沟通时要尊敬客户，带着一颗真诚、理解与包容的心，站在客户的角度帮助客户做决定。

2. 选择合适的交流环境并做好充分的准备。好的环境能让客户感受到对他的重视，使其更易打开心扉和理财规划师交流自己的财务状况，因此，会谈环境要安静、舒适，并能保证会谈过程不被打扰。另外，在与客户交流前要做好充分的准备，如事先拟订会谈的流程、会谈的内容提纲，准备好会谈资料等。

3. 提高交流技巧。通过会谈，理财规划师要达到与客户建立咨询服务关系的目的，因此，在会谈过程中理财规划师要使用交流技巧，如通过自己的语言、行为等建立与客户之间的信任关系，最后达到签订服务协议的目的。

三、签订协议，确定客户关系

通过与客户的交流和沟通，理财规划师在确认客户有真实的理财需求，且客户建立了对理财规划师的信任并有意委托该理财规划师所在机构帮助其理财的情况下，应该与客户签订理财规划服务合同及保密合同。

【资料链接】

理财规划服务合同（示范文本）

本合同由下列各方于_____年____月____日于_____签署：

甲方：_____

代表人：_____

地址：_____

电话：_____

传真：_____

电子信箱：_____

乙方：_____

地址：_____

电话：_____

传真：_____

电子信箱：_____

鉴于：

（1）甲方_____（以下简称"甲方"）系依据中华人民共和国法律成立并依法存续的金融机构，为客户提供专业理财规划服务；

（2）乙方_____（以下简称"乙方"）拟基于其自身财务现状委托甲方帮助理财；

（3）甲方同意接受乙方的委托，并指派专门的理财规划师具体承办乙方委托的事务。

因此，基于前述，双方达成合同如下：

第一条 委托事项

双方约定，甲方基于乙方的财务状况为乙方制订理财方案，协助乙方执行理财方案，并在执行过程中根据具体情况对理财方案进行必要的调整。

第二条 理财服务费用

1. 双方约定，乙方就甲方提供的理财服务向甲方支付理财服务费_____元人民币，并按照下列步骤分期支付：

（1）本协议签署之日，乙方向甲方支付_____元人民币；

（2）甲方向乙方交付书面理财方案之日，乙方向甲方支付_____元人民币。

2. 甲方为乙方制订理财方案、协助乙方执行理财方案的过程中所发生的差旅费、交通费或查询费等费用均由乙方承担。

第三条 陈述与保证

1. 甲方声明与保证如下：

（1）甲方是依据中华人民共和国法律成立并有效存续的金融机构，有资格提供理财规划服务；

（2）甲方所指定的具体承担理财规划业务的理财规划师具有相应的胜任能力，已经通过国家理财规划师职业资格考试，并取得执业证书；

（3）甲方及甲方指定的理财规划师勤勉尽责，以合理的方式谨慎处理乙方委托的事务；

（4）甲方及其指派的理财规划师保证对在业务过程中知悉的乙方的隐私或商业秘密不向任何个人或机构披露；

（5）甲方及其指派的理财规划师与在理财方案中所推荐的金融产品或服务的提供机构无雇佣关系或其他任何具有经济利益的合作关系，如此后发生前述任何一种或数种关系，则甲方将及时向乙方披露。

2. 乙方声明与保证如下：

（1）乙方按照本合同的约定及时缴纳理财服务费；

（2）乙方向甲方提供与理财方案的制订有关的一切信息，并保证该信息真实准确；

（3）乙方为甲方协助其执行理财方案提供一切便利。

第四条 权利与义务

1. 甲方享有下列权利：

（1）收取理财服务费；

（2）甲方对其制订的理财方案拥有知识产权，除乙方自己使用外，未经甲方许可，不得许可给任何第三方使用，或在报刊、杂志、网络或其他载体予以发表或披露；

（3）有权要求乙方提供真实信息。

2. 甲方负有如下义务：

（1）制订和向乙方交付书面理财方案；

（2）协助乙方执行理财方案；

（3）就理财方案的执行进行跟踪，并根据具体情况适时加以改进；

（4）保守乙方的隐私和商业秘密；

（5）如实向乙方披露已经存在的或在业务过程中产生的利益冲突。

3. 乙方享有下列权利：

（1）取得书面理财方案的权利；

（2）要求甲方协助执行理财方案的权利；

（3）要求甲方根据实际执行情况改进理财方案的权利；

（4）要求甲方保守隐私和商业秘密的权利；

（5）要求甲方披露利益冲突的权利。

4. 乙方负有下列义务：

（1）依据合同约定及时缴纳理财服务费的义务；

（2）向甲方提供真实信息的义务；

（3）为甲方协助其执行理财方案提供便利的义务。

第五条　违约责任

1. 甲方的下列行为视为违约，乙方有权追究甲方的违约责任：

（1）甲方未按照本合同的约定交付书面理财方案的，经乙方催告后五个工作日内仍未交付的，乙方有权宣告解除合同，甲方应退还乙方缴纳的理财服务费。

（2）如甲方未按照本合同约定协助乙方执行理财方案，则乙方可以宣告解除合同，并有权拒绝支付执行理财方案阶段应当缴纳而尚未缴纳的理财服务费，但无权要求退还取得本合同签署之日所交付的第一期理财服务费；

（3）如甲方违反本合同约定的保密义务，乙方有权宣告解除合同，甲方应全部退还所收取的理财服务费，造成乙方损失的，乙方有权追究甲方的赔偿责任；

（4）如甲方在存在利益冲突的情况下未及时向乙方披露，则乙方可宣告解除本合同，已经缴纳的理财服务费甲方不予退还，尚未缴纳的不再缴纳，如因此给乙方造成损失，乙方有权要求赔偿。

2. 乙方的下列行为视为违约，甲方有权追究乙方的违约责任：

（1）如乙方未按照本合同约定缴纳其他任何一期理财服务费，则甲方有权拒绝履行约定的协助执行理财方案的义务；

（2）如乙方不提供真实信息或不提供其他协助，则甲方有权拒绝制订并交付理财方案，并有权拒绝协助执行理财方案。

第六条　争议解决

凡因本合同或本合同的履行发生任何争议，均应通过友好协商予以解决，如通过协商仍不能解决，则按照下列方式之一解决：

（1）向北京市仲裁委员会提请仲裁；

（2）向甲方所在地法院提起诉讼。

第七条　特别提示与声明

1. 甲方特别提示：甲方提供的仅仅是咨询服务，对乙方投资任何金融或实业工具均不作任何收益保证，甲方已极尽合理之注意义务防止所指派的理财规划师向客户作出任何收益保证或其他具有类似性质的承诺，如理财规划师作出该种保证或承诺，均非甲方的意思表示，乙方不宜信赖其保证或承诺，凡信赖理财规划师的该种保证或承诺而造成损失，甲方不承担任何责任。

2. 乙方特别声明：本合同内容系双方逐一协商、谈判而达成，并非任何一方提出的格式合同。因本合同的解释发生歧义时，按照合同的文义以对双方平等的方式予以解释。

3. 乙方特别声明：乙方完全知悉并理解甲方提供的仅仅是咨询服务，对理财方案中建议的投资方式和投资工具不作任何收益保证或其他类似性质的承诺，如承办的理财规划师作出该种保证或承诺，则不信赖该保证或承诺，如信赖该保证或承诺因此而造成损失，或因市场变化等原因造成投资损失，均不追究甲方任何责任。

第八条 其他

1. 本协议一式两份，双方各持一份，具有同等法律效力；

2. 本协议自双方签署之日起生效。

甲　　方：＿＿＿＿＿＿＿＿

代表人：＿＿＿＿＿＿＿＿

乙　　方：＿＿＿＿＿＿＿＿

签　　字：＿＿＿＿＿＿＿＿

【实训活动】

活动1： 小王毕业后应聘到某银行的理财业务部门做客户开拓工作，单位给小王制定了每月10户的最低开拓量，由于刚出校门，小王缺乏社会经验，单位的工作任务使小王陷入困境，请为小王出谋划策，帮助其完成最低开拓量。

小组讨论后，每组提供三种客户开拓方案。

活动2： 分组情景模拟，将学生分成每四人一组，其中两人模拟客户，另两人模拟银行的理财业务人员，进行客户会谈模拟。

假设班级40人，就有10对学生模拟理财业务人员，10对学生模拟客户，每对理财人员通过抽签决定会谈对象（本组模拟客户除外）。

训练二　收集、整理客户信息

收集、整理客户信息是理财规划的基础，是理财规划的必要程序之一，所需收集的客户信息包括客户的财务信息及非财务信息。

【知识要点】

一、客户财务信息的收集

财务信息是指客户目前的收支情况、资产负债状况和其他财务安排，以及这些信息的未来变化状况。

　　财务信息多体现为数据，因此理财规划师在对客户财务信息进行收集时，建议根据客户的类型设计财务数据调查表，由客户自行填写或由理财规划师询问客户的同时代为填写，数据调查表的方式在防止信息遗漏方面有着很大优势。

　　（一）客户的收支情况

　　1. 收入。一般而言，客户的收入主要由经常性收入和非经常性收入组成。其中经常性收入包括工资薪金收入、养老金及年金收入等。经常性收入的特点是无论从取得时间还是从获得的金额上都有一定的稳定性。非经常性收入主要包括自雇收入、投资收入等。其中，自雇收入主要来自于客户的稿酬、劳务费等方面，其收入无论从取得时间还是从取得金额上都带有一定的不稳定性；投资收入主要来源于客户的实业投资、金融投资、不动产投资和艺术品投资等几个方面，其中实业投资和部分金融投资不稳定，银行大额存单、本币或外币保底理财和黄金投资等投资收益相对稳定。如图 2–1 所示。

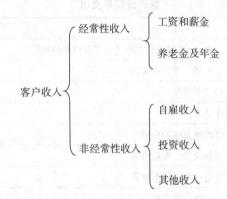

图 2–1　客户收入的构成

　　客户的收入情况可以通过填写表 2–1 获得。

表 2–1　　　　　　　　　　　　客户目前年收入

收入项目	本人	配偶	其他成员	总计
工资和薪金				
自雇收入（稿费及其他非薪金收入）				
奖金及佣金				
养老金及年金				
投资收入				
其他收入				
总收入				

　　说明：①客户实际拿到的收入一般都已经由支付单位代扣代缴了相应的税款，且客户只能对税后收入有支配权，应当缴纳税款的客户迟早要缴纳。所以，此处的客户收入，均为纳税后的收入。

　　②如果客户子女已经财务独立，则可不将子女的收入纳入统计之列。

　　2. 支出。客户支出主要是指客户经常性支出和非经常性支出。经常性支出主要指生活中按期要支付的费用，支出金额相对稳定，支出时间相对稳定。非经常性支出主要是指客户日常生活中不定期、不定额出现的费用支出，支出金额、支出时间没有规律，属于或有支出。由于客户个体情况的差异，经常性支出和非经常性支出并没有严格的界限，需要根据客户的具体情况进行区分。如图2-2所示。

$$客户支出\begin{cases} 经常性支出 \\ \\ 非经常性支出 \end{cases}$$

图2-2　客户支出

客户的支出情况可以通过填写表2-2获得。

表2-2 客户目前年支出

项目	明细	金额
房子	①租金/抵押贷款支出（包括保险和纳税）	
	②修理、维护和装饰	
家电、家具和其他大件消费	购买和维修	
汽车	①贷款支出	
	②汽油及维护费用	
	③保险费、车船税等	
	④过路费及停车费等	
日常生活开支	①水电气等费用	
	②通信费	
	③交通费	
	④日常生活用品	
	⑤外出就餐	
	⑥其他	
购买衣物开支	衣服、鞋子及附件	
个人护理支出	化妆品、头发护理、美容、健身	
休闲和娱乐	①度假	
	②其他娱乐和休闲	
商业保险费用	①人身保险	
	②财产保险	
	③责任保险	
医疗费用		
其他项目		
总支出		

（二）资产与负债情况

客户资产和负债情况是理财规划师衡量客户财务状况是否安全的重要指标，因此，在理财规划服务中，理财规划师必须清楚地了解客户的资产负债状况，并且预测客户资产负债未来可能发生的变化。

1. 资产。资产是指客户家庭所拥有的能以货币计量的财产和债权。家庭资产必须是通过合法手段或渠道取得，并从法律上拥有完全所有权。

资产分为金融资产、实物资产、其他个人资产。其中金融资产可分为现金及现金等价物和其他金融资产两类。现金及现金等价物在金融资产中是流动性最强的部分，主要包括现金、银行的各类存款、货币市场基金等。其他金融资产是指客户由于投资行为而形成的资产，如股票、债券、中长期的其他理财产品等。其他金融资产通常具有高收益伴随高风险的特点。实物资产主要包括客户拥有的动产、不动产，如房屋、机动车、家具家电等。实物资产通常是客户资产的主要组成部分。

对客户家庭资产的收集可以通过填写表 2－3、表 2－4 获得。

表 2－3　　　　　　　　　　　　　金融资产总表

项目	取得时间	初始金额	现值	投资收益率
现金及现金等价物				
现金				
活期存款				
定期存款				
其他类型银行存款				
货币市场基金				
人寿保险现金收入				
现金与现金等价物小计				
其他金融资产				
债券				
基金				
股票				
外汇实盘投资				
人民币理财产品				
保险理财产品				
证券理财产品				
信托理财产品				
其他				
其他金融资产小计				
金融性资产总计				

表 2 - 4　　　　　　　　　　　　　实物资产总表

资产类型	取得时间	资产原值	资产现值
自住房			
投资的房地产			
机动车			
家具和家用电器类			
其他个人资产			
总计			

2. 负债。家庭负债是指客户由于过去的经济活动形成的、需要在日后偿还的债务。未来债务的清偿会引起客户的现金流出或非现金资产的减少。依据偿债时间的长短，负债可以分为短期负债、中期负债和长期负债，不同期限负债占比的大小及未来变化，决定了该客户不同时期资产的流动性配置。依据负债的来源，客户负债可以分为个人负债和企业负债。个人负债主要包括消费贷款、信用卡透支、民间借贷等。企业负债主要是因为客户作为企业合伙人或作为企业债务的担保人，当企业不能偿付到期债务时由客户代为履行的债务。

对客户家庭负债信息的收集可以通过填写表 2 - 5、表 2 - 6 获得。

表 2 - 5　　　　　　　　　　　　　客户个人债务情况

项目	原负债总额	现负债总额	偿还情况		年利率
			偿还频率	偿还金额	
信用卡透支					
消费贷款（含助学贷款）					
创业贷款					
汽车贷款					
住房贷款					
其他贷款					
合计					

表 2 - 6　　　　　　　　　　　　　客户所负企业债务情况

企业负债项目	债务人	原负债总额	现负债总额	年利率
合伙企业负债				
担保负债				
其他企业负债				
合计				

（三）社会保障信息

社会保障信息主要指政府举办的社会保障计划和企业举办的补充养老保险计划。政府举办的社会保障计划包括养老保险、失业保险、基本医疗保险、工伤保险、生育保险和社会救济、社会福利计划。企业举办的补充养老保险计划，主要是企业年金。

客户的社会保障还可以从另一个角度区分，即客户的养老保障支出和养老保障收入。如果客户已经退休，则每月获得一定的退休金收入或年金收入，同时不再有社会保障或年金支出。如果是尚未退休的客户，理财规划时就应当明确一些信息：客户退休后根据养老保险计划可以获得的退休金金额；客户根据企业年金计划可以享受的养老金金额；客户目前每年因养老保险计划而支出的金额；客户开始支付养老保险费的时间；客户以往每年支出的养老保险费金额；客户将来每年可能用于养老社会保险的支出金额；客户目前每年因企业年金计划而支出的金额；客户以往每年支出的用于企业年金计划的金额；客户将来每年因企业年金计划可能需支出的金额。以上有些情况，需要客户所在机构负责劳动工资的部门协助填写，或者由客户出具授权委托书，向相关人力资源和社会保障部门提取。

对客户社会保障信息的收集可以通过填写表2-7至表2-9获得。

表2-7　　　　　　　　　　　养老社会保险状况

内容	本人	配偶
开始支付时间		
当前年支出金额		
以往金额总额		
将来年支出金额		
退休后可获得金额		

表2-8　　　　　　　　　　　其他社会保险信息

项目	本人	配偶
失业保险		
基本医疗保险		
工伤保险		
生育保险		

表2-9　　　　　　　　　　　企业年金

内容	本人	配偶
持有人		
年支出金额		
参加日期		
以前年度支出金额		
未来年度支出金额		
收益		
现值		
未来可享受金额		

（四）风险管理信息

客户风险管理信息主要是指客户保险保障的情况。此处所说的风险，主要是指可保风险，而风险管理主要就是针对这一类风险而采取的一定程度的安全保障措施。这些风险属于可保风险，因此可通过购买保险予以防范或转移。

在理财规划服务中，主要涉及的保险种类有人身保险、财产保险和责任保险。

对客户风险管理信息的收集可以通过填写表 2 – 10 至表 2 – 12 获得。

表 2 – 10　　　　　　　　　　人寿、伤残保险

被保险人	保险公司	保单编号	投保金额	保险费	备注
本人					
配偶					
未成年子女					
家庭其他成员					

表 2 – 11　　　　　　　　　　健康保险

被保险人	保险公司	保单编号	投保金额	保险费	备注
本人					
配偶					
未成年子女					
家庭其他成员					

表 2 – 12　　　　　　　　　　财产与其他保险

财产种类	保险公司	保单编号	投保金额	保险费	备注
住房					
家居财产					
汽车					
第三者责任					
其他					

在填写上述表格时，客户需要详细说明所购买保险的名称、投保人、被保险人、保险公司名称、保单编号、投保金额和保险费，以帮助理财规划师作进一步的分析和进行理财规划。

理财规划师通过客户填写风险管理信息，并核对客户所填写的财产数据调查表和客户个人非财务信息，查明客户的财产是否已经有充分的保险覆盖，或虽无保险覆盖，但其财产有其他保障措施，风险已经得到了控制和转移；或者根据客户的个人情况，衡量客户所购买保险是否充分，是否有需要改进之处；或者根据客户的职业特点，判断客户是否有职业责任等风险尚未得到有效覆盖。通过核对这些问题，理财规划师才可能为客户制订正确的保险计划。

（五）遗产管理信息

随着居民家庭收入的不断提高，中国的富人阶层在不断壮大，由于资本市场发展及金融创新的提速，人们越来越重视家庭理财，家庭财产的存在形式越来越复杂。以此为背景，随着条件的逐渐成熟，中国开征遗产税的脚步临近，因此遗产规划将越来越受到人们的重视。因此，理财规划师在对客户进行财务信息收集时不能遗漏对遗产信息的收集，如客户是否拟定了遗嘱、遗嘱的形式和内容是否合法、客户是否拟使用遗嘱信托的方式管理资产、客户目前对遗嘱的分配安排有无疑问或要求等。

二、客户非财务信息的收集和整理

非财务信息是指除财务信息以外，与理财规划有关的信息，包括客户的姓名、性别、出生日期和地点、职业和职称、工作安全程度、健康状况、婚姻状况、子女信息、风险承受能力、投资偏好等。非财务信息能够帮助理财规划师进一步了解客户，直接影响着理财计划的制订。对客户非财务信息的收集可以采取调查问卷或测试的方式，如对客户投资偏好的测试、对客户风险承受能力的测试等。

【实训活动】

活动1：学生4人一组，分组设计客户财务信息调查表及非财务信息调查表。

活动2：学生4人一组，两人模拟银行理财业务人员，两人模拟客户，分组模拟客户信息收集的过程。要求做好会谈准备、制订会谈计划，会谈后有文字结果。

训练三　家庭资产负债表的编写

在对客户资产负债信息收集整理的基础上，编制客户家庭的资产负债表。客户家庭的资产负债表反映了客户家庭资产和负债在某一时点上的基本情况，是对客户家庭财务状况的一个总括反映。

【知识要点】

一、资产负债表的构成

资产负债表根据会计等式"资产－负债＝净资产"编制而成，反映了某一时点客户的资产负债情况，是一个静态的报表。报表内容由资产、负债、净资产三部分组成，集中反映了客户家庭资产及家庭负债的构成情况，以及整体财务状况。

二、资产负债表的格式

企业的资产负债表采用账户式格式，即表的左边是资产项目，右边是负债项目和净资产项目（企业也称所有者权益），左边资产合计等于右边负债与净资产的和。在编列个人家庭资产负债表时，由于客户的情况千差万别，需要关注的重点也各不相同，所以一般不对家庭资产负债表的格式作具体规定，理财规划师可根据客户的家庭情况和工作习惯进行具体格式设计。如表 2 – 13 所示。

表 2 – 13 资产负债表

资　产	金　额	负　债	金　额
金融资产		信用卡透支	
现金及现金等价物		消费贷款	
现金		创业贷款	
活期存款		汽车贷款	
定期存款		住房贷款	
其他类型银行存款		其他负债	
货币市场基金			
现金及现金等价物小计			
其他金融投资			
人民币（美元、港元）理财产品			
保险理财产品			
证券理财产品			
信托理财产品			
其他			
其他金融投资小计			
实物资产			
自住房			
投资用房地产			
机动车			
家具家电类资产			
珠宝和收藏品			
其他个人资产			
个人实物资产小计			
总资产		总负债	
净资产（总资产 – 负债）			

【实训活动】

活动 1：方先生家庭截至 2016 年 4 月 4 日，其家庭资产和负债情况如下：方先生拥有现金 10 000 元，银行存款 7 000 元，股票（市值）50 000 元，自住用房 400 000 元，汽车 100 000 元，家具家电 50 000 元。车贷 55 000 元，房贷 60 000 元，信用卡透支 20 000 元。

请根据客户方先生的财务信息编列资产负债表。

活动2：李明家截至 2016 年 12 月 31 日，其家庭资产负债情况如下：现金 12 800 元，5 年期整存整取 40 000 元，货币市场基金价值 80 000 元，股票市值 250 000 元，自住房市值 1 200 000 元，汽车一辆，价值 120 000 元，其他实物资产 65 000 元，住房贷款 780 000 元，未付电话费、电费、水费等 1 000 元，汽车贷款 60 000 元。

请根据上述情况，编制李明的家庭资产负债表。

训练四 家庭现金流量表的编写

家庭现金流量表也可以称为家庭支出表，它反映了一段时间内，家庭的现金流入流出情况。

【知识要点】

一、家庭现金流量表的构成

现金流量表根据会计等式"收入 – 支出 = 利润（结余）"编制而成，反映了一段时间内，客户的收入来源及支出的去向。报表内容由收入、支出、结余三部分组成，集中反映了客户家庭的收支对比状况，它是理财规划师了解和分析客户家庭收入支出情况的重要依据。

二、家庭现金流量表的编制周期

现金流量表反映了一段时间内客户家庭的收支状况，其编制周期可以以月为标准，也可以年为标准，习惯上一般以一个自然年为一个编制周期。

三、家庭现金流量表的格式

家庭现金流量表由理财规划师通过对客户的收入支出信息进行整理分析编制而成。通过家庭现金流量表的编制，理财规划师可以对客户在某一时期的收入和支出进行归纳汇总，为进一步的财务现状分析与理财目标设计提供基础资料。家庭现金流量表的项目构成没有严格标准，可以根据客户家庭的实际情况进行设置。如表 2 – 14 所示。

表 2 – 14　　　　　　　　　家庭现金流量表

日期：		客户姓名：					
收入		金额	百分比	支出		金额	百分比
工资薪金	姓名：			房子	租金/贷款支付		
					修理、维护和装饰		
	姓名：				物业费、取暖费		
自雇收入				家电、家具等	购买和维修		

续表

收入		金额	百分比	支出		金额	百分比
奖金和佣金				汽车	贷款支付		
					汽油及维护费用		
					保险费、车船税等		
					过路费与停车费等		
养老金和年金				日常生活开支	水电气等费用		
					通信费		
					交通费		
					日常生活用品		
					外出就餐		
					其他		
投资收入	利息和分红			商业保险费用	人身保险		
	资本利得				财产保险		
	租金收入				责任保险		
	其他						
其他收入				医疗费用	医疗费用		
				休闲和娱乐	度假		
					其他娱乐		
				个人护理支出	化妆品、美容健身		
收入总计				支出总计			
年净结余							

说明：编写个人或家庭现金流量表时可以结合客户家庭的实际情况以及理财人员的个人习惯喜好编写出具有特色的报表，不强求划一。

【实训活动】

活动1： 方先生家庭一年的各项收入与支出如下：个人工资收入 120 000 元，奖金 40 000 元，获得存款利息 1 020 元，业余时间获稿费 12 000 元。日常吃饭消费 40 000 元，手机费、网费、电话费、汽车油费等共 30 000 元，水电煤气费 8 000 元，汽车还贷 15 000 元，保险费 15 000 元，偶尔旅游 25 000 元，买衣物 30 000 元。

结合上述客户家庭的信息，编制客户家庭的现金流量表。

活动2： 李明 2016 年的各项收入与支出如下：工资收入 120 000 元（税后），奖金 和津贴 21 500 元（税后），银行存款利息 800 元，股票投资收益 79 000 元，另有稿费收 入 3 000 元，住房贷款年还款额 24 000 元，保险费用支出 4 800 元，医疗费用 7 500 元， 衣物购置支出 5 400 元，旅游支出 1 5000 元，吃饭等日常生活支出 48 000 元。

结合上述客户家庭的信息，编制客户家庭的现金流量表。

任务二
财务报表分析

家庭财务分析是家庭财务管理的核心。在编制家庭资产负债表、家庭现金流量表的基础上，理财规划师据此对客户家庭财务状况进行深入分析，既要分析客户的静态财务状况，也要分析客户的动态财务状况，并把握客户财务状况的变化趋势，从而找出优化客户财务状况的措施，对客户提出客观、合理、科学的理财方案，并最终实现客户的理财目标。

【工作目标】
1. 掌握财务综合分析的方法。
2. 熟悉相关财务指标及指标分析的重点。

训练一　财务报表综合分析

财务报表综合分析是依托资产负债表、家庭现金流量表分析客户家庭的资产、负债、净资产、收入、支出等状况，并在要素分析的基础上，预测客户财务状况的未来发展趋势。

【知识要点】

一、资产负债表分析
资产负债表反映的是客户总的资产与负债情况，通过对资产负债表的分析，可以全面了解客户的资产负债状况，掌握客户实际拥有的财富量。如果对客户历年的资产负债表进行时间序列分析，可以找出客户资产负债情况的发展趋势和特点。因此，对客户的资产负债表进行全面深入分析，是为客户制订理财方案的必要基础。

（一）资产情况分析
资产是指客户拥有所有权的各类财富。客户拥有资产规模的大小和资产定价方式有着密切关系，如采用历史成本法和采用重置成本法确定出的资产规模有着明显差距。在理财规划中，为了客观真实地反映客户的资产情况，对资产价值一般以当前市场公允价值作为定价依据。

1. 对现金类资产的分析。现金类资产包括客户持有的现金、各种类型的银行存款、货币市场基金等，现金类资产流动性高，收益性很低，一般作为客户现金规划的工具。

2. 对其他金融资产的分析。其他金融资产投资性明显，收益可能较高但风险相对也较大，所以要根据客户的风险承受能力进行具体分析。

（二）负债情况分析

根据偿债时间长短，负债分为短期负债、中期负债和长期负债三类。分析时要注意短期负债的量。

对客户负债的测算应本着谨慎性的原则进行，对于尚未确定数额的债务，理财规划师要帮助客户进行评估测算，并尽量选取较大的数值填入资产负债表中。坚持负债测算的谨慎性原则有助于全面真实了解客户的负债情况。

（三）净资产分析

净资产是客户总资产减去负债总额后的余额，是客户真正拥有的财富价值。

1. 净资产的规模分析。净资产越大，说明客户家庭拥有的财富越多，如果客户净资产为负数，说明这个家庭财务环境恶化，面临破产。

2. 扩大净资产规模的方法。扩大净资产规模的方法包括开源节流，提高资产流动性，偿还债务。

3. 净资产的结构比率分析。净资产规模大并不意味着资产结构完全合理。分析客户资产结构是否合理要看净资产在总资产中的比例、金融投资类资产在净资产中占的比例等。

二、现金流量表分析

现金流量表全面反映了客户一定时期的收入与支出情况，客户资产负债情况的变化首先表现在现金流入、流出的变化上。现金流量表从某种意义上说要比资产负债表重要得多，因此，理财中，我们必须要十分重视对现金流量表的分析。

（一）现金流量表分析的作用

1. 现金流量表能够说明客户现金流入和流出的原因。

2. 现金流量表可以深入反映客户的偿债能力。

3. 现金流量表能够反映理财活动对财务状况的影响。

（二）现金流量表分析应注意的问题

1. 应该具体分析各收入支出项目的数额及其在总额中所占的比例。通过此项分析可以区分不同类型收支项目对客户财务状况的影响程度，由此了解客户现金流的整体结构。

2. 对客户财务状况影响较大的经常性项目应重点关注，这些项目可以通过对客户历年现金流量表的时间序列分析来发掘。

3. 任何客户都应该努力保持正的净现金流量。

三、预测客户财务发展趋势

（一）客户未来收入情况的预测

客户的收入由经常性收入和非经常性收入共同组成。出于谨慎的考虑，理财规划师应主要对经常性收入部分，即客户工资薪金、奖金、利息红利等项目的未来变化情况进行预测。

而非经常性收入由于并不固定，通常难以预测。对于确有可能在下年出现的非经常收入项目，理财规划师应对其实现的可能性进行充分分析，谨慎地将其纳入未来收入预测中。

（二）客户未来支出情况预测

客户的支出由经常性支出和非经常性支出共同构成。与收入预测不同，理财师不仅应对经常性支出部分进行合理预测，还应该充分考虑各种非经常性支出的未来情况。

在对经常性支出进行预测时，应对原有项目和新增项目分别进行预测。对于非经常项目，应本着谨慎性的原则进行测算，对于明确要出现的临时支出项目要完全纳入预测数据中，对于存在一定发生可能性的支出项目也应尽量进行预测。

（三）资产负债情况预测

1. 规模预测。现金流入与资产增加相对应，但是负债也可能带来现金的流入，因此，单纯的现金流入增加并不足以说明客户财务状况在向好的方向发展。在分析现金流入增加对客户资产负债情况的影响时，应注意区分客户的负债收入。

现金流出对资产负债的影响有两种：一种影响是导致资产负债发生结构性变化而总体规模不变；另一种影响是导致资产负债规模减小。

2. 结构预测。理财规划师除应对客户资产负债的规模变化进行预测外，还应该进一步对资产负债结构变化进行预测。资产负债结构变化主要取决于客户的收支结余情况、投资策略和偿债安排。

【实训活动】

请根据任务一的实训活动中所编客户家庭的财务报表，对客户家庭财务状况进行综合分析。

训练二 财务比率分析

客户家庭的资产负债表和现金流量表为理财规划师提供了丰富的数据，以这些数据为基础，理财规划师可以根据需要计算出不同意义的财务比率，并据此对客户的具体财务状况作出分析，找出优化客户财务状况的方法，以实现客户最终的理财目标。

【知识要点】

一、反映客户提高净资产能力的指标

（一）结余比率

结余比率是客户一定时期内（通常为1年）结余和收入的比值，它主要反映客户提高其净资产水平的能力。这里的收入为税后收入。

计算公式：
$$结余比率 = \frac{结余}{税后收入}$$

例：某客户上年共取得税后收入 135 000 元，年终结余 45 000 元，则其结余比率为 45 000/135 000 ≈ 0.3。说明该客户税后收入中的 30% 被结余出来，可以用于储蓄或投资。

月结余比率，即每月收支结余与月收入的比率，这一比率是通过衡量每月现金流状况而细致反映客户的财务状况。参考值一般为 0.3 左右。

计算公式：
$$月结余比率 = \frac{(月收入 - 月支出)}{月收入}$$

（二）投资与净资产比率

投资与净资产比率是投资与净资产的比值，它反映客户通过投资提高净资产规模的能力。

计算公式：
$$投资与净资产比率 = \frac{投资资产}{净资产}$$

客户的投资资产包括资产负债表中"其他金融资产"的全部项目和"实物资产"中的房地产方面的投资及客户以投资为目的储存的黄金和其他收藏品。

除节约支出外，投资收益是提高净资产水平的另一个重要途径，甚至是主要途径。有研究认为，投资与净资产比率保持在 0.5 或稍高是较为适宜的水平，既可以保持合适的增长率，也不至于面临过多的风险。就年轻客户而言，其投资规模受制于自身较低的投资能力，因此其投资与净资产比率也相对较低，一般在 0.2 左右正常。

例：某客户的投资资产数额为 500 000 元，其净资产为 1 000 000 元，则其投资与净资产的比率为 500 000 ÷ 1 000 000 = 0.5，表明该客户的净资产中有一半是由投资组成，且投资比率适宜。

二、反映客户综合偿债能力的指标

（一）清偿比率

清偿比率是客户净资产与总资产的比值，这一比率反映客户综合偿债能力的高低。

计算公式：
$$清偿比率 = \frac{净资产}{总资产}$$

清偿比率的数值变化范围在 0 ~ 1 之间。一般来说，客户的清偿比率应该高于 0.5，保持在 0.6 到 0.7 较为适宜。

例：某客户的净资产为 650 000 元，总资产为 1 000 000 元，其清偿比率为 650 000 ÷ 1 000 000 = 0.65。这说明该客户总资产中净资产所占比例较高，即使他面临较大的还债压力，该客户也有足够的能力通过变现资产来清偿。

（二）负债比率

负债比率是客户负债总额与总资产的比值，显然这一比率与清偿比率密切相关，同样可以用来衡量客户的综合偿债能力。

计算公式：
$$负债比率 = \frac{负债总额}{总资产}$$

负债比率的数值变化范围在 0 ~ 1 之间。由清偿比率相关分析可推知，客户的负债比率应该控制在 0.5 以下，但也不应该低至接近 0 的程度。

仍以上例为例，其负债比率为 （1 000 000 − 650 000） ÷ 1 000 000 = 0.35

（三）即付比率

即付比率是流动资产与负债总额的比值，它反映客户利用可随时变现资产偿还债务的能力。一般说来，这一指标应保持在 0.7 左右。

计算公式： $$即付比率 = \frac{流动资产}{负债总额}$$

流动资产通常为资产负债表中"现金与现金等价物"项目。

例：某客户的流动资产总值为 680 000 元，负债总额为 1 000 000 元，则其即付比率为 680 000 ÷ 1 000 000 = 0.68

（四）负债收入比率

这一比率也称为债务偿还收入比率，是到期需支付的债务本息与同期收入的比值。它是反映客户在一定时期（如 1 年）财务状况良好程度的指标。

西方发达国家使用税前收入额，而我国尚没有税前还债的规定，所以计算是采用税后收入额。

计算公式： $$负债收入比率 = \frac{当期债务偿付本息和}{当期税后收入}$$

注意：选定测算周期时，需根据客户的具体情况判断。对于收入和债务支出都相对稳定的客户来说，选用 1 年作为测算周期更有助于反映其财务状况；对于收入和债务支出不稳定的客户来说，选用较短的测算周期（如月、季）更能准确反映其财务状况。

一般认为，0.4 是负债收入比率的临界点，过高则容易发生财务危机。

三、反映客户短期支付能力的指标

流动性比率是流动资产与月支出的比值，它反映客户短期支付能力的强弱。

计算公式： $$流动性比率 = \frac{流动资产}{每月支出}$$

其中，流动性资产通常为资产负债表中的"现金及现金等价物"项目。

通常情况下，流动性比率应保持在 3 ~ 6 之间，一般收入稳定的家庭保持在 3 倍左右，而收入不稳定的家庭建议保持在 6 倍左右。

 【案例分析】

李先生，40 岁，在某公司任部门经理，年收入 10 万元，年底一次性奖金 5 万元，有三险一金保障。妻子王女士，35 岁，设计师，在某设计公司就职，年收入 8 万元，有三险一金保障。有一个女儿，八岁，在某重点小学上二年级。

该家庭有银行定期存款 20 万元，一年的存款利息为 1 万元，活期储蓄 3 万元，现有一套住房价值 150 万元，房屋贷款为 10 万元，家中的家具约值 5 万元，有一辆汽车价值为 10 万元，现手里有股票现值 10 万元。

　　李先生家庭一年的膳食费用为 3 万元，通信及交通费用 2 万元，水电煤气费用为 5 000 元，子女教育费用为 4 万元，一年房屋还贷 3.6 万元，另外，一年的旅游费用 2 万元，衣物购置费为 2 000 元，每年缴纳的保险费用为 3 000 元。

　　根据上述客户家庭的基本情况，将客户家庭的财务信息编列成表，如表 2 – 15、表 2 – 16 所示。

表 2 – 15　　　　　　　　　　家庭资产负债表　　　　　　　　　单位：万元

日期：2015 年 5 月 10 日			客户姓名：李先生
资产	金额	负债	金额
银行活期存款	3	房屋贷款	10
银行定期存款	20		
股票	10		
房屋	150		
汽车	10		
家具	5		
总资产	198	总负债	10
净资产	188		

表 2 – 16　　　　　　　　　　家庭现金流量表　　　　　　　　　单位：万元

日期：2015 年 5 月 1 日至 2016 年 4 月 30 日			客户姓名：李先生
收入	金额	支出	金额
工资	18	膳食费	3
奖金	5	通信及交通费	2
存款利息	1	教育费	4
		水电煤气费	0.5
		房屋还贷	3.6
		旅游费	2
		衣物购置费	0.2
		保险费	0.3
总收入	24	总支出	15.6
年净结余		8.4	

　　根据上述表中数据，对客户家庭进行财务指标分析，如表 2 – 17 所示。

表 2 – 17　　　　　　　　　　财务指标分析表　　　　　　　　　单位：万元

指标公式	数值	标准值	分析结果
结余比率 = 结余/税后收入 = 8.4/24	0.35	0.3	该家庭的储蓄能力较强

续表

指标公式	数值	标准值	分析结果
投资与净资产比率 = 投资资产/净资产 = 10/188	0.05	≥0.5	投资占比较小，建议应增加投资
负债比率 = 负债/总资产 = 10/198	0.05	0.5 以下	该家庭在这段时期（1 年）财务状况良好，债务负担很轻
清偿比率 = 净资产/总资产 = 188/198	0.95	0.6 ~ 0.7	清偿比率偏高，负债较少，没有较好地利用应债能力，财务结构需进一步优化
负债收入比率 = 当期债务偿付本息和/当期税后收入 = 3.6/24	0.15	低于 0.4	负债收入比率较低，说明每期偿债压力小
流动性比率 = 流动性资产/每月支出 = 23/1.3	17.7	3 ~ 6	流动性过强，资产收益性较低，建议保持较低的资产流动性比率，将更多的流动性资产用于扩大投资

综上所述，该家庭处于家庭生命周期的成长期，家庭收入稳定，具有一定的经济基础。该家庭资产充足，但资产配置中投资性资产偏少，流动性资产偏多，因此家庭资产的收益较少，因此建议该家庭，可以将更多的流动性资产用于扩大投资。

【实训活动】

活动： 请根据任务一实训活动中所编客户家庭的财务报表，对客户家庭财务状况进行财务比率分析。

职业技能训练

训练 1

小冯今年 42 岁，截至 2016 年 12 月 31 日，其家庭资产和负债情况如下：现金 12 850 元，各类银行存款 150 000 元，股票市值为 450 000 元，自住用房产价值为 860 000 元，其他实物资产价值 72 000 元，住房贷款 430 000 元，未付电话费、水电费共计 1 200 元，汽车贷款 80 000 元，教育贷款 20 000 元。其 2016 年的各项收入与支出包括工资薪金收入 120 000 元，年终奖金 20 000 元，银行存款利息 700 元，股票投资收益 56 000 元，另有稿费收入 3 000 元，归还住房贷款 25 000 元，保险费支出 8 000 元，医疗费用 6 700 元，衣物购置费 5 000 元，旅游支出 12 000 元，吃饭等日常生活 58 000 元。

要求：

1. 请根据上述资料，编制小冯的家庭资产负债表、现金流量表。

2. 根据所编的家庭财务报表，利用财务比率对小冯家庭的财务状况进行分析。

训练2

张先生，男，30岁，大学毕业后在某电脑公司担任部门经理，月工资1万元，年底一次性奖金5万元。妻子李女士，29岁，某公司职员，月工资0.8万元，年底一次性奖金2万元，女儿张某，3岁。（注：工资、奖金收入为税后收入）

他们有两套住房，其中一套自住，价值50万元，另一套住房出租，价值30万元，每月租金0.2万元，家中的家电、家具等资产价值5万元。

张先生家现有1万元现金，在银行有活期存款5万元，定期存款20万元，近日买了1年期的企业债券3万元，收益率为3%，现有信用卡透支累计1万元未还。张先生家的一年生活开支即膳食费2万元，通信费及交通费2万元，水、电、煤气费支出0.8万元，衣物购置费1万元，旅游费2万元，双方父母的赡养费4.8万元，女儿教育费1.2万元，张先生夫妇每年的意外保险费2.8万元。另外，按揭贷款还有20万元未还，每年需偿还2.4万元。

要求：

1. 请根据上述资料，编制张先生的家庭资产负债表、现金流量表。

2. 根据所编的家庭财务报表，利用财务比率对张先生家庭的财务状况进行分析。

训练3

彭先生，男，45岁，在某电脑公司担任部门经理，月工资8 000元，年底一次性奖金3万元。彭先生的妻子丁女士，40岁，是一名注册会计师，在某物流公司当财务主管，月工资5 000元，年底一次性奖金2万元。丁女士在外兼职会计，年收入12 000元。他们的儿子彭朋，今年18岁，在私立国际学校读高三，每年的教育费用支出需要45 000元。彭先生夫妇准备让儿子高中毕业后去英国读大学，并且希望他们退休后，在保持现有生活水平的基础上，资产不会快速流失。

彭先生夫妇现有一套住房，该套住房价值60万元，现还欠银行住房公积金贷款10万元，每年需偿还银行2万元的住房公积金贷款。他们还贷款买了一辆汽车，价值20万元，每年需要偿还银行19 000元，尚欠银行95 000元。家中的家具约值5万元，其他电器类日常用品总价值约有2万元，还有古玩收藏品大约5万元。

彭先生为应付日常生活准备了1万元的现金，在银行活期存款约有5万元，1年期整存整取10万元。现在手里有股票10万元。近日买了1年期企业债券5万元，收益率3.5%；1年期信托产品8万元，年收益率4.8%。

彭先生家庭一年的膳食费用4万元，通信费用1万元，交通费用2万元，水、电、煤气费支出8 000元。另外，衣物购置花费1万元，旅游费用3万元。彭先生出差用信用卡买机票累计近2万元还未还。

要求：

1. 请根据上述资料，编制彭先生的家庭资产负债表、现金流量表。

2. 根据所编的家庭财务报表，利用财务比率对彭先生家庭的财务状况进行分析。

本章习题

一、单项选择题

1. 流动性比率在理财规划中主要应用于（　　）规划。

A. 保险规划　　　　　B. 现金规划　　　　　C. 投资规划　　　　　D. 融资规划

2. 家庭理财中必须为各类资产进行合理定价，对客户资产价值定价的依据是（　　）。

A. 历史成本　　　　　B. 重置价值　　　　　C. 评估价值　　　　　D. 市场公允价值

3. 根据偿债时间长短，负债分为短期负债、中期负债和长期负债三类，分析时要注意（　　）的量。

A. 中期负债　　　　　B. 长期负债　　　　　C. 短期负债　　　　　D. 负债总额

4. 主要反映客户提高其净资产水平的能力的财务比率是（　　）。

A. 投资与净资产比率　　　　　　　B. 结余比率

C. 负债收入比率　　　　　　　　　D. 即付比率

5. 某客户的负债总额为 250 000 元，流动资产总值为 680 000 元，总资产为 1 000 000 元，其清偿比率为（　　）。

A. 0. 75　　　　　B. 0. 25　　　　　C. 0. 68　　　　　D. 0. 32

6. 财务安全与财务自由是理财规划所要达到的目标。其中，家庭的财务自由主要体现在（　　）。

A. 家庭收入稳定、充足

B. 建立了完备的家庭保障计划

C. 投资收入完全覆盖了家庭发生的各项支出

D. 是否有稳定、充足的收入

7. 关于客户收入的说法不正确的是（　　）。

A. 客户的收入主要由经常性收入和非经常性收入构成

B. 客户的投资收入主要包括实业投资、金融投资、不动产投资和艺术品投资

C. 客户的收入主要指税后收入

D. 可以将客户子女收入纳入客户收入之列

8. 在客户财务比率分析中，客户家庭清偿比率的参考值一般为（　　）。

A. 大于40%　　　　B. 大于50%　　　　C. 大于60%　　　　D. 大于70%

9. 客户的收入水平与支出情况是理财规划师需要了解的重要财务数据，也是编制客户现金流量表的基础，更是理财规划师分析客户财务状况的（　　）。

A. 依据　　　　　B. 签证　　　　　C. 证据　　　　　D. 信息

10. 财务信息是指客户目前的（　　）、资产负债状况和其他财务安排以及这些信息

的未来变化状况。

    A. 收入总额   B. 收支情况   C. 支出情况   D. 收支平衡

二、多项选择题

1. 客户资产负债结构变化主要取决于客户的（   ）。

    A. 收支结余情况   B. 投资策略   C. 偿债安排   D. 消费策略

2. 对客户信息的收集包括（   ）。

    A. 财务信息   B. 非财务信息   C. 收支情况   D. 资产负债情况

3. 客户以下收入中属于经常性收入的是（   ）。

    A. 工资薪金收入   B. 投资收入   C. 自雇收入   D. 年金收入

4. 以下属于现金及现金等价物的是（   ）。

    A. 定期储蓄存款   B. 货币市场基金 C. 股票   D. 国库券

5. 在理财规划业务中，主要涉及的保险种类有（   ）。

    A. 人身保险   B. 财产保险   C. 责任保险   D. 意外保险

6. 财务安全的内容有个人是否有发展的潜力，是否有充足的现金准备，是否有适当、稳定的收益以及（   ）等。

    A. 是否有稳定充足的收入   B. 是否享受社会保障

    C. 是否有适当的住房   D. 是否有额外的养老保障计划

    E. 是否购买了适当的财产和人身保险

7. 以下哪个属于客户个人非财务信息（   ）。

    A. 家庭背景   B. 工作单位   C. 姓名和性别   D. 出生日期和地点

    E. 银行存款

8. 政府举办的社会保障计划包括（   ）。

    A. 养老保险   B. 失业保险   C. 物价补贴   D. 商业保险

    E. 基本医疗保险   F. 工伤保险   G. 生育保险   H. 旅游补贴

9. 常见的经常性支出项目主要有如下几项：住房按揭贷款偿还、物业管理费、交通费、税费、社会保障费、人寿保险和财产保险费以及子女教育费用等。而非经常性支出则较为繁杂，难以预计。但总的看来，非经常性支出主要包括（   ）。

    A. 旅游支出   B. 通信费   C. 投资基金   D. 罚款支出

10. 按负债流动性大小，负债可分为流动负债和长期负债；依据偿债时间长短，负债可被分为（   ）。

    A. 短期负债   B. 流动负债   C. 中期负债   D. 长期负债

    E. 负债

三、判断题

1. 客户的收入由经常性收入和非经常性收入共同组成。出于谨慎的考虑，理财师不仅应对经常性收入部分进行预测，而且对于非经常性收入也要进行预测。（   ）

2. 客户的支出由经常性支出和非经常性支出共同构成。理财师不仅应对经常性支出

部分进行合理预测，还应该充分考虑各种非经常性支出的未来情况。（　　）

3. 客户现金流入增加说明客户财务状况在向好的方向发展。（　　）

4. 现金流出只会影响客户的资产负债发生结构性变化，而不会影响资产负债的总体规模。（　　）

5. 个人资产负债表反映的是客户个人资产和负债在某一时点上的基本情况。（　　）

6. 个人财务报表的编写也要受到严格的会计准则或国家会计、财务制度的约束。（　　）

7. 对于个人及家庭的财务报表没有计提减值准备的严格要求。（　　）

8. 个人及家庭的财务报表也要按要求对固定资产计提折旧。（　　）

9. 企业资产负债表与利润表中所必需的对应关系在个人及家庭财务报表中同样很重要。（　　）

10. 个人及家庭的财务会计中几乎不进行收入或费用的资本化。（　　）

项目三

现金规划

XIANJIN GUIHUA

"有能力的时候，便应为将来未雨绸缪；晨光并不会整天照耀。"（进行投资前，应先储备一笔备用资金应付不时之需，以免日后任何紧急情况影响自己的长线投资计划。）

——美国政治家富兰克林

农为四民之本，食居八政之先，丰歉无常，当有储蓄。

——陆游

【工作任务】

1. 熟悉获取客户相关信息的工作流程，编制现金流量表，通过对预算与实际的差异分析客户的现金需求，从而确定客户合适的现金及现金等价物额度。

2. 掌握现金规划的工具以及特点，能够根据客户的不同情况在确定的额度内，对客户的资产在现金及现金等价物内进行配置。

3. 能够向客户介绍现金规划的融资方式，解决超额的现金需求。

【引导案例】

齐小姐今年25岁，在北京某软件公司做前台工作已有两年，税后收入为每月5 000元左右，除去日常花销及房租后，每月现金盈余约2 000元。为了防止自己成为月光族，她以零存整取的方式积累下大概5万元的存款。如何管理这笔闲置现金？定期存款利息太少；投资国债时间不短，利息也不比定期存款高多少；买开放式基金费用不低，且有风险；投资股市又怕辛辛苦苦的积攒转瞬即逝；投资房地产5万元杯水车薪，怎能派得上用场？那么，如何确保齐小姐拥有足够的资金应对突发事件（如职业变动，疾病等）？如何运用和分配剩余资金？如何能使这笔资金保持合理的流动性又获得适当的收益率呢？

分析：理财的前提是有财可理，所以个人理财的一个重要环节是如何有效地进行财富积累，而切合实际的现金规划，不仅能够缓冲财务危机，也能为实现未来的财富目标提供资金的保证。为满足个人或家庭短期需求而进行的管理日常现金及现金等价物和短期融资的活动（正如案例中齐小姐所虑），我们称其为现金规划。正因其是家庭、个人日常费用所需，我们要保证它较强流动性的同时，也要具有一定的投资收益率，所以除了短期需求可以用的手头现金外，还可以通过活期存款、各类银行存款和货币市场基金来进行家庭或个人的现金规划。通过下面内容的学习，你将能够为齐小姐提供合理地利用其5万元存款的现金规划方案。

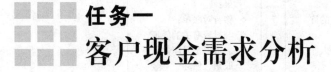

任务一
客户现金需求分析

在这一阶段，要分析客户各方面的背景信息，能有效而专业地与客户面谈，协助客户整理每月收入支出情况。通过分析客户自身的工作及生活特点，为客户确定合理的现金及现金等价物金额。

【工作目标】

1. 练习与客户沟通的技巧，熟悉与客户会谈的相关事宜及流程。

2. 在掌握客户背景资料的前提下，为客户编制现金流量表。结合客户自身特点，为其确定现金及现金等价物的额度。

训练一　与客户会谈的相关事宜

正确的会谈方式是与客户建立良好信任的基础，也是未来更深入交流的前提。如果没有正确的面谈、电话交谈、电子邮件以及书面交流，有可能会直接导致客户的疏远。所以，理财规划师首先要树立良好的专业形象，得到客户的高度认可，才可能为客户制订出一个合理的理财规划方案。

【知识要点】

一、为会谈准备相关资料，并电话预约

理财规划师应该按照会谈内容准备相关资料，并电话通知其客户携带与理财规划有关的财务资料，并明确会谈时间，地点以及会谈所需时间长度。充分为客户着想，为其营造出优雅舒适的谈话环境，以及合理的时间安排。会谈中需要携带的有关资料如图3-1所示。

图3-1　会谈资料清单

二、礼貌接待客户，并为正式会谈作合理铺垫

会谈当天，理财规划师应提早到达会谈地点，等候客户的到来。注意自己的仪表仪容，并应以正装出席，给客户干净利落的第一印象。

礼貌问候客户，准确、尊敬的称呼客户姓氏、职务或头衔。如"张教授，您好，很高兴见到您。"

理财规划师简单介绍自己后，双手递出名片。如双方同时递出名片，右手接过客户名片，左手递出自己的名片。

以轻松话题开头，如喜爱的事物，天气情况等客户感兴趣的话题。

在与客户沟通过程中，应注意不同客户的不同沟通技巧，抓住客户的年龄、工作、家庭以及性格特征，投其所好，使客户主动交谈，增加彼此的信任度。例如：对于青年、中年、老年的客户，在语言表达方式上就应该有很大的区别。诙谐幽默、时尚流行用语适用于与年轻客户沟通；对于中年客户，就应多以赞美其成功之处为切入点，秉着崇拜与羡慕的口吻与其交流；老年客户的生活和交流经验丰富，应多以尊重的口吻与其交流，也可以就其引以为豪的儿女话题为切入点，增加其信任度。沟通过程中应注意以下几点：

1. 初次沟通要避免用太过于专业的术语，尽量用客观且容易明白的语言与客户沟通。

2. 要秉承真诚、鼓励、幽默和赞美的沟通方式。使用称呼就高不就低，且以对方为中心。

3. 适当的寒暄能够让客户心情愉悦，但也要注意因人而异，不要对谁都是一个说法；注意环境，在不同的环境要有不同的寒暄语言；要注意适度，适可而止，过多的溢美之词只会给人以虚伪客套的感觉。

总之，与客户沟通要学会根据客户的不同特点区别对待，力求顺应对方的特点偏好，选择有共同点的话题，从而淡化生疏感，使彼此亲密，充分信任。

在拉近与客户之间的距离后，向客户进一步介绍理财规划师所在机构和本人的职业背景，如所在机构的业务规模、业绩等。

在谈话过程中，保证自己的电子设备，如手机等，不会打扰整个谈话进程。并注意自己的言谈举止，不能给客户无礼的印象。

三、正式会谈

正式会谈有两项主要任务：

1. 为客户讲解什么是现金规划，为什么要进行现金规划以及现金规划的内容。

2. 为编制年度/月现金流量表而收集客户相关财务资料。

现金流量表能够反映客户家庭每月或每年的收入及支出情况。在现金规划中，每月支出的额度成为最终决定客户家庭现金规划中资金额度的重要因素（每月基本支出额度乘以该家庭的适宜流动性比率，可得到该家庭应保留的现金及现金等价物额度）。同时，可以根据客户家庭的收入支出情况，判定其收入来源的稳定性，从而为其找到合理的流动性比率，换句话说，收入性质越稳定，其应保持的流动性比率就越低，反之则越高。

编制现金流量表应遵循真实可靠原则、充分反映原则和明晰性原则。

一般来讲，现金流量表应包括收入、支出和结余三部分。具体编制方法详见项目二"财务报表的编制与分析"。

正式会谈工作流程如图3-2所示。

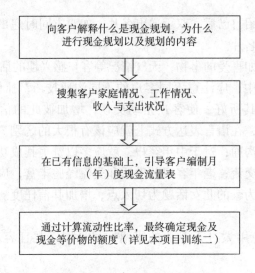

图3-2　正式会谈工作流程

【实训活动】

模拟专业理财师首次接待客户全过程

活动设计：学生分别扮演理财规划师和客户，按照以下的特殊情况，分别用最恰当的方式与客户沟通，获得客户的信任与好评，从而为客户制订理财规划方案。下面给出4个不同的客户类型，供同学们参考。

客户小唐，今年27岁，大专学历，毕业后在深圳西乡某高科技公司任技工。小唐和许多来深圳打拼的特区建设者一样，拥有成就事业的梦想，希望能够在深圳安居乐业。目前税前月薪4 000元，每年有1万元的年终奖。对于刚刚毕业、好胜心强的小唐，你将如何会谈？

客户沈先生，今年41岁，在金融系统担任总经理工作，年收入50万元左右。妻子顾女士40岁，在某政府部门工作，各种途径加起来，实际年总收入约为20万元。由于单位福利不错，夫妻每年可领取住房公积金5万元。孩子12岁，初中一年级。对于这种金融界成功人士，你应如何与其会谈？

客户老孙，61岁，去年退休。突然一下子闲下来，感觉无所适从。近日在家清理抽屉，将家中各类银行账户一番盘算，约30万元资金。目前，老孙住着单位分配的房子，每月退休金1 500元，足以应付简朴的晚年生活。然而他担心，随着收入减少、年龄增大引发的各种疾病隐患，下半辈子能否财务无忧？对于毫无理财观念的老孙，你将以何种方式会谈？

客户是一位姓潘的女孩，因车祸致高位截瘫，今年 29 岁，未婚，现与父母住在一起，由他们照顾。目前的生活费都是父母的，但父母已年近 60 岁，都只有社保退休金，并无其他收入，父母有城镇职工医保。潘小姐属于"四无"人员，无工作、无收入、无房子，也无任何保险，现在所拥有的只有事故赔偿金 100 万元，她不知道怎么使用这笔赔偿金来规划自己将来的生活。对于这种有自身缺陷的客户，你应如何会谈？

分析：我们可以用哪些方法得到客户的信任，收集到客户真实的财务信息？

训练二 编制现金流量表，确定现金及现金等价物额度

编制现金流量表是整个理财规划的重要财务分析工具，是个人/家庭理财方案合理化和最大效益化的前提。运用现金流量表的数据，可以对客户的资产流动性和机会成本进行权衡，为客户制订较完善的现金规划方案。

【知识要点】

一、确定现金及现金等价物额度

现金规划的核心是满足客户的短期资金需求。那么现金及现金等价物额度的确定为客户短期资金的需求起到了量化的作用。合理的额度确定，既可以帮助客户实现短期资金的需求，又可以避免因过度持有现金及现金等价物而导致的投资收益过低的现象，即机会成本的产生。机会成本是指持有现金及现金等价物的同时也就意味着丧失了持有收益率较高的投资品种的货币时间价值。现金规划的重要性就体现在保持合理的现金及现金等价物额度，把多余的可用资金投资到其他理财产品中，以获取更大收益。

交易动机：收入和支出在时间上是不同步的。一般来说，对于支付日常生活费用，收入水平越高，交易数量就越大，从而为应付日常开支需要货币量越大。

预防动机：对于未来收入和支出的不确定性，如事业、重大事故、疾病等突发事件的发生，予以防备。

二、流动性比率计算公式

现金及现金等价物即是流动性资产，现金规划中现金及现金等价物额度的确定也就是对客户家庭流动性资产额度的确定。所以，要确定现金及现金等价物额度可以利用流动性比率推算出客户所应预留的家庭储备金，即现金及现金等价物。

$$流动性比率 = \frac{流动性资产}{每月支出}$$

计算公式中，流动性资产是指能及时变现并不受损失或损失较小的资产，如现金、各类储蓄、货币基金等。

流动性比率是流动性资产与每月支出的比值，它反映的是客户支出能力的强弱。从计算公式上也可以看出，流动性比率实际上反映的是当意外事件发生时，没有收入的情

况下，客户本身能维持几个月的正常生活。

通常情况下，流动性比率应保持在3左右，参考范围在3~6倍。对于工作稳定、收入有保障的客户，可以保持较低的流动性比率，将更多的资产用于扩大投资，取得更高收益。对于工作缺乏稳定性、收入无保障的客户，资产收益性在其次，建议此类客户保持较高的流动性比率。可以参考流动性比率去权衡家庭储备金额度。

【实训活动】

某家庭流动性资产（现金及现金等价物）为10万元，年支出为9.5万元，请计算此家庭资产的流动性比率并说明所得结果是否合理（假设此家庭收入不稳定）。

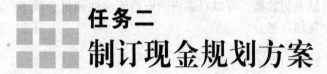

任务二
制订现金规划方案

在这一阶段，不但要掌握现金、各类储蓄品种以及货币市场基金等现金规划工具的特点、用途及区别，还要明确现金规划融资工具的功能及用法。在充分理解现金规划工具和融资工具的基础上，为客户制订合理的现金规划方案。

【工作目标】
1. 掌握不同种类现金规划工具的特点、用途及区别。
2. 掌握各类现金融资工具。
3. 能够为客户制订现金规划方案。

训练一　掌握各类现金规划工具

【知识要点】

现金规划工具的选取，首要因素是流动性，在充分考虑流动性的前提下保证流动资产具有较好的收益率。按照流动性高低，可将现金规划工具分为现金、各类储蓄和货币市场基金三种。

一、现金

定义：现金（Cash）是指立即可以投入流通的交换媒介，具有普遍的可接受性。

特点：流动性最强，收益率低，存在货币贬值的情况。

用途：可以立即用来购买商品、货物、劳务或偿还债务。

现金是现金规划的重要工具，在国际货币基金组织对货币层次的划分中，现金位于第一层次，这就意味着它的流动性非常强，但是，由于通货膨胀的存在，持有现金不仅收益颇低，且会随着时间的推移不断贬值。所以，人们为了保持一定的流动性而持有现金，但客观上却损失了部分收益。

二、各类储蓄

表 3-1　　　　　　　　　　　　各类储蓄一览表

产品名称	特点	存款期限	存款方式	适用范围
活期储蓄（活期一本通、一卡通）	存取灵活，适应性强，接受国内汇款。"一卡通"具有证券转账、证券买卖等理财功能。"一本通"还可以存取外币，并能作为水电费、通信费的缴费手段	不限	起存金额不限	所有客户
整存整取	存期较长、利率较高、稳定性较强，可部分或全部提前支取。不限币种	人民币存取期限：3个月、6个月、1年、2年、3年、5年；外币存取期限：1个月、3个月、6个月、1年、2年	人民币/港元50元起存；日元1000元起存；其他币种按原币种的10元起存	有资金结余，对资金使用周期明确且暂不提用的客户
零存整取	集零成整，具有计划性、约束性、积累性功能，不能办理部分提前支取	1年、3年、5年	5元起存，存款金额在开户时与银行约定，每月存入一次	刚参加工作，处于逐步积累资金期的客户
整存零取	整笔存入，分期支取本金，到期支取利息，能在不影响定期利息的前提下，分期提取部分本金	1年、3年、5年	1000元起存	有整笔资金结余，需要在日后按期陆续支取的客户
存本取息	整笔存入、分期付息、到期还本	3年、5年	5000元起存	在一定时期内本金不动，只需提取利息零用的客户
教育储蓄	存期灵活、总额控制、利率优惠、限定额度内利息免税，不得部分提前支取。	1年、3年、6年	50元起存，本金合计最高限额2万元	目前家有小学四年级以上（含四年级）子女的客户

续表

产品名称	特点	存款期限	存款方式	适用范围
定活两便储蓄	可像活期储蓄不约定存期，方便灵活，又可类似定期储蓄享受较高利率，可部分或全部提前支取	不限。期限＜3个月按活期利率计算；3个月≤期限＜6个月按3个月期利息六折计算；6个月≤期限＜1年按6月期利息六折计算；期限≥1年按1年期利率六折计算	同整存整取	目前有较大资金结余，不久的将来随时全额提取的客户
定期储蓄一本通	将本币和外币的整存整取储蓄存款集中在一个折上办理，到期自动转存	同整存整取	同整存整取	同整存整取
个人支票储蓄存款	存款方便，支取快捷，以活期存款为基础，与银行签订"个人使用支票协议书"，将储蓄消费结为一体	同活期存款	同活期存款	个体工商户
个人通知存款	整笔存入，一次或分次支取。利率收益较活期存款高，不约定存期，分为1天通知存款和7天通知存款（外币为7天通知存款）	不限	人民币5万元起存或等值外币（各地区略有不同）	拥有大额款项，且短期内一次或多次支取的客户

备注：①1天通知存款要提前1天通知约定提取存款，7天通知存款则是提前7天通知约定提取存款。个人通知存款是大额资金管理的好方式，适用于短期内需要支取该款项的客户，或者需要不定期多次提取存款的客户。

②除上述储蓄品种外，还存在定额定期双定存单、绿色存款、礼仪存单、喜庆存单、"四方钱"等多种特色储蓄品种。

三、货币市场基金

货币市场基金的特点是本金安全，且流动性强，一般 T＋1 或 T＋2 就可以取得所需资金；收益率同活期存款相比较高，并可以抵御通货膨胀；没有认购费、申购费和赎回费，只有年费，所以它的投资成本相对较低；单位净值1元不变，按每日复利计算，利用收益再投资，增加基金份额，分红免税；申购或认购最低资金量为1 000元，追加的是1 000元的整数倍。

衡量货币市场基金收益率的指标是7日年化收益率（最近七天年化收益率）和每万份基金单位收益（投资者当日的实际收益）。

货币市场基金虽然风险性极低，但其收益率也会在不同因素的影响下而波动，具体影响货币基金收益率的主要因素如下。

1. 利率因素。货币市场基金的投资对象为货币市场工具，利率的调整对货币市场工具产生直接影响，从而影响货币市场基金的收益率，一般来说，利率升高，货币市场基金的收益率随之上升，反之，利率降低，货币市场基金的收益率随之降低。

2. 费率因素。在成熟的资本市场上，货币市场基金只是投资者进行头寸和流动性管理的工具，基金费用（管理费、销售服务费、税金等）不同是导致各货币市场基金净收益出现差异的决定性因素。

3. 规模因素。货币市场基金并非规模越大收益越高，根据美国货币市场基金发展的经验看，单只货币市场基金存在一个最优规模，在该规模内具有规模效应，即规模越大收益越高；超出该规模后就不具备规模效应。

4. 收益率趋同趋势。随着货币市场的完善、货币市场基金整体规模的扩大及管理法规的规范，我国货币市场基金的收益率将面临着趋同的趋势，而且具有很强的持续性。一般而言，年化收益应该在 2.6% 左右。

【资料链接】

货币市场基金监督管理办法

……

第四条　货币市场基金应当投资于以下金融工具：

（一）现金；

（二）期限在 1 年以内（含 1 年）的银行存款、债券回购、中央银行票据、同业存单；

（三）剩余期限在 397 天以内（含 397 天）的债券、非金融企业债务融资工具、资产支持证券；

（四）中国证监会、中国人民银行认可的其他具有良好流动性的货币市场工具。

第五条　货币市场基金不得投资于以下金融工具：

（一）股票；

（二）可转换债券、可交换债券；

（三）以定期存款利率为基准利率的浮动利率债券，已进入最后一个利率调整期的除外；

（四）信用等级在 AA + 以下的债券与非金融企业债务融资工具；

（五）中国证监会、中国人民银行禁止投资的其他金融工具。

……

四、货币市场基金与储蓄的区别

1. 货币市场基金比定期存款流动性高，比活期存款收益率高。对于收益稍高的银行定期储蓄来说，储户急需用钱时如提前支取定期存款则无法享受定期利息，而能随时存取款的活期储蓄利息又比较低。货币市场基金很好地综合了这两者的缺陷，既可以随时赎回，赎回时资金一般 T + 1 日即可到账，也可以投资一些收益比较高的货币市场产品，获得理想的收益。

2. 与储蓄相比，货币市场利率随每天市场利率变化而变化，每日收益不同；银行活期储蓄按季度计算复利，而货币市场基金按日计算复利。

3. 大部分基金管理公司都提供自己的货币基金与自己其他基金产品的转换（如股票型基金），这样投资者在股市低迷的时候可以持有货币市场基金避险，获得稳定收益，而在股市转好的时候可以将货币市场基金迅速转换为股票型基金，享受牛市的超额回报，这种快捷便利的转换功能是一般储蓄所不能提供的。

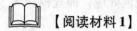 【阅读材料1】

"滚动储蓄法"让你的财富增值

储蓄如何才能在不影响家庭急用的前提下获得较高回报，达到最大限度增值的目的呢？一种"滚动储蓄法"，较好地解决了这个问题。采用滚动储蓄的方式，可以保证自己能够随意提取存款，又不会因为活期存款而降低利息收入。"滚动储蓄法"操作并不复杂。首先，将手中的余钱平分为四份，比如10 000元平分后每份为2 500元，将之分别按3个月、6个月、9个月、12个月（即一年）的存期存入银行。这样，存期便有了层次性，在3个月存款到期时，若需用就可取出，不需用就转存为一年期，同时，另三笔存款则相应变成了3个月、6个月、9个月期限，如此循环一次后，每笔款都变成了一年定期存款，不论存入时存期是多久，它们都可收取一年期的利息回报，同时又不影响家用。若余钱多，可将之分为更多份，让它们像按月领工资一样，每月都有一笔到期存款，收益更为明显。比如说每月结余2 000元，如果放在工资卡里按活期利息0.36%计算，一年后有24 068.93元（税后），而每月存一笔到期存款，按照一年期整存整取利息率2.25%计算，就有24 432元（税后），利息多出363.07元。如此，作为普通老百姓的我们，何乐而不为呢？

资料来源：《西安商报》。

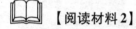 【阅读材料2】

"财产折旧"存钱法

结婚成家以后，小张借鉴财务管理上的固定资产折旧办法，对家中所购置的物品实行折旧处理，每年提取一定的折旧费用，收到了一定的成效。具体做法是如下。

每当家里添置价格稍高的耐用品时，先估算出其大致的使用年限，再把购回家所花费用（包括运输费用）平摊到每一年的每个月。如2 400元买的电冰箱，使用寿命约为10年，应提取的折旧费为每月20元。添置电视机、组合家具等也如此操作。

刚开始时，因为收入少，每月除正常开支、提取折旧费外，几乎没有多少剩余，经济几近捉襟见肘，小张咬咬牙坚持了下来。

为了防止折旧款轻易被"挪用"，小张在银行专门设立了一个账户，称之为"待摊销费用账户"，实际上是零存整取账户。每月领到工资的第一件事情，便是把折旧款一分不少地存进银行。去年，结婚时买的冰箱出了毛病（已用了12年），而且耗电量比较大，修复的可能性不大，于是取出已到期的2 000多元折旧款（还有存款利息），添上几百元买回来一台新款智能冰箱。

这种理财方法除了贵在坚持外，还有一点比较重要，那就是得细心一些，备一本家庭财产档案的明细账，详细记录折旧款的起止日期和存入、提取的数量及用途等，做到心中有数。

资料来源：《新民晚报》。

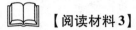 【阅读材料3】

余额宝也是货币基金

余额宝货币基金全称天弘余额宝货币市场基金，是由天弘基金管理有限公司发行的一款货币型基金，基金代码000198。货币基金主要投资于短期货币工具如国债、中央银行票据、银行定期存单、政府短期债券、企业债券、同业存款等短期有价证券的基金产品。天弘基金是余额宝货币基金的基金管理人，并在支付宝等平台或移动客户端上设置天弘基金网上交易直销自助式前台，用户转入余额宝的资金，即购买了余额宝货币基金，并享有及承担货币基金的投资收益和风险。

资料来源：支付宝服务大厅官网，2017 – 02 – 13。

【实训活动】

活动1：学生查资料，了解我国居民的储蓄状况，分组讨论如何看待我国巨额且不断增长的居民储蓄？每组派一个同学陈述本小组的观点。

活动2：分组讨论以下情况，由于客户的收入比较稳定，客户按照你的建议，使自己的流动性比率保持为3，是出现了以下情况：客户要去欧洲旅游，但此时按照你之前帮他规划的现金及现金等价物的额度已经不能应付这些支出，而临时变现流动性不强的金融资产又会有一部分损失。如果你是他的理财规划师，你会建议客户怎么做呢？

训练二　掌握各类现金融资工具

现金融资工具一般都具有现金价值。短期融资工具募集来的资金，能够解决因突发事件而导致的短期资金不足，是解决未预料事件而导致现金及现金等价物金额不足的好办法。现金融资工具包括信用卡融资、银行个人贷款、保单质押融资和典当融资。

【知识要点】

一、信用卡融资

信用卡是银行或其他发行机构向社会公开发行的、给予持卡人一定的信用额度，持卡人可在信用额度内先消费后还款，并可在中国境内指定的商家购物和消费，或在指定银行机构存取现金，以人民币结算的特制卡片。国际卡还可以在境外使用，以某一指定外币予以结算。

信用卡的理财功能如下。

1. 支出记录与分析。每月对账单清晰明了。

2. 出差管理。如因公出差、应酬刷一张卡，因私消费刷另一张卡，管理清楚明了。

3. 资金调度。临时调高额度、预借现金，可以解决客户应急之需，也可抓住一些好的机会。

4. 建立信用。通过建立信用为日后其他银行业务申请带来便捷。

5. 免息透支和免息分期付款。在银行规定时间内还回全部额度，即可免息。如果在还款日未能全额支付，将采用循环信用，收取循环利息。

有些信用卡提供超限额透支，根据银行的管理情况不同，分为需要申请和不用申请两种情况。当客户出现超限额消费时，银行会对超出信用的额度加收超限费，通常为超额部分的5%。

二、银行个人贷款

银行提供给个人的贷款有多种方式，比如凭证式国债质押贷款、存单质押贷款、受托理财产品质押贷款等。其统一原理都是将个人手中的具有现金价值的银行存单、国债等作为质物留存银行，申请贷款。贷款额一般为质物面额的80%或90%。

三、保单质押融资

保单质押融资是指个人以保单作为质押物向银行申请贷款，并按照保单现金价值的一定比例获取短期贷款额度。可以用于质押的保单包括具有储蓄功能的养老保险、投资分红保险及年金保险等人寿保险。损失补偿性保险合同不可以用于质押，如医疗保险和意外伤害保险等。贷款期限较短，一般在6个月以内，贷款金额控制在保单现金价值的90%。

四、典当融资

根据《典当管理办法》规定，典当是指当户将其动产、财产权利作为当物质押或者将其房地产作为当物抵押给典当行，支付一定比例费用，取得当金，并在约定期限内支付当金利息、偿还当金、赎回当物的行为。典当期限由双方约定，最长不得超过6个月，在典当期内或典当期限届满后5日内，可再申请延期6个月一次。典当当金利率按中国人民银行公布的银行机构6个月法定贷款利率及典当期限折算后执行。当期不足5日的，按5日收取有关费用。可典当的物品包括汽车、房产、股票，且必须具备相关证件，比如行车证、完税证、机动车登记证、保险等。

 【案例分析】

小王申请办理了一张银行的信用卡，账单日为每月3日，到期还款日为每月20日。本月账单上显示只有2016年3月28日，她在商场透支购买了2 000元的商品。账单上显示本期应还金额2 000元，最低还款额度为200元。

提示：循环利息是指持卡人在到期还款日前偿还等于或高于最低还款额，但低于应还额度的情况下产生的，日息为0.5‰。计息方式为：在到期还款日前如未全部还款，则不管还了多少，针对全部金额计息；从到期还款日到全部还清日则针对未还部分计息。

小王的利息计算如下。

情况一：在 4 月 20 日之前，小王将透支金额 2 000 元全部偿还，其循环利息为 0，也就是知识要点中提到的免息情况。

情况二：小王按照最低还款额在 4 月 20 日还了 200 元，剩余的 1 800 元到 5 月 3 日还没有还款，则小王 5 月 3 日的账单上出现的循环利息是 34.7 元。

2 000 元×0.5‰×23 天（3 月 28 日至 4 月 20 日）+1 800 元×0.5‰×13 天（4 月 20 日至 5 月 3 日）=34.7 元

 【阅读材料 1】

信用卡的起源

信用卡于 1915 年起源于美国。最早发行信用卡的机构并不是银行，而是一些百货商店、饮食业、娱乐业和汽油公司。美国的一些商店、饮食店为招徕顾客，推销商品，扩大营业额，有选择地在一定范围内发给顾客一种类似金属徽章的信用筹码，后来演变成为用塑料制成的卡片，作为客户购货消费的凭证，开展了凭信用筹码在本商号或公司或汽油站购货的赊销服务业务，顾客可以在这些发行筹码的商店及其分号赊购商品，约期付款。这就是信用卡的雏形。

据说有一天，美国商人弗兰克·麦克纳马拉在纽约一家饭店招待客人用餐，就餐后发现他的钱包忘记带在身边，因而深感难堪，不得不打电话叫妻子带现金来饭店结账。于是麦克纳马拉产生了创建信用卡公司的想法。1950 年春，麦克纳马拉与他的好友施奈德合作投资一万美元，在纽约创立了"大莱俱乐部"（Diners Club），即大莱信用卡公司的前身。大莱俱乐部为会员们提供一种能够证明身份和支付能力的卡片，会员凭卡片可以记账消费。这种无须银行办理的信用卡的性质仍属于商业信用卡。

1952 年，美国加利福尼亚州的富兰克林国民银行作为金融机构首先发行了银行信用卡。

1959 年，美国的美洲银行在加利福尼亚州发行了美洲银行卡。此后，许多银行加入了发卡银行的行列。到了 20 世纪 60 年代，银行信用卡已受到社会各界的普遍欢迎，并得到迅速发展，信用卡不仅在美国，而且在英国、日本、加拿大以及欧洲各国也盛行起来。从 20 世纪 70 年代开始，中国香港、中国台湾、新加坡、马来西亚等发展中国家和地区也开始发行信用卡业务。

 【阅读材料 2】

目前国内常见的信用卡还款方式

表 3-2　　　　　　　　　信用卡还款方式一览表

发卡行内还款	该方式包括发卡行柜台、ATM、网上银行、自动转账、电话银行还款等方式。还款后，信用卡额度即时恢复，款项一般在当天系统处理后，即可入账。

续表

网络还款	目前，国内比较常见的网络平台有银联在线、快钱、支付宝等。选择不同的平台和银行，收费标准和款项具体到账时间均有所不同。
柜面通还款	柜面通指各联网金融机构发行的银行卡，通过在银联交换中心主机系统注册的他行银行网点柜面，进行人民币活期存取款交易。
还款通	利用"还款通"进行还款，收费一般按当地人民银行规定的同城跨行转账与异地跨行汇划收费标准收取。
跨行转账/汇款还款	主要分为同城跨行、异地跨行两种方式。无论是何种方式进行转账或者汇款，汇出行将收取一定的费用，同时款项在到账的时间和还款便捷程度上都不如同行内还款、网络还款、便利店还款等方式。
便利店还款	该种方式主要是通过安装在便利店中的"拉卡拉"智能支付终端完成还款。一般到账时间需2～3个工作日，同时利用这种方式还款免收取手续费。
信付通还款	"信付通"智能刷卡电话是中国银联自主研发，通过银行卡检测中心认证，并由中国银联跨行信息交换网络提供金融服务支持的创新电子产品。
其他还款方式	除了上面提到的几种方式外，发卡行为了便于持卡人还款，还开通了各具特色的还款方式。

【阅读材料3】

临时小额贷款可以找蚂蚁花呗

一、产品介绍

蚂蚁花呗是由蚂蚁金服提供给消费者"这月买、下月还"的网购服务。其产品特点是：

1. 当月买，下月再还款。淘宝天猫交易时除部分淘宝旅行、充值、电影票等特定类目外为确认收货后下月还款，其他平台交易时下单付款后下月还款。

2. 免费使用消费额度购物。若使用花呗分期购，买家需按商家设定的费率，承担指定费用。

3. 还款方便，支持支付宝自动还款。

二、还款相关

1. 账单日：该日期是蚂蚁花呗出账日期，每个月1号出当月的账单（汇总消费明细、费用明细）。账单日是固定的，暂时不支持修改。

2. 还款日：该日期是蚂蚁花呗在协议上约定的最后还款时间，通常为每月9号或10号若超过该日期还款，则收取一定的逾期费用，且可能对人行征信有影响。

三、花呗分期（非淘系场景）买家手续费说明

当您在非淘系场景（即非淘宝、天猫等）使用花呗分期时，会根据如下标准向您收取手续费（服务费）：

分期期数	费率
3 期	2.3%
6 期	4.5%
12 期	8.0%

分期还款每期应还本金 = 可分期还款本金总额 ÷ 分期期数；

分期还款每期手续费 = 可分期还款本金总额 × 分期总费率 ÷ 分期期数；

金额精确到分，逐月计入，余数计入首期，手续费已收不退。

温馨提示：

1. 花呗分期仅会向您或商家一方收取手续费（服务费），不会向双方同时收取。

2. 当您选择分期付款时，若商家愿意承担费用，按商家设置的费率收取；卖家不承担的部分由买家承担。

3. 花呗分期会根据市场环境的变化，不定期调整上述手续费（服务费）。

资料来源：支付宝服务大厅官网，2017 - 02 - 15。

【实训活动】

活动1：调查你的家庭或朋友的家庭对信用卡的应用情况，了解家庭融资手段，对比各融资手段的优缺点，为各自家庭挑选最适合的融资方法。

活动2：信用卡循环利息的计算：某同学办理了一张银行的信用卡，账单日为每月1日，到期还款日为每月19日。本月账单上显示在 2016 年 8 月 26 日和 9 月 12 日分别透支购买了 1 000 元的商品，账单上显示本期（9 月 19 日）还款金额为 2 000 元，已还最低还款额 200 元。计算该同学 10 月 1 日账单上的循环利息。

训练三 形成现金规划报告

【知识要点】

现金规划流程如图 3 - 3 所示。

图 3 - 3 现金规划流程

【案例分析】

　　许先生，30 岁，单身，目前担任北京某公司部门经理，收入稳定，工作规律，工作业绩优异，有望在不久的将来提薪。性格开朗，热爱旅游、运动，是走在时尚尖端的部门经理。现住南五环，有辆尼桑天籁三厢轿车，无特殊支出。许先生目前拥有社会保险和医疗保险。

　　结合其家庭的财务信息编列成表，如表 3 - 3、表 3 - 4 所示。

表 3 - 3　　　　　　　　　　　　　资产负债表　　　　　　　　　　　单位：元

日期：2016 年 4 月 4 日		客户姓名：许强	
资　产	金　额	负　债	金　额
现金及现金等价物		长期负债	
现金	10 000.00	汽车贷款	55 000.00
银行定期存款	150 000.00	房屋贷款	60 000.00
现金及现金等价物小计	160 000.00	长期负债小计	115 000.00
其他金融投资		中期负债	0
股票	50 000.00		
其他金融投资小计	50 000.00	中期负债小计	0
个人实物资产		短期负债	
房屋不动产	400 000.00	信用卡透支	20 000.00
汽车	100 000.00		
家具	50 000.00		
个人实物资产小计	550 000.00	短期负债小计	20 000.00
总资产	760 000.00	总负债	135 000.00
净资产		625 000.00	

表 3 - 4　　　　　　　　　　　　　现金流量表　　　　　　　　　　　单位：元

日期：2015 年 4 月 5 日至 2016 年 4 月 4 日			客户姓名：许强		
收入	金额	百分比	支出	金额	百分比
经常性收入			经常性支出		
工资	120 000.00	68.96%	膳食费	40 000.00	23.81%
奖金	40 000.00	22.99%	通信费及交通费	30 000.00	17.86%
存款利息	1 020.00	0.59%	水电煤气费	8 000.00	4.76%
			汽车还贷	15 000.00	8.92%
			保险费	15 000.00	8.92%
			住房还贷	5 000.00	2.98%
经常性收入小计	161 020.00	92.53%	经常性支出小计	113 000.00	67.26%
非经常性收入			非经常性支出		

续表

收入	金额	百分比	支出	金额	百分比
劳务报酬（兼职）	12 000.00	6.90%	旅游费	25 000.00	14.88%
			衣物购置费	30 000.00	17.86%
非经常性收入小计	12 000.00	6.90%	非经常性支出小计	55 000.00	32.74%
收入总计	174 020.00	100%	支出总计	168 000.00	100%
年净结余			6 020.00		

虽然许先生目前单身，但是由于父母催促，且为自己长远考虑，决定在不久的将来成家。结合许先生的财务情况，为其制订现金规划方案。

步骤一： 许先生目前流动性资产是 160 000 元（资产负债表中现金及现金等价物小计），每月支出为 168 000 元÷12＝14 000 元

步骤二： 此家庭的流动性比率为：160 000 元÷14 000 元＝11.4

步骤三： 结合以上数据以及许先生的生活状况，设计以下现金规划方案。

现金储备是一般家庭保持正常生活的基础，可以避免因失业或疾病等意外事件发生而导致家庭不能正常生活。现金储备一般维持在月支出费用的 3～6 倍之间，根据家庭的不同情况而定倍数。就许先生而言，收入相对稳定，职业前景看好，建议其储备金应保留在月支出的 3 倍，在 42 000 元左右。其中，除了应保留现金（或活期存款）10 000 元以外，还应将其银行定期存款中的 32 000 元提出，投资到货币基金市场，作为生活开支储备金。这样，既可以获得比活期存款较高的收益，又可以灵活取现且免税。如果为结婚打算，建议许先生适当减少自己的开支，为婚后花销打下基础。

根据其现在家庭的流动性比率来看，许先生可将其多余现金及等价物投资到其他高收益的理财产品上，以获取更大利益。

除此之外，建议许先生申请一张信用卡，额度在 1 万元左右，可以成为短期应急资金的来源。这样，许先生万一有意外发生，手上的 52 000 元储备金，可以帮助他渡过难关。

【实训活动】

训练项目： 为自己的家庭或朋友的家庭设计一个现金规划方案。

训练目标： 通过对调查家庭的生活背景以及财务状况的了解，制定现金流量表，调查已有家庭现金及现金等价物总值，为其选择合适的现金规划工具，策划家庭现金规划方案。

训练成果：

1. 小组活动方案：包括人员分工、活动形式、活动地点、应急方案等。

2. 汇总小组的成果，按照下列内容，上交方案成果。

（1）家庭背景情况、财务状况。

（2）制定现金流量表，计算流动性比率，确定应有现金及现金等价物价值。

（3）制订现金规划方案，包括现金规划工具的选择以及分配额度。

职业技能训练

结合案例，为康先生的家庭制订合理的现金规划方案。

康先生，38 岁，某上市公司中层职员，税后年薪 12 万元；康太太，36 岁，某银行职员，税后年薪 72 000 元左右，有时在外兼职，年薪为 12 000 元；夫妇两人有一个儿子，今年六岁。双方父母健在，享受退休金及医疗保险，独立生活，经济富裕。两人的资产负债及收入情况见表 3 - 5 和表 3 - 6。

表 3 - 5　　　　　　　　　　　　家庭资产负债表　　　　　　　　　　单位：元

日期：2016 - 09 - 30			姓名：康先生和康太太
资产			金额
金融资产	现金及现金等价物	现金	10 000.00
		银行活期存款	20 000.00
		银行定期存款	50 000.00
	现金及现金等价物小计		80 000.00
	其他金融投资	股票	50 000.00
		国债	20 000.00
		各类基金	130 000.00
	其他金融投资小计		200 000.00
	金融资产小计		280 000.00
实物资产	房屋不动产		2 200 000.00
	汽车		200 000.00
	实物资产小计		2 400 000.00
总资产			2 680 000.00
负债			
中长期负债	房屋贷款		680 000.00
	车贷余款		0
	其他贷款		0
短期负债	信用卡透支		0
	医疗欠款		0
	分期付款消费贷款		0
总负债			680 000.00
净资产（总资产 - 总负债）			2 000 000.00

表 3 - 6   现金流量表   单位：元

日期：2016 - 01 - 01 至 2016 - 12 - 31			姓名：康先生和康太太
		金额	百分比
收入	工资（夫妻二人之和）	192 000.00	84.96%
	理财收益（利息与资本利得）	10 000.00	4.42%
	房屋出租收入	12 000.00	5.31%
	劳务报酬（兼职）	12 000.00	5.31%
收入总计		226 000.00	
支出	房屋还贷	81 000.00	64.28%
	日常生活开支	21 000.00	16.67%
	养车费用（含保险）	11 000.00	8.73%
	旅游费	5 400.00	4.29%
	衣物购置	5 600.00	4.44%
	医疗费用	2 000.00	1.59%
支出总计		126 000.00	
年净结余		100 000.00	

本章习题

一、单项选择题

1. 下列可以反映个人或家庭一定期间的收入支出情况的是（   ）。

A. 现金流量表   B. 资产负债表   C. 利润表   D. 支出表

2. 下列关于典当融资的说法，正确的是（   ）。

A. 典当期限当期不足 5 日的，按当日收取有关费用

B. 典当当金利率按中国人民银行公布的银行机构 6 个月期法定贷款利率及典当期限折算后执行

C. 典当期限由双方约定，最长不得超过 1 年

D. 典当期内或典当期限届满后 5 日内，经双方同意可以续当，续当一次的期限最长为 3 个月

3. 客户的收入支出信息是客户最为重要的财务信息之一，客户家庭预期收入成为客户未来现金流入的主要来源，也成为客户投资的主要依据。在收集此类信息的时候，理财规划师不仅仅要对客户未来收入情况进行相对准确的预测，而且要注意客户的(   )。

A. 收入相对水平 　　　　　　　B. 收入的预期情况

C. 收入波动情况 　　　　　　　D. 收入结构

4. 对于信用卡的描述，不正确的是（　　　）。

A. 实质是一种消费贷款

B. 提供了一个有明确信用额度的一次性信贷账户

C. 借款人可以使用部分或全部额度

D. 偿还借款时也可以全额还款或部分还款

5. 下列关于货币市场基金说法不正确的是（　　　）。

A. 货币市场基金是指仅投资于货币市场工具的基金

B. 就流动性而言，货币市场基金的流动性很好，甚至比银行 7 天通知存款的流动性还要好

C. 就安全性而言，货币市场基金投资品种的特性基本决定了货币市场基金本金风险接近于零

D. 一般来说，申购或认购货币市场基金没有最低资金量要求

二、多项选择题

1. 关于现金规划的说法正确的是（　　　）。

A. 现金规划师为满足个人或家庭短期需求而进行的管理日常的现金及现金等价物和短期融资的活动

B. 现金等价物是指流动性比较强的活期储蓄、各类银行存款和货币市场基金等金融资产

C. 现金规划能够使客户所拥有的资产保持一定的流动性

D. 现金规划能够使流动性较强的资产保持一定的收益

E. 将资产在现金规划的一般工具中进行配置能够使资产保持较高的收益性

2. 个人通知存款是指存款人在存入款项时不约定存期，支取时需提前通知金融机构，约定支取日期和金额方能支取存款的一种储蓄方式。下列关于个人通知存款的说法正确的是（　　　）。

A. 分为 1 天通知存款和 7 天通知存款两个档次

B. 最低起存金额为 5 万元

C. 最低支取金额为 5 万元

D. 存款人需一次性存入，可以一次或分次支取

E. 存款人可多次存入，一次或分次支取

3. 理财规划师在与客户会谈之前应当准备所需的介绍性资料，这些介绍性资料主要包括（　　　）。

A. 所在机构的宣传和介绍材料

B. 所在机构的营业执照副本复印件

C. 所在机构从事理财业务的许可文件

D. 理财规划师个人职业资格文件

E. 理财方案样本

4. 在与客户会谈之前，理财规划师需要事先通知客户准备和理财规划相关的财务资料，这些材料通常包括（　　）。

A. 个人的记账记录　　　　　　　　B. 对账单

C. 股票或债券相关凭证　　　　　　D. 保险单

E. 儿女学历证明

5. 下列关于保单质押融资的说法正确的是（　　）。

A. 保单质押贷款是保单所有者以保单作为质押物，按照保单现金价值的一定比例获得短期资金的一种融资方式

B. 投保人可以把保单直接质押给保险公司，直接从保险公司取得贷款

C. 投保人可以把保单质押给银行，由银行支付贷款给借款人

D. 所有的保单都可以质押

E. 医疗保险合同和意外伤害保险合同可以质押

三、判断题

1. 信用卡、准贷记卡和借记卡的一个共同点是，持卡人不必为刷卡消费付任何手续费。（　　）

2. 利用信用卡进行预借现金的利息和手续费不是很高，所以可以经常采取预借现金的方式进行短期融资和取现。（　　）

3. 七日年化收益率是通常反映货币市场基金收益率高低的指标。（　　）

4. 典当期限由双方约定，最长不得超过 6 个月。（　　）

5. 定活两便储蓄金，存期 3 个月以上不满半年的，按 3 个月定期存款利率打 6 折计息。（　　）

项目四

保险规划

BAOXIAN GUIHUA

　　保险的意义，只是今日作明日的准备，生时作死时的准备，父母作儿女的准备，儿女小时作儿女长大的准备，如此而已。今天预备明天，这是真稳健；生时预备死时，这是真旷达；父母预备儿女，这是真慈爱；能做到这三步的人，才能算作是现代人。

——胡适

【工作任务】

1. 了解个人或家庭面临的主要风险。
2. 理解保险基本知识，掌握保险的种类。
3. 了解保险规划的设计原则和方法。
4. 掌握保险规划的种类，能够为客户规划保险方案。

【引导案例】

几则保险小故事

故事一：真正的财富

小镇上有两个人，一个非常富有，经营着一家大工厂，另一个却过着平凡的生活。一场意外夺去了两个人的生命，富人的工厂立即陷入混乱，很快破产了，他的家人不得不从原来的大房子里搬了出来，生活日渐困苦。另一个人，他的家人虽然悲痛，但因为他生前买了保险，他的家人获得了保险公司的理赔，他们仍旧过着衣食无忧的生活。能在关键时候为你和你的家人提供帮助的，才是真正的财富。

故事二：一把米的故事

从前，一个穷苦人家的老父亲感到自己将不久于人世。在临终前，他把几个孩子叫到跟前说："我没有什么东西留给你们，只有一句话，你们以后每次煮饭时都要从瓢里抓一把米放到灶边的缸里！一定要这样做！"说完，父亲就去世了。孩子们虽然不懂父亲为什么要他们这样做，但为了孝顺还是照做了。

两年以后，本地闹了一场大旱灾。庄稼颗粒无收，许多人只好背井离乡去逃荒。这家人正在愁苦之时忽然看到灶边的米缸里已积存了满满的一缸米，他们立刻破涕为笑，借此他们度过了一个罕见的灾荒年。

故事三：真正的帮助

有个人在回家的路上出了车祸，当他动完手术躺在病床上时，有四个人看望了他。

第一位拜访者是他的牧师，牧师说："噢，我可怜的孩子，愿主保佑你早日康复。"

第二位拜访者是他的朋友，朋友说："你好好养病吧。"留下鲜花和水果走了。

第三位拜访者是他的医生，医生说："伤得不轻，看来要住好几个月才行。"医生留下账单，离开了。

最后，他的保险代理人来到病房，为他带来了一张支票，付清了住院的费用。他和他的家人感动地对代理人说："谢谢你，你才是我们真正的救星。"

分析：

1. 以上保险小故事分别说明了什么道理？
2. 人生会面临怎样的风险？
3. 什么是保险？保险有什么功能？

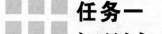

任务一
识别个人或家庭面临的主要风险

无风险无保险，正是因为有了风险，所以才需要进行风险管理，个人理财规划师就是要帮助客户有效地规避风险。

【知识要点】

一般来说，人们面临的风险主要有人身风险、财产损失风险和责任风险。

一、人身风险

人身风险是指在日常生活及经济活动中，家庭成员的生命或身体受到各种损害，因此造成的经济能力下降或人身死亡、伤残、罹患重大疾病、退休等风险。具体风险包括如下三点。

1. 家庭成员因疾病或意外事故过早离世，尤其对家庭经济贡献最大的成员的离世给家庭的经济收入带来严重影响，收入下降甚至中断，这对上有老人要赡养、下有孩子要抚养的家庭来说是致命的打击。

2. 因疾病或意外事故导致家庭成员伤残或者丧失劳动能力，导致家庭收入的减少或者终止，同时支出相对增加。

3. 退休养老风险，"人老不可怕，人穷不可怕，又老又穷才可怕"。

二、财产损失风险

财产损失风险就是家庭拥有并运用的财产物资，由于自然灾害或者意外事故受到损失，包括动产、不动产等。如洪水、泥石流爆发导致房屋受损，交通事故导致车辆受损等。

三、责任风险

责任风险是指因个人或团体的疏忽或过失行为，造成他人的财产损失或人身伤亡，按照法律、契约应负法律责任或契约责任的风险。

四、家庭对风险的承担能力

一般来说，风险承担能力与个人的个性、条件及家庭状况有关系。

风险承担能力的通则可适用于大多数人。

1. 年龄越大，承担风险的能力越低。

2. 家庭收入及资产越高，承担风险的能力越强。

3. 家庭负担越轻，承担风险的能力越强。

由于人身风险是个人和家庭面临的主要风险，而财产和责任风险出险的概率较低，因此，在本项目保险规划中，仅讨论个人或家庭人身风险及保险规划。

【实训活动】

分组讨论，人生的各个阶段主要面临哪些风险。

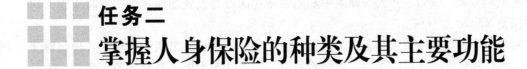

任务二
掌握人身保险的种类及其主要功能

【知识要点】

应对人身风险的保险产品有人寿保险、意外伤害保险和健康保险。

一、人寿保险

人寿保险又称为生命保险，是以人的生命为保险标的，以人的生死为保险事故，当发生保险事故时，保险人对被保险人履行给付保险金责任的一种保险。

人寿保险通常可分为生存保险、死亡保险、两全保险和年金保险。

1. 生存保险。生存保险是被保险人要生存到保险期满时，保险人依照保险合同的规定给付保险金的一种保险。生存保险是以被保险人在一定时期内生存为给付条件的，如果被保险人在保险期内死亡，保险公司不负保险责任，并且不退回投保人所交的保险费。

生存保险具有较强的储蓄功能，是为一定时期之后被保险人可以领取一笔保险金，以满足其生活等方面的需要。

2. 死亡保险。死亡保险分为定期寿险和终身寿险，是以被保险人的死亡为保险事故的人寿保险，只是保险期限不同。定期寿险的保险期限是某一特定的区间，而终身寿险的保险期限则是被保险人的一生。

定期寿险是指被保险人在保险期限内死亡时，保险人才负给付保险金的责任。如果被保险人合同期满后继续生存而又不续保，保险公司则不负保险责任。定期寿险具有较强的保险功能，可以用最低的保险费支出取得最大金额的保障，但无储蓄功能也无投资收益。

终身寿险又称终身死亡保险，是一种提供终身保障的保险，被保险人在保险有效期内无论何时死亡，保险人都向其受益人给付保险金。终身寿险的一个显著特点是保单具有现金价值，而且保单所有人既可以中途退保领取退保金，也可以在保单的现金价值的一定限额内贷款，具有较强的储蓄性。所以终身寿险的费率较高，并且采取均衡保费的方法。目前，中国寿险市场上终身寿险已经成为主要的寿险险种之一。

3. 两全保险。两全保险又称生死合险。被保险人在保险期内死亡，保险人向其受益人给付保险金；如果被保险人生存至保险期满，保险人也向其本人给付保险金。因此，两全保险是死亡保险和生存保险的混合险种。

两全保险可分为两个部分：定期寿险和储蓄投资。保单中的定期寿险保费逐年递减，至保险期满日为零，而储蓄保费逐年递增，至保险期满日为投保金额。由于被保险人在保险期内不论生存或死亡，被保险人本人或受益人在保险期满后，总是可以获得稳定的保险金，因此它既可以保障被保险人的晚年生活，又能解决由于本人死亡后给家庭经济造成的困难，因而它在人寿保险中最能够体现保障与投资的两重性，有时人们又称其为储蓄保险。

两全保险的储蓄性使它具有现金价值，被保险人能够在保单期满前享受各种储蓄利益。因此，两全保险既可以作为一种储蓄手段，又可以作为提供养老保障的手段，还可以当做为特殊目的积累一笔资金的手段，所以深受人们欢迎。目前保险市场上的多数险种都属于两全保险。

4. 年金保险。年金保险是指保险人承诺每年（或每季、每月）给付一定金额给被保险人（年金受领人）的保险，实际上是一种生存保险。年金保险是预防被保险人因寿命过长而可能丧失收入来源或耗尽积蓄而进行的经济储备。

投保年金保险可以使晚年生活得到经济保障。人们在年轻时一点一滴节约闲散资金，缴纳保费，年老之后，就可以按一定周期领取固定数额的保险金，使晚年生活安定祥和。例如，养老保险就是一种较常见的年金保险。

此外还有创新型人寿保险。创新型人寿保险产品侧重于投资理财，被保险人也可获取传统寿险所具有的功能。该类型保险可分为分红保险、投资连结保险和万能人寿保险。

二、意外伤害保险

意外伤害保险是指被保险人由于意外原因造成身体伤害或导致残废、死亡时，保险人按照约定承担给付保险金责任的人身保险合同。

保险人的给付，通常包括丧失工作能力给付，丧失手足或失明的给付，因伤致死给付，以及医疗费用给付。

三、健康保险

健康保险是以被保险人在保险期间内因疾病不能从事正常工作，或因疾病造成残疾或死亡时由保险人给付保险金的保险。

健康保险的保险费率与被保险人的年龄、健康状况密切相关，保险公司往往要求被保险人体检，规定观察期或约定自负额，承保比较严格。因此，趁年轻、健康时购买最有利。

健康保险是以被保险人患疾病作为保险事故的，按给付方式划分，一般可分为三种。

1. 给付型。保险公司在被保险人患保险合同约定的疾病或发生合同约定的情况时，按照合同规定向被保险人给付保险金。保险金的数目是确定的，一旦确诊，保险公司按合同所载的保险金额一次性给付保险金。各保险公司的重大疾病保险等就属于给付型。

2. 报销型。保险公司依照被保险人实际支出的各项医疗费用按保险合同约定的比例报销。如住院医疗保险、意外伤害医疗保险等就属于报销型。

3. 津贴型。保险公司依照被保险人实际住院天数及手术项目赔付保险金。保险金一般按天计算，保险金的总数依住院天数及手术项目的不同而不同。如住院医疗补贴保险、住院安心保险等就属于津贴型。

 【案例分析】

案例一：吴先生从事商贸工作，考虑到自己经常出差的工作性质，吴先生想为自己购买一款意外保障和分红的产品。2004 年，吴先生通过银行柜台购买了美国友邦保险北京分公司的《友邦理财宝十年期两全保险（分红型)》及《友邦附加十年期身故给付意外伤害保险》。

一年后吴先生遭遇了一场意外车祸，剧烈的碰撞导致吴先生严重脑外伤。尽管医院极力抢救，仍然回天乏术，吴先生不治身亡。在承受了丧亲之痛后，吴先生的家庭也面临巨大的生活压力。上有老下有小的困境让这个普通家庭不堪其重。作为保单受益人，吴先生的妻子孟女士向友邦保险公司提出了索赔申请。友邦保险公司很快作出了理赔决定，20 多万元的理赔款很快到账。

分析：这笔理赔款，帮助了这个岌岌可危的家庭，解了燃眉之急，让吴先生家庭的成员们很快地恢复了正常的生活，这充分说明了，车祸无情，保险有爱。

案例二：刘先生在某建筑公司任高级职员，公司提供社会保险，为弥补当前保障的不足，刘先生的妻子为刘先生购买了友邦保险公司的《友邦综合个人意外伤害保险》，保险金额 50 万元，并附加了住院费用补偿保险。

在保单生效 7 个月后，刘先生自驾车行驶至北京市朝阳区某路段时，不幸与前方大货车发生追尾事故，遭受严重创伤而神志不清的刘先生被送进附近医院紧急救治，令人欣慰的是经过医院的竭力抢救，刘先生的生命得以挽回，然而令人遗憾的是刘先生的双腿未能保住，未来的日子恐怕只能与轮椅为伴了。刘先生一家为此饱受了劳累伤痛之苦，更让家庭痛苦的是，刘先生的康复还是一个漫长的过程，收入中断了，一个家庭的经济生命濒临死亡边缘。不久保险代理人得知此事，随即协助刘先生的妻子向保险公司申请索赔，结果获赔伤残保险金 50 万元及 3 万多元住院费用补偿。

分析：平安时给你估护，意外时给你支持，这就是保险，危难之时显身手。

【实训活动】

活动 1：上网查询中国平安、中国人寿、美国友邦等不少于三家保险公司的官方网站，查询了解并下载其主要的人身保险品种，并能够解释其保险责任。

活动 2：讨论不同人身风险对应的保险类型是什么。

活动3：去保险公司营业部或者银行大厅实地考察，索取不同保险产品类型的宣传彩页并索取不同类型的投保申请书，学会展示并介绍保险产品投保单。

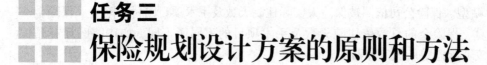

任务三
保险规划设计方案的原则和方法

【知识要点】

一、设计保险规划应当遵循的原则

1. 在家庭成员中，先大人后孩子。一定要先给大人买保险（寿险），因为大人是孩子的保险。在父母健全的时候，父母能照顾好自己的孩子，而当父母都不在的时候，父母充足的寿险则是给家庭、给孩子的一份坚实的保障。

2. 先给一家之经济支柱买保险，保支柱就是保家庭。经济支柱一般是家庭经济收入的主要来源者，是家庭生活的维持者，很多人有着不错的工作或事业上小有成就，在他们看来，他们是一家之主，能挣钱，是家庭中的强者，但是从家庭风险的角度来说他们却是一个软肋。道理很明显，既然是家庭收入的主要来源者，是家庭的经济支柱，那么一旦发生风险对家庭的打击也是最大，所以作为家庭的经济支柱，其实是最需要保护的。

3. 先买意外险、健康险，先保障后储蓄盈利。科学的保险规划，应该是先解决雪中送炭的问题，再考虑锦上添花之事。先从意外险、健康险做起，有了这些最基本的保障，再去考虑其他的险种。也就是说，如果没有任何的商业保险，买保险一般应按下面的顺序：意外险（寿险）→健康险（含重大疾病险、医疗险）→教育险→养老险→分红险、投连险、万能险。

4. 确定合理的保险金额，再确定适当保费。由于被保险人出险的时候，保险公司赔偿给受益人的只能是金钱，所以购买保险的主要目的是出现风险时能得到经济上的补偿，也就是说被保险人身上负有多少经济责任，就相应买多少保额的保险。应根据人生的不同阶段，以及所承担的家庭责任的大小来确定合理的保险金额，比如一个单身青年和一个40岁左右上有老下有小的中年人，所承担的家庭责任是完全不同的。因此他们的保障金额是不一样的。

另外，应根据自己的不同的人生阶段、不同的财务状况、不同的职业类别、不同的理财偏好，合理负担自己的保费。

在保险实务当中，设计保险金额一般遵循"双十"原则，即寿险保额应该是年收入的10倍以上，年收入的10%左右用来购买保险，当然这只是一个泛泛的计算方法。

5. 全面保障，合理搭配险种。好的保险规划应该能规避疾病和意外等所有不可预知的风险，在选择健康保险的时候，重大疾病保险应该是每个家庭的首选，还要考虑有没有社保，比较理想的是有社会医疗保障就选择重大疾病保险；没有社会保险就选择重大疾病保险加住院费用保险。

6. 其他原则。此外，购买保险时还应该注意：要考虑保障、不要偏听偏信；要比较险种，不要盲目购买；购买保险不能碍于情面；购买保险不要贪便宜、量入为出；要确定需要，不要心血来潮买保险。

另外，需要知道的是，没有错误的保险，只有错误的购买。在保险实务当中，由于观念的原因、经济的原因、碍于朋友面子的原因等，很多人买了保险，然而一旦风险事故发生了，却得不到保险公司的理赔，带来不必要的麻烦和纠纷。购买了保险不等于进行了保险规划和风险管理，也不是每一个保险代理人都是保险规划顾问。

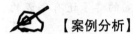 【案例分析】

"双十"原则的运用

王先生今年 32 岁，年收入 217 115 元。按照"双十"原则，规划王先生的保费支出和保额（保额精确到万元）。

保险费率规定如下：

1. 以 30 岁男性为例，寿险及重大疾病保险每 10 万元保险金额的保费为 3 300 元，年龄每增减 1 岁，相应保费增减 100 元。

2. 以 30 岁女性为例，寿险及重大疾病保险每 10 万元保险金额的保费为 3 000 元，年龄每增减 1 岁，相应保费增减 100 元。

3. 个人普通意外伤害保险每 10 万元保险金额保费为 200 元。

计算如下：

假设购买寿险及重大疾病保险 x 份，购买普通意外伤害保险 y 份。

$3\,500x + 200y = 21\,711.5$ 元

$100\,000\,(x + y) = 2\,171\,150$ 元

得出 $x \approx 5.3$，$y \approx 16.5$

因此寿险保额为 53 万元（5.3×10），保费支出为 18 550 元（$5.3 \times 3\,500$）；意外险保额为 165 万元（16.5×10），保费为 3 300 元（16.5×200）。

二、保险规划的步骤

第一步，收集信息，分析家庭类型并进行需求分析。

第二步，分析风险状况及客户重点关注的风险类型。

第三步，分析保险规划的原则。

第四步，提出规划建议（包括确定保险金额、保费金额、缴费期限、缴费方式、确定适合客户的保险品种和保险公司）。

第五步，实施保险规划，并根据客户的实际情况进行调整，适时进行保单诊断，长期跟踪，为客户提供动态的保险规划服务。

 【案例分析】

案例一：有一位刘先生，经常被一个做保险的朋友劝说，让其购买保险，但是刘先生自认为自己单位福利好，工作稳定，事业单位收入也较高，无须购买什么商业保险。两年后，刘先生事业稳步发展，且喜得贵子。一天，在街头遇到一位保险代理人，刘先生爱子心切，很快为儿子购买了一份教育金保险，年缴保费 20 000 多元，占到其家庭年收入的 20%。此后再接到保险推销人员的电话，刘先生总说保险买过而拒绝了购买任何形式的保险。然而天有不测风云，刘先生假日随朋友郊游爬山，不慎跌入山下，失去了生命。当其妻子拿着保险单咨询索赔时，得到保险公司的答复是被保险人是其儿子而不是其丈夫刘先生。刘先生去了，留下来不满周岁的儿子、工作不稳定的妻子还有年迈的父母都需要继续生活下去，未来他们该怎么办？

案例二：孙小姐和王女士认识交往多年了，平时走动频繁，互帮互助，私交颇深。一天孙小姐找到王女士，说请王女士帮个忙，自己刚到一家保险公司做业务，希望王女士能成全她第一单，实现开门红。王女士家庭经济条件很好，对于来自好朋友的求助二话没话就答应了。在谈到购买什么样的险种时二人发生了分歧。孙小姐希望王女士购买重大疾病保险，趁现在年轻身体好，而王女士一看保险条款，重大疾病都是涉及癌症、手术、瘫痪等不吉利的字眼，十分避讳。最后王女士坚持自己意见购买了一份保费比重大疾病保险高三倍的养老保险，年缴保费近 30 000 元。时隔 2 年后，王女士感冒发烧，几次去医院治疗都没有康复，持续发烧并伴有咳嗽。后经权威专家进一步病理诊断，结果为中央型肺癌，已经错过了手术治疗的最佳时间。由于家人的隐瞒，起初王女士并不知道自己罹患癌症，也没有那么悲观，积极地配合医院治疗。当孙小姐得知好朋友的患病消息后，忍不住偷偷地流下了眼泪，并不停骂自己，为了自己的业务太自私，当初为什么不坚持让好朋友花 10 000 元买一份重大疾病保险而是花 30 000 元去买一份养老保险呢？

王女士买了一份未来能够锦上添花的养老保险，没有错，然而这样一份保险单在重大疾病面前却显得多么无助，结果是治疗癌症所花巨资没有着落，养老保险还得继续缴费，或者中途退保承担损失。

分析：

1. 案例中的主人公为什么会得不到保险的保障，他们应该购买什么样的保险？

2. 结合自己家庭或者你认识的家庭成员实际情况讨论，应该给谁购买保险，应该购买什么样的保险？

3. 在保险规划中或者说在保险购买过程中应该注意哪些细节，以更好发挥保险的保障作用？

【实训活动】

活动 1：通过网络或利用图书馆，查询相关资料，了解社会保险的内容、社会保险和商业保险的区别。

活动2：有了社会保险还需要商业保险吗？举例说明。

任务四
保险规划的不同类型

【知识要点】

人身保险规划是保险理财规划中最复杂、最重要的部分，不同收入阶层和不同年龄阶段的人群购买保险的规则不尽相同。

一、不同收入阶层的保险规划

（一）高收入阶层

高收入阶层是指率先致富的一部分人，这部分人数不多，但收入极高，有极强的经济能力和较强的抵御风险的能力，这些人优越感很强，一般自认为不需要保险，所得收入已够子女花销。这种观点是有失偏颇的，他们面临的风险会导致较大的财务波动，同样需要购买保险来转移风险、稳定财务。当然，普通的保险产品对他们的确意义不大，而必须量体裁衣，针对他们的特殊身份、社会地位、精神满足感等特点来制订保险规划。可以考虑以下因素：

1. 资产提前规划。遗产税已经成为国际上大多数国家采用的一项重要税种，我国的遗产税正处于筹划阶段，而高收入阶层是遗产税关注的重点，为了将更多遗产合理合法转移给下一代，高收入阶层必须提前考虑利用人寿保险规避遗产税。

2. 意外险是高收入阶层的重点选择，以应对未来不确定的人身风险，高收入阶层收入较高，花销也不低，意外事故可能造成重大的财务波动，因此必须合理安排意外保险，转嫁较大的财务风险。

3. 满足特殊的精神需求，高额的寿险保单往往是他们身价、地位的重要体现。

4. 健康险也是他们需要重点考虑的。健康的身体是每个人一生的追求，无论富人还是穷人，但对于高收入阶层而言，疾病的高额花费和疾病期间收入的损失将更高。

综合起来，高收入阶层主要应考虑定期保障型保险、意外险、健康险、终身寿险等险种，保费支出可以是年收入的20%以上。

（二）高薪阶层

高薪阶层主要是指外资合资企业的高级职员、高收入的业务人员、部分文体工作者及知识分子，他们的物质和精神生活都比较优越、充实，生活水平较高，但大部分人仍有后顾之忧，担心老年时由于各种原因收入减少，生活水平下降或患病时付不起高额的医疗费等。这部分个人或家庭对人身保险的需求比较强烈，而且也有较高的保险购买力，保险规划时考虑的重点如下。

1. 保障期长，能够应付养老问题的险种应该尽早考虑，如养老保险、终身寿险。

2. 为应对疾病和医疗费用，必须购买足够的健康保险和医疗保险。

3. 高薪阶层的消费者通常会有一部分剩余资金，可以考虑购买一定投资连结型保险，在确保保障的同时，享受保险公司专业、稳健经营的成果。

4. 由于这个收入阶层的一家之主是家庭的主要经济来源，应该为其投保意外险。

综合起来，该阶层消费者主要考虑养老保险、终身寿险、健康保险、医疗保险、投连与分红保险、意外险等，各险种的保险金额总体上低于高收入阶层，保费支出可以是家庭收入的 10% ~ 20%。

（三）中低收入阶层

中低收入阶层的人口比例最大，从事的职业比较广泛，他们收入较低，各项福利保障也相对不高，抵御风险的能力较低，因此他们是寿险公司主要的客户。主要应考虑如下因素。

1. 中低阶层消费者收入低，抵御风险的能力又不强，低保费、高保障的险种是他们的首选，如保障型的人寿保险和短期的意外伤害保险。

2. 该收入阶层的消费者应付疾病风险的能力也比较弱，为了应付日益增长的高额医疗费，应着重考虑健康保险。

3. 该收入阶层的客户一般比较关注本金的返还，如果经济收入允许，可考虑储蓄保险、返本保险。

综合起来，中低收入阶层应该主要考虑定期保障型保险、健康保险、医疗保险、分红保险、储蓄保险等险种，保费支出通常是家庭收入 5% ~ 10%。

二、不同年龄阶段的保险规划

1. 年龄 0 岁（出生满 15 天）~ 18 岁。无自我保护能力，主要考虑教育基金、留学基金、医疗保险、健康险、意外险等的需求。

2. 年龄 18 ~ 25 岁。意外伤害的可能性比较大，加上收入有限，尚未建立家庭，因而首先选择人身意外伤害保险，如有余力可以选择一份健康保险。

3. 年龄 26 ~ 35 岁。收入不稳定，中低经济能力（可能只够负担部分家计），家庭责任的增加使他们要考虑更多的生活风险，最好选择保费不高的意外或者消费类的重大疾病消费险产品。

4. 年龄 35 ~ 50 岁。由于家庭、工作、收入均较为稳定，子女也逐渐长大，第一选择应该为寿险，因为此年龄段的人正值中年，往往是全家收入的主要来源。同时由于年龄增加，生病的概率也日渐增加，因此第二选择应是健康保险及医疗保险，如果有余力可以考虑购买投资类的保险，提高保障金额。

5. 年龄 50 ~ 85 岁。进入退休期的人想要买保险恐怕也过了保险公司的承保限制了，即使同意投保，保费也相当高，需考虑其效益性。这时期应是享受保险保障的时候，如果年轻时有投保储蓄险者，如今可领回满期金，等于多一笔财富保障；有投保医疗险者，也不需要为重病筹不出过多的医药费发愁，主要考虑养老金（生活费）、医疗费用、遗产规划等。

三、依据家庭生命周期规划保险

人生每个阶段面临着不同的风险，每个阶段的保险规划也都有所不同。人生分为单身时期、家庭形成期、家庭成长期、退休养老期四大阶段，每个阶段的保险规划也都有所不同。

1. 单身时期。工作不久、尚未成婚的年轻人，又没有多少家庭负担，首先应该重视的是自身的意外和意外医疗类保障。如果有医保或单位能报销一部分，就可选择津贴类保险；反之，则需要购买附加住院险。其次可以考虑一定数额的定期寿险，万一发生意外，可以得到充分的赔偿用于治疗和渡过受伤后的难关，万一身故，也可为父母提供抚恤金，用于晚年的生活费。若收入尚可，可以考虑重大疾病类保险，毕竟"年纪越轻，保费越便宜"，这是购买寿险产品的最基本观念。

2. 家庭形成期。成家了，此时的家庭责任感逐渐形成，而你也正处于收入高峰期和责任高峰期。夫妻双方可选择保障性高的终身寿险，附加上定期寿险、意外险、重大疾病险和医疗保险。另外，可以购买适量的两全保险储备将来有孩子以后的教育经费以及自己年老以后的养老金。

3. 家庭成长期。家庭成长期是人生最辛苦的上有老下有小的"夹心"时期。此时，应该考虑这三个实际的风险。第一，孩子生性好动，体质弱，因此给孩子购买意外保险是很有必要的。第二，选择那些保额逐年递增或者有分红的保险品种来抵消一些基本的通货膨胀，兼有投资作用的教育金产品，在父母经济实力宽裕的情况下也可以同步考虑。第三，作为家庭的经济支柱，应当为自己构筑充分的保障。需要为自己购买较高额的寿险、意外险和大病保险。这样的话，万一发生意外，可使孩子和家庭得到经济保障。

4. 退休养老期。在这个时候，保险显得可有可无。由于这一阶段各种保险的费率都很高，应该主要依靠自己早年积累的养老金和子女赡养。如果考虑到为子女减轻压力，也可投保一些保费不是很高的意外险等险种。当然，如果以后我国开征遗产税，为了尽可能多地将自己的财产传给子女，也可以购买高额寿险以避遗产税。

 【案例分析】

刘先生，33岁，税后收入为 8 000~9 000 元/月，刘太太收入 3 000 元/月，刘先生已经拥有较高的身故和意外保障，医疗费用可以在公司全部报销，孩子的医疗费用可以报销 50%，刘太太公司有部分医疗保险，刘先生儿子 1 岁，目前家里无车，房贷 30 万元，20 年期。刘先生起初是考虑为孩子购买教育金保险，为太太考虑重大疾病保险，不为自己考虑保险。

保险规划分析：

1. 分析家庭类型。刘先生一家属于典型的三口之家，处于家庭的成长期，夫妻俩都有收入，应按照夫妻俩对家庭的不同经济贡献确定保险金额，有房贷，保额中应该包括房贷，夫妻俩彼此成为对方的受益人。

2. 分析理财原则。对于刘先生家的具体情况，主要应该考虑以下基本原则。

（1）先成人后孩子，要人优先。建议保险购买顺序是刘先生、刘太太、孩子，重点是作为家庭顶梁柱的刘先生。

（2）全面保障，考虑险种要有意外险、寿险、健康险。

（3）合理的保险金额。刘先生夫妇的身故保险金额依各自十年预期收入加上房贷作为参考，重大疾病保险金额可以参考目前常见重大疾病的治疗费用 20 万元左右。

（4）适当保费。根据刘先生的家庭收入水平，确定保费支出在 10% 左右，如果含有教育金、投资类保险比例可上升到 15% 左右，如果纯粹购买消费类保险，保费预算控制在 6% 比较合适。

（5）付费方式及期限。根据还贷年限，建议保险费选择 20 年期交。

保险规划建议：

从案例中得知，男主人刘先生的年收入占整个家庭年收入的 70% 以上，为重点风险保障对象而不应将孩子和太太的保障作为重点，为此理财师在进行规划设计时应提醒刘先生要分清保险的轻重缓急，按照保险的真正功用来投保。

1. 刘先生。公司提供了很好的意外保障、医疗保障和身故保障，公司提供的医疗保障仅限于全部报销，而非给付（要详细给刘先生解释社保报销和商业保险给付的区别），假设跳槽，新公司提供的类似保障是否还存在？

（1）及时投保重大疾病保险，为自己建立一个终身的重大疾病保障账户，保险金额应能满足中等治疗水平的医疗费用，以 20 万 ~ 30 万元为宜，可将消费型和返还型结合考虑。

（2）公司提供的身故保险和意外保险的额度，能否满足房贷总额和年收入 10 倍（保证家庭 10 年的基本生活费和孩子的成长费用）？如果不足则需要补充，可选择定期寿险，其保障期限与贷款期限、孩子的成长周期相吻合。

（3）建议保费支出控制在 1 万元左右。

2. 刘太太。公司有部分保险（保险责任和保额不详），可选择投保 10 万元保额的意外伤害保险，15 万元保额的两全保险附加重大疾病保险，另外可附加住院津贴保险，保费预算在 3 500 元左右。

3. 宝宝。一是及时参加当地政府的有关少儿医疗保险；二是父亲公司可以报销 50% 医疗费用，可暂不购买商业医疗保险；三是投保 20 万元保额的消费型少儿重大疾病保险，每年保费在 400 元左右；四是及时投保意外伤害保险，每年仅需几百元，以后随着收入增长可再考虑购买教育金保险。

综上所述，保费支出不要因为爱子心切而盲目，原则上以自己感觉无压力即可，还有孩子的生活费以后会增加，要有心理准备，保费支出不是短期行为，孩子的其他保险不必过多考虑，毕竟家长的安康才是孩子的保险。应提醒刘先生，保险不要求一步到位，保险也不是一劳永逸的，建议刘先生以后根据自己的经济情况和保险需求层次，做适当的平衡和选择，做保险保障的补充、调整和完善。

【资料链接】

表 4 - 1 　　　　　　　　　　人生不同阶段保险保障重点分析表

人生阶段	单身期	家庭形成期（结婚）	家庭成长期（孩子 0 ~ 12 岁）	家庭成熟期（人到中年）
阶段状况	年轻气盛 四处奔波 意外事故发生率高 保费非常便宜	人生的一大转折 双薪家庭 两人工作忙于奔波 可能贷款买房	划时代的变化 家庭责任最重的时期 子女教育费用高 成人病危险群体 着手退休金规划	家庭责任减轻 医疗费用增加 生活费用逐渐增加 退休后收入大幅减少
理财方式	努力工作 增加收入 创造财富	以买房为主要目标 增加积极性投资	为子女存储教育基金 兼顾收益与成长平衡 为退休金做准备 维持积极性投资	投资以保本安全为主 减少积极性投资
适合险种	意外伤害保险 住院医疗保险 定期寿险	意外伤害保险 住院医疗保险 定期寿险 重大疾病保险 女性生育保险	子女教育保险 意外伤害保险 住院医疗保险 定期寿险 重大疾病保险 补充养老保险	意外伤害保险 住院医疗保险 重大疾病保险 补充养老保险
投资	★★	★★★	★★★★	★★★
教育	—	—	★★★★	—
养老	★	★★	★★★	★★★★★
疾病身故	★★	★★★	★★★★	★★★★
重大疾病	★★★	★★★	★★★★	★★★★
住院医疗	★★★★	★★★★	★★★★	★★★
意外身故	★★★★★	★★★★★	★★★★★	★★★

（★为风险指数，★愈多代表风险越高）

职业技能训练

结合以上所学知识，根据下面给定情况设计不同的保险规划方案。

情况 1：25 岁的蔡小姐在某外资企业从事行政工作，是公司的白领、骨干、精英（俗称"白骨精"），每月税后收入 6 000 元左右，公司除工资奖金外每月还帮她缴纳

"四险"。工资每年可涨20%。年终有2万元年终奖。目前蔡小姐有4万元左右的活期存款和5万元左右的股票。

蔡小姐目前和父母一起居住，父母都退休在家，各自有3 000元左右的月收入。家里有2套自购房屋，市值80万元，无贷款。一家人每月生活费共计3 000元左右。一家人都没有购买过任何商业保险。

情况2：今年29岁的李森拥有一个完美的三口之家。自己是世界500强公司的部门经理，月收入15 000元（税后）；太太是公司职员，月收入2 500元（税后），目前有一个1岁多的孩子。家庭资产包括活期存款10万元，房屋贷款20万元（10年还清），有车无车贷。每月生活支出包括房贷2 500元，生活开支2 500元。李森之前的家庭保险状况是，夫妻双方均有社保，无商业保险。儿子出生2个月后，在某保险公司购买了教育金（年缴6 000元），附加少儿重疾险20万元、少儿意外险20万元。

情况3：典型的"3＋2"家庭。李先生33岁，公司中层领导，年收入10万元。李太太30岁，企业出纳，年收入5万元。两人都有社保。女儿3岁，正上幼儿园。双方父母都退休了，身体状况一般。家庭尚有存款20万元，每月需还房贷2 000元，还有15年还清。李先生父母都健在，退休后负责孙女上幼儿园的接送。李先生夫妻都是职业人士，收入处于中等水平，相对稳定，但工作压力大，虽然没有什么大的疾病，但身体总处于都市人常见的亚健康状态。上有老下有小，使他们进入了责任感最强的时期，因此，对于提高家庭保障水平的要求非常迫切。

本章习题

一、单项选择题

1. 人寿保险又称为生命保险，是以人的生命为保险标的，以人的（　　）为保险事故，当发生保险事故时，保险人对被保险人履行给付保险金责任的一种保险。

A. 生存　　　　　　　B. 死亡　　　　　　　C. 生存和死亡

2. （　　）是一种提供终身保障的保险，被保险人在保险有效期内无论何时死亡，保险人都向其受益人给付保险金。

A. 终身寿险　　　　B. 定期寿险　　　　C. 两全保险　　　　D. 年金保险

3. 保单具有现金价值的保险是（　　）。

A. 健康保险　　　　B. 意外伤害保险　　　C. 终身寿险　　　　D. 定期寿险

4. 下列各项中，（　　）不属于创新型人寿保险。

A. 分红保险　　　　B. 投资连结保险　　　C. 万能人寿保险　　　D. 定期寿险

5. （　　）具有较强的储蓄功能，是为一定时期之后被保险人可以领取一笔保险金，以满足其生活等方面的需要。

A. 死亡保险　　　　　B. 意外伤害保险　　　C. 生存保险　　　　　D. 定期寿险

6. 报销型保险就是保险公司依照被保险人实际支出的各项医疗费用按保险合同约定的比例报销，以下各项中，（　　　）属于报销型。

A. 重大疾病保险　　　B. 住院安心保险　　　C. 住院医疗保险　　　D. 定期寿险

7. 健康保险的保险费率与被保险人的年龄、（　　　）密切相关，保险公司往往要求被保险人体检，规定观察期或约定自负额，承保比较严格。

A. 身体状况　　　　　B. 职业　　　　　　　C. 性别　　　　　　　D. 工种

8. 下列各项中，（　　　）不属于社会保险的主要险种。

A. 社会养老保险　　　B. 失业保险　　　　　C. 健康保险　　　　　D. 医疗保险

9. 两全保险的（　　　）使它具有现金价值，被保险人能够在保单期满前享受各种储蓄利益。

A. 收益性　　　　　　B. 安全性　　　　　　C. 投资性　　　　　　D. 储蓄性

10. 子女教育金保险属于（　　　）。

A. 两全保险　　　　　B. 定期寿险　　　　　C. 健康保险　　　　　D. 终身寿险

二、判断题

1. 创新型人寿保险产品侧重于投资理财，没有保障功能。（　　　）

2. 两全保险在人寿保险中最能够体现保障与投资的两重性，有时人们又称其为储蓄保险。（　　　）

3. 健康保险是以被保险人在保险期间内因疾病不能从事正常工作，或因疾病造成残疾或死亡时由保险人给付保险金的保险。（　　　）

4. 对于年轻人来说，现在身体健康无须购买健康保险，等年老时再买也不迟。（　　　）

5. 在家庭成员中，应当先给孩子买足够的保险，因为孩子是家庭的未来和希望。（　　　）

6. 买保险应当先考虑养老保险，其次再考虑健康和意外伤害保险。（　　　）

7. 趁年轻、健康时购买健康保险最为有利，因为健康保险只和人的年龄和健康状况有关，年轻购买保险费率低且身体健康容易通过保险公司的核保。（　　　）

8. 科学的保险规划，应该是先解决雪中送炭问题，再考虑锦上添花之事。（　　　）

9. 人身保险规划是保险理财规划中最复杂最重要的部分，不同收入阶层和不同年龄阶段的人群购买保险的规则应当不尽相同。（　　　）

10. 工作单位已经提供了社会保险，无须再购买商业保险。（　　　）

消费支出规划

XIAOFEI ZHICHU GUIHUA

取之有度，用之有节，则常足。

————《资治通鉴》卷234

【工作任务】

1. 能够与客户沟通，分析客户的住房消费需求和汽车消费需求，帮助客户制定消费支出目标。

2. 能够帮助客户选择贷款方式、还款方式。

3. 能够为客户提供购房和购车过程中的相关咨询服务。

【引导案例】

2016 年 12 月 16 日闭幕的中央经济工作会议明确了 2017 年中国楼市发展方向，强调要促进房地产市场平稳健康发展，坚持"房子是用来住的，不是用来炒的"的定位，综合运用金融、土地、财税、投资、立法等手段，加快研究建立符合国情、适应市场规律的基础性制度和长效机制，既抑制房地产泡沫，又防止出现大起大落。

3 月 17 日北京楼市调控再度升级，居民家庭名下在本市已拥有 1 套住房，以及在本市无住房但有商业性住房贷款记录或公积金住房贷款记录的，购买普通自住房的首付款比例不低于 60%，购买非普通自住房的首付款比例不低于 80%。

整体看，这一轮从 2016 年开始的房地产调控主要有三大特征：

首先，各地一城一策，不少城市多次加码。从全国看，目前各地已经有超过 30 个城市出台 50 多次楼市调控措施。本着因城施策、一城一策的原则，各城市楼市新政呈现多样化特征。不仅如此，同一城市还多次加码，一次比一次严厉。

其次，政策与执行力度，刷新历史。从内容看，各地持续发布政策，政策力度逐渐收紧，政策内容涉及住房购买资格、差别化信贷、资金、供应、土地等多方面，政策与执行力度非常大。

第三，调控目标明确。大到北上广深一线城市，小到嘉善、涞水、连江等小县城，出台楼市调控政策不是为了让房价迅速、大幅下跌，而是为了遏制楼市炒房，平缓消解楼市泡沫，在更高远的目标层面稳定房价，促进房地产市场平稳健康发展。

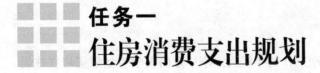

任务一
住房消费支出规划

【工作目标】

1. 能够帮助客户进行买房和租房的决策。

2. 能够帮助客户确定购房目标。

3. 能够帮助客户计算购房资金的总需求。

4. 能够帮助客户确定贷款方式。

5. 能够帮助客户确定还款方式。

6. 能够帮助客户实施购房计划，向客户提示相关风险。

【工作程序】

住房消费规划的流程如图 5-1 所示，在住房消费规划中需要充分与客户沟通，分析客户对于住房面积和住房区位的要求，帮助客户进行租房或者买房的决策。在购房规划具体实施过程中，需要充分搜集和分析客户的财务信息，帮助客户制定合理的购房目标，选择合适的贷款和还款方式，并能帮助客户实施购房计划。

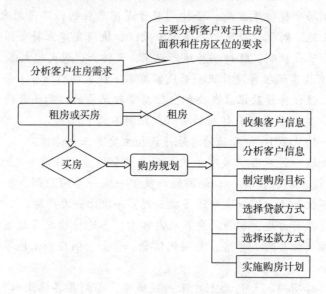

图 5-1　住房消费规划流程图

训练一　租房还是买房的决策

【知识要点】

一、适宜租房的人群特征

1. 收入低，生活开销并不低的刚刚工作的年轻人。刚毕业的大学生如果买房往往需要父母把养老的钱都花在房子的首付上，这无论从道义还是从风险角度来说，都不应该。

2. 财力不够雄厚的家庭。通常首付就可能消耗掉这些家庭多年的积蓄，再加上每个月仍要承担不低的月供，可能会使这些家庭无力应付家庭的突发情况。

3. 工作地点或生活地点面临很多不确定因素者。例如外地经商者通常会经商若干年后再返回原居住地，这时选择租房更经济。有的工作人员需要频繁短期地在多个城市工作，他们在安定下来之前选择租房更合适。

4. 收入不稳定的人。众所周知，利率一旦上调，贷款人的经济负担将会增加，少则几十元，多则数百元。工作稳定性差的人，如果不结合实际考虑经济条件，一味盲目贷款买房，不仅会出现难以还贷的情况，还有可能因无法还贷而使房产被银行没收。

二、租房还是买房——来自国外的数据

在日本、德国等一些发达国家，人们首次购房的平均年龄为 42 岁，法国首次获得房产的平均年龄为 37 岁，美国首次购房的年龄也在 30 岁以上，中国台湾地区首次购房人平均年龄为 36 岁。美国是世界上城市居民住房自有率最高的，为 68%，英国为 56%，欧洲其他国家一般为 30%~50%，而我国城市居民住房自有率接近 82%，这个比率已经处于世界前三位之列。正如从案例链接中看到的，拥有一套自己的房子在一定程度上决定着人们的幸福指数。然而，不顾经济负担能力，盲目攀比的超前消费带来的幸福感往往是短暂的。根据自己的实际能力和现实条件选择租房还是买房带来的幸福才是长久的。

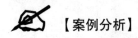 【案例分析】

以最长还贷年限 30 年为例，买房住和租房住哪个更划算？

买房，30 年后得到一套房子

假设买的是一套 90 平方米的新建商品房，总价为 290 万元，首付三成，购房者得准备至少 90 万元的现金，其中 87 万元作为首付款，另外的 3 万元还需用于缴纳各种税费以及手续费。剩下的 203 万元，如果做商业贷款，按照目前 4.9% 的商贷利率，每月需还贷 10 773.75 元。

30 年后，还款总额为 387.855 万元，加上首付款，你将为这套房子付出 474.855 万元。

租房，30 年后你可拥有 487 万存款

也是用同样的资金 90 万元用来租房，假设房租 5 000 元，将原本用于还房贷的 10 000 元拆出 5 000 元用于付租金，剩余 5 000 元按银行零存整取，一年得到利息大概是 500 元。30 年下来，实际存款利息为 1.5 万元左右。30 年之后，连本带息存款总额为 181.5 万元。

90 万元则用来投资年化利率在 8% 左右的低风险固定收益类产品，那么 30 年之后以单利计算，将得到 216 万元的收益，再加上 90 万元的本金，一共存款金额为 306 万元。

那么 30 年后，租房者将获得的存款总额为 181.5 + 306 = 487.5 万元。

点评 1：哪种更划算，要看 30 年后房子增值多少。要衡量哪种投资方式更划算，关键在于评估所买的房产在 30 年后的价值，如果超过 487 万，则买房划算，如果房产不仅不增值，还不断贬值，则租房显得更划算。

点评 2：不仅要算经济账，还要从自身需求出发。除了要算经济账外，更主要的还是应该从自身的需求、经济承受能力以及在今后一段时间的发展需要来考虑，同时也要结合中国国情及相关的政策来选择。

【实训活动】

调查毕业 5 年内的大学生买房和租房的比例，并讨论。

训练二 购房目标的确定

【知识要点】

制定购房目标的流程如图 5 - 2 所示，通常要经过三个步骤：购房时间的确定、购房面积的确定、购房单价的确定。

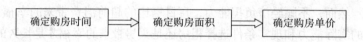

确定购房时间 → 确定购房面积 → 确定购房单价

图 5 - 2 购房目标确定流程图

一、购房时间的确定

明确的购房时间可以让理财规划师更清晰地判断客户在购房时的财务状况和家庭状况，制订更合理的住房消费规划方案。

二、购房面积的确定

在购房面积的确定上，理财规划师需要把握的原则包括不必盲目追求大、追求一步到位，需要量力而行。可以根据居住人口情况选择经济合理的购房面积。一般而言，对于工作趋于稳定的单身客户或者新结婚的夫妇二人，可以选择 60 平方米以下的小户型。这样的小户型不仅能够满足客户生活的基本需求，等经济条件允许时也方便转手，或者作为给老人居所也是不错的选择。对于三口之家，由于夫妻双方已经具备一定的经济实力，因此适合购买中等户型的房屋，面积在 80 ~ 120 平方米之间。对于三代同堂的家庭，为方便年轻人照顾老人和老人照顾孙辈，可以选择三口之家的中等户型，或者经济条件允许的话可以选择面积在 110 ~ 130 平方米的大户型。

三、购房单价的确定

客户选择的购房单价主要受房屋所处区域的影响。同样的购房总价，买地段好的房子的购房面积必然小，买地段差的房子面积会相应较大。买地段差的房子，虽然会有较大的住房面积，但交通成本和时间成本会大大增加，不能达到理财的理想效果。理财规划师需要综合考虑客户的负担能力，分析客户对居住社区的生活质量、上班距离、子女上学、配套设施等方面的需求，帮助客户设定合适的购房目标。

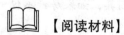**【阅读材料】**

梯级购房

梯级购房，是指购房者先租后买、先买旧后买新、先买小后买大、先买普通后买高档、先投资创业后安家养老的购房理念。

对于梯级购房的执行来说，购房者也可以把握住这样几点：一是各阶段的需求目标明显不同，一般而言，居住消费的第一步是租赁（出租屋），第二步是根据居住需要以住房面积为标准购买（一次置业，大多为小面积二手房），第三步是根据生活需求以生活质量为标准换房（二次置业，可以是环境较好的新盘），第四步是根据精神需求以体现身份为标准再换房（三次置业，多样化的住宅在此体现）；二是各阶段的年龄大致会有一个层次，比如25岁以前基本可以租房为主，25～30岁完成第一次置业，30～35岁完成二次置业，35～40岁再完成三次置业；三是每个人由于各自的情况不同，其完成置业的时间和所能达到的置业梯级都是不一样的，有些人能够三次置业，而有些人可能只能停留在二次置业这一阶段，关键是要看你的经济承受能力，决不能勉强，不然就是有违梯级购房初衷的。

【实训活动】

找出本项目引导案例中客户的购房目标，你认为张小姐和李先生的购房目标是否明确和合理，并说明原因？

训练三　　购房资金总需求的确定

【知识要点】

一、购房财务决策的基本方法

购房财务决策的方法如图5－3所示，客户的购房时间、购房面积、购房单价是否合理，需要综合客户的现实财务状况和还贷能力来确定。

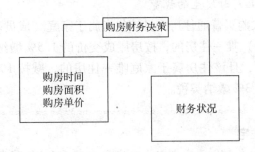

图5－3　购房财务决策示意图

购房财务决策通常采用以下两种基本方法。

（一）以储蓄及还贷能力估算负担得起的房屋总价

1. 可负担首付款＝目前净资产在未来购房时的终值＋以目前到未来购房这段时间年收入在未来购房时的终值×年收入中可负担首付比例的上限

2. 可负担房贷＝以未来购房时年收入为年金的年金现值×年收入中可负担贷款的上

限比例

3. 可负担房屋总价 = 可负担首付款 + 可负担房贷

4. 可负担房屋单价 = 可负担房屋总价/需求面积

（二）按想购买的房屋价格来计算首付和月供

1. 房屋总价 = 房屋单价 × 需求面积

2. 首付额度 = 房屋总价 × （1 - 按揭贷款比例）

3. 贷款额度 = 房屋总价 × 按揭贷款比例

4. 每月还款额 = 贷款额度以月为单位的准年金值

二、购房资金总需求

购房资金总需求的测算如图 5 - 4 所示，主要包括房款、相关税费、装修费等。

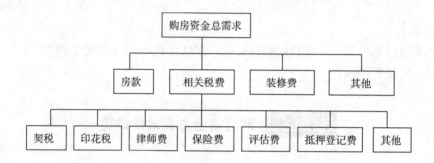

图 5 - 4　购房资金总需求测算图

其中，税费是国家调控房地产的重要手段，理财规划师要关注最新的税费情况，为客户提供合适的购房规划。

（一）购买一手商品房时发生的税费

1. 契税。对于个人购买普通住房，且该住房属于家庭（成员范围包括购房人、配偶以及未成年子女，下同）唯一住房的，按房屋成交价的 1.5% 缴纳契税。对个人购买 90 平方米及以下普通住房，且该住房属于家庭唯一住房的，减按 1% 税率征收契税。非普通住宅按房屋成交价的 3% 缴纳契税。

> **名词解释：非普通住宅**
>
> 凡是"建筑面积在 140 平方米以上、容积率高于 1.0、实际成交价格高于同级别土地上住宅交易平均价格 1.2 倍"的，属于非普通住宅，反之为普通住宅，此外，已购公房、危改回迁房、合作社集资建设住房、安居房、康居房、绿化隔离地区农民安置住房等具有保障性质的住房享受普通住宅待遇。

2. 印花税。购房者与房地产开发商签订商品房买卖合同时，印花税 = 购销金额 × 0.3‰。购房者与商业银行签订个人购房贷款合同时，印花税 = 借款额 × 0.05‰。个人从国家有关部门领取房屋产权证时，每件贴花 5 元。

例如：房价 80 万元，贷款 7 成，则：

80 万 ×0.3‰ = 240（元）

56 万 ×0.05‰ = 28（元）

3. 律师费。律师费 = 买房贷款人需按每单申请贷款额 ×3‰。依上例，则：

56 万 ×3‰ = 1 680（元）

4. 保险费。保险费 = 保险金额 × 基准保险费率 × 对应保险期限的保险系数（各保险公司略有不同）。依上例，则：

贷款额度 × 相应费率 = 56 万 ×0.47515‰ = 2 660（元）

5. 评估费。

6. 抵押登记费。

7. 其他费用。

（1）公共维修金。公共维修金 = 小区管理办房价的 2%。依上例，则：80 万 × 2% = 16 000（元）

（2）购房公证费。购房公证费 = 房价 ×0.03%。依上例，则：80 万 ×0.03% = 240（元）

（3）按揭合同公证费。按揭合同公证费 = 贷款额 ×0.03%。依上例，则：56 万 × 0.03% = 168（元）

上述事项合计：33016 元（普通住宅）

45016 元（非普通住宅）

另外，考虑到装修费、家具等支出，费用合计 10 万元。

（二）购买二手商品房发生的税费

二手商品房就是业主从开发商手中按照市场价直接购买后上市出售的房产类型。购买二手商品房时发生的税费主要有以下几种。

1. 契税。同一手商品房的规定相同。

2. 印花税。二手房的买卖双方各缴纳成交价格的万分之五作为印花税。

3. 营业税。凡是房产证（或者税务部门出具的契税税票）填发时间不足 5 年的，需要缴纳成交价格 5.5% 的营业税；满 5 年后，属于普通住宅的免交，属于非普通住宅的按照（实际成交价格 − 原购买价格）×5.5% 的标准缴纳。

4. 个人所得税。凡是房产交付时间不足 5 年的，需要缴纳个人所得税。个人所得税有两种缴纳方式。

（1）适用于可以提供房产原价值凭证的：（实际成交价格 − 原购买价格 − 合理费用）×20%。

（2）适用于不能提供房产原价值证明或者合理费用凭证的：房产实际成交价格的 1%。

名词解释：合理费用

合理费用一般是指业主在购房时所缴纳的税金、贷款利息、装修费用、公证费、手续费等，但是需要提交相应的凭证，如装修款发票等。

如果房产已经满 5 年，属于家庭唯一住房的可以免交，否则依旧需要缴纳个人所得税。如果业主在出售该房产当年内计划再行购置房产，可以向税务部门提出书面申请，并先以纳税保证金的形式将个人所得税缴纳，在 1 年内重新购置房产后将相应部分的个人所得税退还。

【实训活动】

张先生打算在北京购买一套 60 平方米，单价 25 000 元的住房，采用商业贷款首付 4 成，试为张先生计算他购房资金的总需求是多少？

训练四　贷款方式的确定

【知识要点】

我国商业银行目前开办的个人住房消费贷款主要有个人住房公积金贷款、个人住房商业贷款、个人住房组合贷款等。

一、个人住房公积金贷款

个人住房公积金贷款是向购买、建造、翻建、大修自住住房的住房公积金缴存人和缴存单位的离退休职工发放的贷款，并由借款人或第三人提供符合住房公积金管理中心要求的担保，也称个人住房担保委托贷款。

1. 个人住房公积金贷款的贷款对象。个人住房公积金贷款对象为在住房公积金管理中心系统缴存住房公积金的住房公积金缴存人和住房公积金缴存单位的离退休职员。但住房公积金处于封存状态的职工，不能申请住房公积金贷款。

2. 个人住房公积金贷款的期限。借款人的贷款期限一般不得超过 30 年。

3. 个人住房公积金贷款的额度。各地住房公积金管理中心规定的最高限额不同。以北京市为例，目前，单笔贷款最高额度为 120 万元；个人信用评估机构评定的信用等级为 AA 级的可上浮 15%，即 92 万元，AAA 级的借款申请人，贷款金额可上浮 30%，即 104 万元。

4. 个人住房公积金贷款的担保方式。个人住房公积金贷款的担保方式有抵押加一般保证、抵押加购房综合险、质押担保、连带责任保证四种方式。

5. 个人住房公积金贷款利率。自 2015 年 10 月 24 日开始，调整后的个人住房公积金贷款期限档次利率如下：贷款期限 1～5 年（含 5 年），利率为 2.75%；贷款期限 5～30 年（含 30 年），利率 3.25%。

二、个人住房商业贷款

个人住房商业贷款是中国公民因购买商品房而向银行申请的一种贷款，是银行用其信贷资金所发放的自营性贷款，俗称"按揭"。具体指具有完全民事行为能力的自然人，购买本市城镇自住住房时，以其所购买的产权住房（或银行认可的其他担保方式）为抵押，作为偿还贷款的保证而向银行申请的住房商业性贷款。

1. 一手个人住房贷款。一手个人住房贷款是指贷款人向借款人发放的，用于购买房地产开发企业依法建造、销（预）售住房的贷款。

（1）贷款期限。一般人民币贷款最长不超过 30 年，外币个人住房贷款最长期限不超过 8 年。

（2）贷款额度。单笔贷款额度最高不超过所购住房价值的 80%。

（3）贷款利率。住房贷款利率执行人民银行规定的同档次商业性贷款利率，可在人民银行规定的范围内浮动。

2016 年 1 月 1 日执行的最新贷款利率如表 5 - 1 所示。

表 5 - 1 2016 年 1 月 1 日中国人民银行贷款基准利率表

项目	年利率（%）
一、短期贷款	
6 个月以内（含 6 个月）	4.35
6 个月至 1 年（含 1 年）	4.35
二、中长期贷款	
1 至 3 年（含 3 年）	4.75
3 至 5 年（含 5 年）	4.75
5 年以上	4.9

2. 二手个人住房贷款。二手个人住房贷款是指贷款人向借款人发放的，用于购买售房人已取得房屋所有权证、具有完全处置权利、能在二级市场上合法交易住房的贷款。

（1）贷款期限。一般来说，二手个人住房贷款期限最长 30 年，且不能超过抵押房产剩余的土地使用权年限。

（2）贷款额度。一般来说，二手个人住房贷款的最高限额不超过所购住房评估价值或二手住房交易价格的 80%（两项选其中较低一项）。

（3）贷款利率。二手个人住房贷款利率执行人民银行规定的同档次商业性贷款利率，可在人民银行规定的范围内浮动。

3. 个人商业用房贷款。个人商业用房贷款是指银行向借款人发放的，用于购买临街商铺、商业配套以及办公用房（写字楼）等多种类型的商业用房的贷款。

（1）贷款期限。个人商业用房贷款期限原则上不超过 10 年（含 10 年）。

（2）贷款额度。一般来说，个人商业用房贷款的最高限额不得超过所购商业用房价格（评估价格与交易价格孰低原则）的 50%，其中房屋性质为商住两用的房屋不得超过 55%。

（3）贷款利率。个人商业用房贷款利率按中国人民银行相关规定执行，利率不低于中国人民银行公布的同期同档次利率的 1.1 倍。贷款期限在 1 年以内的，按合同利率计息，遇法定利率调整利率不变；贷款期限在 1 年以上的，遇法定利率调整，于下年初开始按相应利率档次执行新的利率水平。

4. 个人住房转按揭贷款。个人住房转按揭贷款是指已在银行办理个人住房贷款的借款人在还款期间，由于所购房屋出售、赠与、继承等原因，房屋产权和按揭贷款需同时转让给他人，由银行为其做贷款转移手续的业务。

（1）贷款期限。一般来说，个人住房转按揭期限与房龄之和不得超过 30 年，个人商用房转按贷款期限不得超过 10 年。同时房龄一般不超过 15 年。

（2）贷款额度。一般来说，因住房出售申请转按揭贷款额度最高不得超过该房屋交易价格或评估价值（以较小者为准）的 70%，商用房最高不超过 50%；因房屋赠与、继承等原因申请转按揭的，贷款额度不得超过原贷款余额。

（3）贷款利率。个人住房转按揭贷款利率最低按中国人民银行相应档次基准利率 0.9 倍的下浮利率执行；个人商用房转按贷款利率按中国人民银行期限利率执行。因房屋赠与、继承等原因申请转按的，贷款利率按原实际贷款期限加转按贷款期限对应的档次基准利率的 0.9 倍下浮利率执行。

【实训活动】

活动1：

训练项目：商业银行一手个人住房贷款和二手个人住房贷款产品对比分析。

训练目标：通过对比各家银行的贷款产品，了解每种产品的适用对象，能够为客户选择合适的贷款产品。

训练成果：

1. 小组活动方案：包括人员分工、活动形式、活动地点、应急方案等。

2. 汇总小组的成果完成下列表格。

贷款产品	推出银行	产品特色	适用客户

训练要求：

1. 保存好相关过程性资料。

2. 调查的银行需包括但不限于中国银行、北京农村商业银行、招商银行、交通银行、民生银行、华夏银行等。

活动2：

情景再现：客户王先生打算购房，向理财专家诉苦，由于楼市调控和通货膨胀等因素，人民银行先后两次加息，自己购房的房贷成本和负担更重了。他听很多人说，未来估计还会加息，自己本来经济压力就不轻，再遭遇加息的话日子可能就会过得更艰难了。

如果你是这位理财专家，请你给王先生支几招。

训练五　　还款方式的确定

【知识要点】

一、首付款的确定

购房者向银行申请贷款时，银行一般要求借款人支付房屋总价的20%～30%，这笔资金称为首付款。在我国对于多数购房者而言，首付款是笔不小的开支，理财规划师可以帮助客户通过储蓄计划或者其他投资计划来积累首付款。

借款人在进行贷款额度决策时需要考虑资金的机会成本，也就是如果手中已有的资金投入其他渠道的回报率高于增加贷款带来的利息成本，则可以尽量申请最大额度的贷款。反之，对于一般购房者而言，存款利率低于贷款利率，同时，又没有更好的投资渠道，这种情况下可以考虑少占用银行资金，以节约利息支出。

二、还款方式的确定

借款人获得住房贷款后，如果贷款期限在1年以内（含1年）的，实行到期本息一次清偿的还款方式。对于贷款期限在1年以上的，可采用等额本息还款法、等额本金还款法、等额递增还款法和等额递减还款法。

1. 等额本息还款法。等额本息还款法是指每月以相同的额度平均偿还贷款本息的还款方法，其中利息逐月递减，本金逐月增加。这种还款方法是个人住房抵押贷款中最常见的一种还款方式。它的优点在于借款人还款操作相对简单，相同的月供也有利于贷款人合理安排每月收支。缺点在于全期支付的利息较多。适用于收入稳定的家庭，如公务员、教师等。

2. 等额本金还款法。每月以相同的额度偿还本金，由于本金减少，每月的利息也逐月减少，每月的还款额度也相应减少。它的优点在于月供逐月减少，所付利息较少。缺点在于每月还款额不同，不利于做收支安排。适用于经济能力较强，初期能够负担较多月供，想省利息的贷款者。

3. 等额递增还款法。等额递增还款法是指客户在办理个人住房商业贷款业务时，与银行商定还款递增的间隔期和额度，在初始时期，按固定额度还款，此后每月根据间隔期和相应递增的额度进行还款的操作办法。它的优点在于当借款人还款能力发生变化时，可通过调整累进额或间隔期适应客户还款能力变化。收入增加的客户可采取增大累进额、缩短间隔期等办法，使借款人分期还款额增多，减少借款人的利息负担。缺点在于还款压力逐渐增大，全期所付利息较多。适用于在贷款前期还款能力较弱，收入呈增长趋势的客户，如工作不久的年轻人。

4. 等额递减还款法。等额递减还款方式是指客户在办理个人住房商业贷款业务时，与银行商定还款递减的间隔期和额度，在初始时期，按固定额度还款，此后每月根据间隔期和相应递减的额度进行还款的操作办法。它的优点在于还款的本金阶段性地减少，全期支付的利息较少。缺点在于期初的还款本金金额大。适用于目前还款能力较强，但预期收入将减少，或者目前收入很宽裕的人，如中年人或未婚白领人士。

 【案例分析1】

张先生购买了一套总价150万元的新房，首付款30%，为45万元，贷款105万元，利率6.6%，期限为20年。如果采用等额本息还款方式，每月还款额是多少？

计算方法1：运用财务计算器。

熟练使用财务计算器是理财规划师的必备技能之一，在财务计算器中设置好相关参数，运用年金（PMT）可以快速算出月供。

计算方法2：运用等额本息的计算公式。

每月还款额＝贷款本金×月利率×（1＋月利率）^{还款月数}÷〔（1＋月利率）^{还款月数}－1〕

计算方法3：利用Excel当中的PMT函数。如图5-5所示。

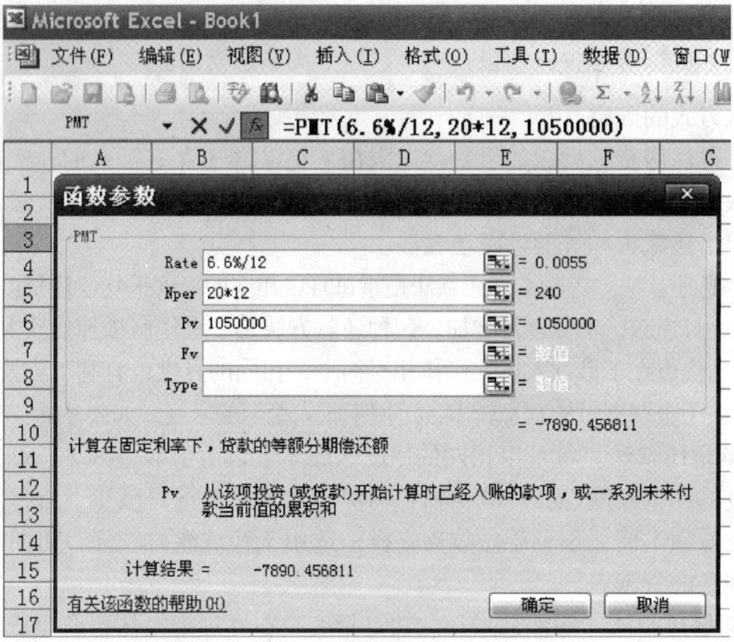

图5-5

PMT（Rate，Nper，Pv，Fv，Type）函数介绍。Rate——贷款利率。Nper——该项贷款的付款总数。Pv——现值，或一系列未来付款的当前值的累积和，也称为本金。Fv——未来值，或在最后一次付款后希望得到的现金余额，如果省略Fv，则假设其值为0，也就是一笔贷款的未来值为0。Type——数字0或1，用以指定各期的付款时间是在期初还是期末，如果为0或忽略，付款期在期末。

注意：应确认所指定的Rate和Nper单位的一致性。例如，同样是四年期年利率为

12% 的贷款，如果按月支付，Rate 应为 12% ÷ 12，Nper 应为 4 × 12；如果按年支付，Rate 应为 12%，Nper 为 4。

计算方法 4：运用相关网站的理财计算器。

在各大银行、财经或房地产网站上都提供了计算月供的理财计算工具，借款人可以输入相关参数，便能快捷地得到月供的数据信息。以下是中国工商银行提供的等额本息还款的截图（见图 5－6）。具体可登录中国工商银行"理财试算"栏目下的"存款贷款计算器"进行计算。

存款贷款计算器

图 5－6

上例中如果张先生采用等额本金还款法，则每月还款额是多少？

如运用等额本金的计算公式，则：

每月还款金额 =（贷款本金 / 还款月数）+（本金－已归还本金累计额）× 每月利率

第一个月还款额 =（1 050 000/240）+（1 050 000－0）×6.6%/12 = 10 150（元）

第二个月还款额 =（1 050 000/240）+（1 050 000－4375）×6.6%/12 = 10 125.94（元）

……

最后一个月的还款额 =（1 050 000/240）+（1 050 000－1 045 625）×6.6%/12 = 4 399.06（元）

由此可以得到，前两个月的还款额分别为 10 150 元、10 125.94 元，不再一一计算中间月份的还款额，最后一个月为 4 399.06 元。

此外，还可用上面介绍的其他几种方法计算出该结果。

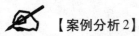 【案例分析2】

张先生2015年5月购买了一套两居室，房屋总价240万元，首付三成，5年以上贷款利率为6.5%。

运用金融理财计算器计算"等额本息还款法下的利息总额"和"等额本金还款法下的月供和利息总额"。

假定选择的贷款期限为20年，对计算器的使用讲解如下，单位为元：

等额本金还款法	计算过程
每个月还款本金相等	1 680 000 ÷ 240 = 7 000
第一个月的还款利息	1 680 000 × (6.5% ÷ 12) = 9 100
第一个月供	7 000 + 9 100 = 16 100
第二个月需要偿还的利息	(1 680 000 − 700) × 6.5%/12 = 9 062.08
最后一个月偿还的利息	7 000 × 6.5%/12 = 37.92
一共需要偿还的利息	(9 100 + 37.92) ÷ 2 × 240 = 1 096 550.40
两种计算方法利息差	1 326150.56 − 1 096 550.40 = 229 600.56

操作	按键	显示
将所有变量设为默认值	2nd RESTE ENTER	RST 0.00
将年付款次数设为12	2nd P/Y 12 ENTER	P/Y = 12.00
返回计算器标准模式	2nd QUIT	0.00
输入贷款现值	1680000 PV	PV = 1 680 000
输入年利率	6.5 I/Y	I/Y = 6.50
输入还款期数	240N	N = 240
计算	CPT PMT	PMT = − 12 525.63
利用分期付款表计算	2nd AMORT	P1 = 1.00
将第一年第一期设为1	1 ENTER	P1 = 1.00
将第五年最后一期设为240	240 ENTER	P2 = 240.00
显示分期付款工作表的数字		INT = − 1 326 150.56

训练六　购房规划的实施与修正

【知识要点】

一、个人住房公积金贷款购房的实施步骤

由于个人住房公积金贷款具有政策补贴性质，贷款利率较低。理财规划师应尽可能帮助客户申请最大额度、最长期限的个人住房公积金贷款。一般情况下，个人住房公积金贷款的实施流程如图5－7所示。

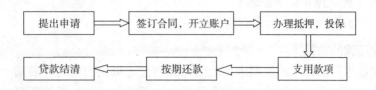

图5－7　个人公积金贷款流程图

1. 提出申请。借款申请人需提出书面贷款申请，并提交有关资料，由银行负责受理后交住房公积金管理部门或直接向住房公积金管理部门申请，等待住房公积金管理部门审批。

2. 签订合同、开立存款账户。借款申请经住房公积金管理部门审批通过后，由银行通知借款人签订借款合同和担保合同。选用委托扣款方式还款的借款人须在银行开立储蓄卡或信用卡扣款账户。

3. 办理抵押登记、投保住房保险。签订合同后，应根据国家和当地法律法规，办理抵押登记及其他必需的手续，抵押登记费用由借款人负担，抵押期间保险单正本由贷款银行保管。

4. 支用款项。借款人在银行填制贷款转存凭据，银行按借款合同约定，将贷款资金一次或分次划入售房人在银行开立的售房款账户内，或将贷款资金直接转入借款人在银行开立的存款账户内。

5. 按期还款。借款人按借款合同约定的还款计划和还款方式，委托银行分期扣款或到银行柜面，按期归还个人公积金住房贷款本息。

6. 贷款结清。在贷款到期日前，借款人如提前结清贷款，须按借款合同约定，提前向银行或住房公积金管理部门提出申请，由住房公积金管理部门审批。贷款结清后，借款人从银行领取"贷款结清证明"，取回抵押登记证明文件及保险单正本，并持银行出具的"贷款结清证明"到原抵押登记部门办理抵押登记注销手续。

二、个人住房商业贷款购房的实施步骤

个人住房商业贷款购房的流程如图5－8所示。

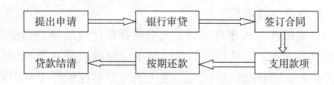

图5－8　个人住房商业贷款购房流程

1. 提出申请。借款人持有银行规定的证明材料到贷款经办网点填写申请表。

2. 银行审贷。银行自收到贷款申请和符合要求的资料后，按规定对借款人担保、信

用等情况进行调查，并按程序审批，并在规定的时间内将审批结果通知借款人。

3. 签订合同。借款人的申请获批后，与银行签订借款合同、担保合同，并办理公证、保险、抵（质）押登记等手续。

4、5、6 步与个人住房公积金贷款相同。

三、提前还款的决策

提前还款是指借款方在还款期未到之前即先行偿还贷款的行为。目前个人住房公积金贷款和部分银行的个人住房商业贷款允许借款人提前款，但一般银行要收取一定的违约金。

1. 提前还款的方法。

（1）将所剩贷款一次还清，不用支付剩余的利息，但已付的利息不退。

（2）部分提前还款，月供不变，缩短还款期限，节省利息较多。

（3）部分提前还款，减少月供，还款期限不变，节省的利息少于第二种。

（4）部分提前还款，减少月供，缩短还款期限，节省利息较多。

2. 提前还款的注意事项。

（1）等额本金法下提前还款更合算。等额本息法下大部分资金偿还的只是利息，若选择提前还贷，会有大量利息损失。如果您有提前还贷的预期，最好选择等额本金还款法，贷款期限也不宜过长。举例来说，许先生贷款时选择了最高年限 30 年，总额 68 万元的贷款。其开始一年每月等额还款金额为 3 906.62 元，其中，3 160.99 元为利息，745.63 元为本金，一年来这位客户共还本金为 745.63×12 月 = 8 947.56（元），偿还利息为 3 160.99×12 = 37 931.88（元），而本金仅占 19.1%。

（2）注意提前还款的日期节点要求。一般而言，提前还款必须是签订借款合同 1 年（含 1 年）以上。不过部分银行也允许借款人在贷款发放后随时提前还款。

（3）注意银行对提前还贷起点金额和次数的要求。各家银行对于提前还贷并没有次数的限制。对于每次还贷的起点金额各银行规定不一，有的规定是 1 万元或 1 万元的倍数，有的银行则规定千元以上就可以提前部分还贷。

（4）注意提前还贷时一般需提前 15 天持相关资料向贷款银行或住房公积金资金管理部门提出申请。

（5）不要忘记退保。在贷款人提前偿还全部贷款后，贷款人可以携带保险单正本和提前还清贷款证明，到保险公司按月退还提前交的保费。而对于部分提前还贷的借款人，一般情况下不能申请办理退保。

（6）不要忘记注销抵押。由于许多贷款人对抵押权比较淡漠，提前还款后往往忘记了去产权部门办理抵押注销，这样贷款虽然还清了，但房屋仍在产权部门备案，会为日后的房屋交易带来不必要的麻烦。贷款人办理注销时需要在银行申领退还的抵押权证明书，去房屋抵押产权部门领申请注销登记表（注意不要跨区办理），最后附上购房合同或产权证办理抵押注销。

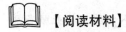【阅读材料】

不适宜提前还贷的人群

第一类：使用应急资金还款。在频繁加息的情况下，部分"房奴"压力开始增加，急于提前还贷。频繁加息所累积的利息虽然较多，但对于资金短缺、经济能力比较有限的消费者，不宜打乱原有的理财计划。

第二类：等额本息还款进入还款中期。在等额本息还款法中，进入还款阶段中期后，月供的构成中大部分都是本金，提前还款的意义已经不大了。

第三类：等额本金还款期已达1/4。从目前银行对提前还款要求的条件来看，一般都要求还款额是1万元的整数倍，等额本金还款法初期还款较多，压力较大，随着本金不断减少，月供也不断递减，这样后期的还款显得比较轻松。以贷款30万元，期限20年为例，从还款期的第六年开始，即还款期已经达到1/4，在月供的构成中，本金开始多于利息，如果这个时候进行提前还款，那么所偿还的部分其实更多的是本金，这样就不利于有效地节省利息。

第四类：有更好的投资理财渠道。如果消费者的资金有更好的投资渠道来获得更高的回报率，资金所产生的收益高于提前还款所节省的利息，这部分消费者没有必要把资金用于提前还款。

四、延长贷款

借款人在出现财务紧张或其他原因不能按时如数还贷时，可以向银行申请延长贷款。需要注意以下几点。

1. 需要延长贷款还款期限，必须提前20～30个工作日向贷款银行提交"个人住房借款延长期限申请书"和相关证明。

2. 原借款期限与延长期限之和最长不超过30年，有部分银行规定延期只限一次。

3. 延长贷款的条件。一是贷款期限尚未到期，二是延长期限前借款人必须偿清应付的贷款利息、本金及违约金。

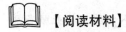【阅读材料】

购房中的风险防范

近年来，房产方面的纠纷呈上升趋势，理财规划师应该帮助客户分析购房中存在的风险并进行合理防范。

一、定金风险

1. 表现。购房者在与开发商签订正式合同之前，一般都会被要求缴纳数量不等的定金，然后签订一份房屋认购书之类的合同。这个手续是房屋交易过程中的正常流程，但同时也是产生纠纷较多的一个环节。在随后签订商品房销售合同的过程中，购房者会与开发商产生一些分歧，或者遇到按揭贷款办理延期等原因，都可能造成购房人退房，大多数情况下，购房人要回定金的过程都很艰难。

2. 防范。通常情况下，定金是否退还是根据"房屋认购书"上的条款而定的。您在买房的时候，可以要求在房屋认购书上增加"如果因为签订购房合同时与开发商不能达成一致等非购房人主观原因而退房，开发商应如数退还定金"等补充条款，相信会对要回定金有所帮助。一般诚信的开发商是不会拒绝增加合理条款的要求的，如果这种要求都被拒绝，就要格外小心了。

二、合同风险

1. 表现。目前市场上使用的销售合同是标准的格式合同，但是一些购房者在购房时只关心房屋的价格、地段等因素，却忽略了审查开发企业的资质、所售商品房的抵押、质押情况。还有一些购房者因急于买房，对开发企业提供的格式合同不作详细审查，轻信开发企业的口头承诺。另外由于普通购房者没有掌握必要的法律法规知识，通常都是开发商让怎么填就怎么填，以至于到纠纷发生时，缺乏维护自身权益的证据。

2. 防范。销售合同是保障购房者合法权益不受侵害的有力武器，要想让每一个购房者都像专业人士一样，了解买房过程中的方方面面是不可能的。从预防纠纷的角度考虑，您在买房之前找专业的房地产律师咨询或者请律师代理签订销售合同，就会减少许多纠纷隐患。

三、入住风险

1. 表现。入住风险表现在小区环境配套不完善、广告中的承诺与实际不一致、绿化不达标、公摊面积模糊、擅自改变住宅设计、房屋质量问题等。要想从根本上解决这些问题，购房者是无能为力的，大多数问题还需要开发商来解决。

2. 防范。从开发商的角度来说，解决入住纠纷需要开发商对工程的每一道工序进行严格的检查和验收，并且要把这种验收落实到每一套住宅中去，才能把问题消灭在萌芽状态。从购房者的角度考虑，需要在购房合同中对房屋质量以及交房入住条件等条款作明确的约定，同时确定赔偿责任和自己退房的权利。在收房入住时还需要掌握基本的验房技巧，或者请专业的测绘部门进行测量。只有开发商和购房者共同努力，才可能避免入住纠纷的产生。

四、物业纠纷风险

1. 表现。物业纠纷风险表现在物业收费标准高，物业收费内容不合理，物业服务质量差，配套设施不完善，擅自出租地下室，地面及地下车库停车收费等。

2. 防范。由于《中华人民共和国物权法》（以下简称《物权法》）确认了业主的监督权，因此业主不仅可以对物业服务质量进行监督，也可以对物业管理收支状况进行监督，同时业主也可以共同解聘或者更换物业服务机构。在物业费的缴纳问题上，业主有按时缴纳物业服务费用的义务，即使物业公司提供的服务有瑕疵，即未能达到物业服务合同的约定，业主也不得以此为由拒交物业费，但是可以根据物业服务合同要求物业公司在服务瑕疵范围内减收一定的物业费。至于物业企业或其他业主擅自改变公共建筑和公用设施的用途的，或将自己住宅改为营业房的，业主同样可以要求其遵守《物权法》的规定。

五、限售房屋风险

1. 表现。不少人都希望能通过钻法律的空子或者打法律的擦边球的方式来获得一套相对便宜的但是一些权利受到限制的房屋，结果反而给自己带来很大的交易风险。

2. 防范。（1）出售人只有动迁协议或预购协议，尚未办理产权证的房屋尽量不要买，即使要买，也让出售人先将产权证办好，经审核无误后，再决定是否购买；（2）有产权证的房屋，审核产权证上是否有"5年内限制交易"的条款；（3）对报价明显低于周边房价的房屋以及新的动迁小区的房屋更要保持警惕性，在确认能否购买之前尽量不要支付定金、意向金以及首付款等。

【实训活动】

训练项目：商业银行提前还贷的相关规定。

训练目标：了解各家银行提前还贷时在申请日期、提前还款金额、违约金等方面的规定。

训练成果：

1. 小组活动方案：包括人员分工、活动形式、活动地点、应急方案等。

2. 汇总小组的成果完成下列表格。

银行名称	申请日期	还款金额	违约金

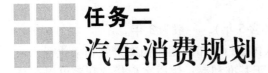

任务二
汽车消费规划

【工作目标】

1. 能够帮助客户选择贷款方式。

2. 能够帮助客户选择还款方式。

【工作程序】

汽车消费规划的流程如图 5–10 所示。

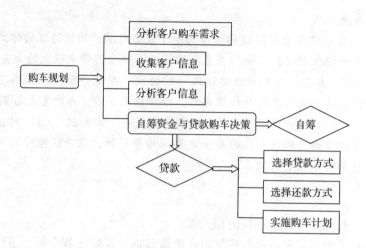

图 5－10　汽车消费规划流程图

训练一　选择贷款方式

【知识要点】

一、个人汽车消费贷款

个人汽车消费贷款是指银行或金融机构对在其特约经销商处购买汽车的购车者发放人民币担保贷款的一种贷款方式。

（一）贷款对象和条件

申请贷款的个人须满足以下条件：具有完全民事行为能力的自然人；个人身份有效证明；具有合法的足够偿还贷款本息的能力；个人信用良好；持有经办行认可的购车合同、协议或购车意向书；提供贷款行认可的有效担保；能够支付规定的首期付款。

（二）贷款期限、利率和金额

1. 贷款期限。贷款期限最长不超过 5 年（含 5 年），一般为 3 年。

2. 贷款利率。根据贷款期限长短按中国人民银行公布的相应档次贷款利率执行，一般客户贷款利率执行基准利率，原则上不得低于基准利率；优质客户贷款利率可以在基准利率基础上适当下浮，下浮比例不得超过 10%。在贷款期间如遇利率调整，贷款期限在 1 年（含）以下的，按合同利率计算；贷款期限在 1 年以上的，实行分段计算，于下一年年初开始，按相应利率档次执行新的利率。

3. 贷款金额。各家银行对贷款金额要求略有差异。如中国银行规定：一般客户贷款限额原则上不高于汽车价格的 60%，由优质客户提供担保的原则上不高于汽车价格的 70%；优质客户贷款限额原则上不高于汽车价格的 70%。招商银行规定：个人汽车消费贷款的最高贷款限额在所购车辆全部价款的 80% 以内。中国建设银行规定：所购车辆为自用车的，贷款金额不超过所购汽车价格的 80%；所购车辆为商用车的，贷款金额不超过所购汽车价格的70%，其中，商用载货车贷款金额不得超过所购汽车价格的60%。

（三）贷款担保

各银行规定不同，中国银行规定如下：（1）借款人需提供足值、有效的担保，作为可靠的第二还款来源。其中，一般客户必须提供下列任两种担保方式，优质客户可以提供下列任一种担保方式。①所购车辆抵/质押；②第三方（自然人或法人）不可撤销的连带责任担保；③除所购车辆外的财产抵/质押；④总行认可的其他担保方式。（2）对于满足《中国银行个人信用循环贷款额度暂行管理办法》客户准入条件的消费类汽车贷款优质客户，可以采用信用贷款的方式。（3）贷款担保应严格按照《中华人民共和国担保法》等相关法律法规及我行现行抵/质押担保的有关规定进行管理。

（四）贷款保险

各银行规定略有不同，中国银行规定如下：根据中国银行的要求办理抵押物保险，保险期不得短于借款期限，投保金额不得低于贷款本金和利息之和。中国银行享有保险单优先受偿权，保险单不得有任何有损中国银行权益的限制条件。如果以所购车辆抵押提供担保的，中国银行将要求对抵押物至少投保车辆损失险、盗抢险。在保险有效期内，不应以任何理由中断或撤销保险；如保险中断，中国银行有权代为投保。如发生保险责任范围以外的损毁，应及时通知中国银行并落实其他担保。

二、银行贷款与汽车金融公司贷款比较

（一）从贷款车型看，银行选择更多

从贷款车型看，通常汽车金融公司只对旗下品牌提供车贷服务。如大众汽车金融（中国）有限公司通常是针对一汽—大众和上海大众等产品，福特汽车金融（中国）有限公司则是针对福特相关品牌。而银行则可提供多品牌车型的车贷服务，为消费者提供更多选择。

（二）从贷款门槛看，贷款门槛银行高于汽车金融公司

银行对车贷申请人的收入、抵押物等资产证明看得比较重。通过银行贷款购车时，一般需要购车者提供户口本、房产证等资料，同时还需以房屋做抵押，并找担保公司担保，缴纳一定的保证金及相关手续费，如家访费、抵押登记费、保险保证金等杂费。

汽车金融公司的车贷放款标准相对宽松，只要购车者有固定的职业和居所、稳定的收入及还款能力，个人信用良好，就可申请办理贷款购车，对贷款人的户口所在地、有无房屋等没有限制。在整个申贷过程中，消费者的个人信用是决定其能否顺利申请到贷款的重要因素。申贷者的学历、收入、工作、住所甚至有无汽车驾驶执照等都影响其信誉度，信誉度越高，贷款就越顺利。

（三）与银行贷款相比，汽车金融公司的首付比例稍低

许多汽车金融公司要求的首付款最低为车价的20%，最长贷款年限为5年，很大程度上缓解了购车者的资金压力。而一般的银行车贷首付大多为30%甚至更多，贷款年限一般是3~5年。

（四）从贷款完成时间看，汽车金融公司更快捷

一般来说，汽车金融公司批贷时间约3~5天，车主在4S店填写贷款申请表和授权

书即可，其余事情全部由4S店完成；而银行批贷时间稍长，有时可达7天以上。若车贷申请人提供的资产证明等不够齐全还需再次补充，贷款时间会拖得长一点。

（五）从贷款方式看，汽车金融公司选择更多

和银行基本以标准信贷为主的贷款方式相比，汽车金融公司的贷款方式更多样、更灵活。

标准信贷也就是传统的汽车信贷方式。在选定车型后，汽车购买者先行支付首付款，余下的贷款金额随后以月付的形式进行偿还，合同到期后，购车者将正式获得汽车所有权。

大众汽车金融公司在此基础上又推出了弹性信贷，尾款被排除在月供总额外，从而降低了买车人月还款压力，同时对尾款推出灵活的还贷方式。比如在合约到期时，弹性信贷可以为消费者提供多种选择：一次性结清弹性尾款，获得完全的汽车所有权；或对弹性尾款再申请为期12个月的二次贷款；或在售车经销商的协助下，以二手车置换新车。

此外，汽车金融公司还会根据某个单一车型或单一品牌推出"免利息"、"零手续费"、"低首付"等活动，以吸引更多消费者。

（六）银行贷款利率低于汽车金融公司

通常情况下，商业银行的车贷利率主要是按照中国人民银行规定的同期贷款基准利率来设定。汽车金融公司的利率均要高于银行，按照首付比例的不同设立不同的利率标准，一般要比贷款基准利率高出1~3个百分点。但如果综合计算起来，因为银行贷款需缴纳更多杂费，所以在首付款方面，银行贷款的花费要多一些。二者各有利弊。

贷款者可以综合考虑自己的资金情况、还款能力、对于提车速度的要求和金融机构的贷款利率、资料要求、审批效率、放款方式、后续服务等因素，选择适合自己的车贷方式。

【实训活动】

学生分组调查：购车人选择汽车消费贷款的比例和贷款方式，并讨论不同贷款方式的优缺点。

训练二　选择还款方式

【知识要点】

个人汽车消费贷款的还款方式同个人住房贷款大致相同。1年期（含）以下的贷款可以与银行商定按月、按季或到期一次性还本付息。1年期以上的贷款必须实行按月还款方式，如遇法定利率调整，则于次年1月1日开始执行新利率。贷款期间，你可以向银行申请，征得同意后，提前全部或部分还款。

✍ 【案例分析】

张先生是外地人，由于工作需要，张先生想在天津贷款买车，以个人工资收入作为主

要还款来源，目前月薪收入 6000 元，需要申请 8 万元的汽车贷款，计划还款期限为 2 年。

　　分析： 通常情况下，银行汽车消费贷款对象只限定在本地区范围内，非本地户籍借款人很难办车贷。如果银行贷款遭拒绝，张先生可以选择汽车金融公司贷款，一般汽车金融公司贷款没有户籍方面的限制，外地人也可办车贷。不过从贷款利率方面上讲，汽车金融公司贷款利率比银行高，张先生在选择这种贷款购车方式时，可以根据自己的实际情况灵活选择还款方式，如一般汽车金融公司都设置了一个弹性尾款还款，张先生在支付了首付之后，可以将余款一部分以月供的形式还款，另外一部分是不高于贷款额 25% 的尾款，在贷款到期时可选择一次性结清尾款，可展期一年逐月还清尾款，这样也可以降低每月的还款压力。

【实训活动】

　　谢先生打算贷款购买一辆价值 15 万元的轿车，首付比例 30%，贷款期限 2 年，采用等额本息还款方式。请登录 http：//car.bitauto.com/qichedaikuanjisuanqi/，计算谢先生贷款购车的相关费用。

职业技能训练

　　训练目标： 掌握购房规划中如何确定购房目标、贷款方式、还款方式及实施购房计划。

　　训练任务： 客户李先生 32 岁，在一家 IT 公司工作，月薪 1 万元（税后）。其爱人谢女士在一家公司做财务主管，月薪 6 000 元（税后）。两人目前跟父母同住，生活支出 1 500 元。2015 年 10 月共有存款 40 万元，还有 1 万元基金，股票市值 3 万元，没有负债。两人准备 2016 年买房，总房款在 130 万元（含相关税费），装修估计 10 万元。两人计划 2017 年底搬入新居。请为其做好购房规划。

本章习题

　　1. 小王刚毕业两年，小有积蓄，希望购买一套住房，用于自己居住。对他而言较为合适的选择是（　　）。

A. 一套 50 平方米的小户型　　　　　B. 一套 90 平方米的中户型

C. 一套 130 平方米的大户型　　　　　D. 一套 200 平方米的别墅

2. 张先生希望在北京购买一套价值 200 万元的房产，贷款 7 成，利率为 6.55%，期限为 20 年，采用等额本息还款法，则每月月供为（　　）元。

A. 10 479.28　　　　　B. 11 479.68　　　　　C. 12 574.49　　　　　D. 12 843.24

3. 赵先生有一套价值 300 万元的房产，申请了贷款，每月还款额相同，则他申请的是（　　）还款法。

A. 等额本金　　　　　B. 等额本息　　　　　C. 等比递增　　　　　D. 等额递减

4. 秦先生计划 3 年后买房，如果他现在有 20 万元存款，每年有 5 万元结余，如果投资收益率可以达到 8%，那么在买房时，他能承担的首付款是（　　）元。

A. 414 262.40　　　　　B. 427 248.00　　　　　C. 476 824.37　　　　　D. 519 662.53

5. 王女士家庭年收入为 40 万元，结余比例为 25%。现在北京购买了一套住房，如果贷款利率为 6.55%，贷款期限为 25 年，则她能够负担的贷款是（　　）元。

A. 974 681.57　　　　　B. 1 024 684.42　　　　　C. 1 176 854.76　　　　　D. 1 214 165.51

6. 下列关于等额本息还款法、等额本金还款法两种还款方式的说法，错误的是（　　）。

A. 两种还款方式相比，在全期还款的条件下，等额本息还款法所要支付的利息将高于等额本金还款法

B. 对于高薪者或收入多元化的客户，可以采用等额本金还款法，达到节省利息支出的目的

C. 如果客户现在的资金较为雄厚，又不打算提前还款，建议采用等额本息还款法

D. 如果客户是一位公务员，建议选择等额本息还款法

7. 等额递增还款法的适合人群为（　　）。

A. 公务员及从教多年的高校老师　　　　　B. 现在收入较高预期未来会降低的中年家庭

C. 毕业不久的学生　　　　　D. 面临退休的人

8. 张先生购房向银行贷了 40 万元，贷款 10 年，采用等额本息还款法，假设贷款利率为 6%。目前，已还款 20 期后，张先生由于发年终奖金 10 万元，准备提前归还住房贷款。这时他已经还了（　　）元本金给银行。

A. 49 753.69　　　　　B. 51 206.22　　　　　C. 53 291.37　　　　　D. 55 793.41

9. 刘小姐有一笔额外收入用来提前还贷，希望尽量节省贷款利息，那么理财规划师应建议刘小姐采用（　　）提前还贷方式。

A. 每月还款额不变，缩短还款期限　　　　　B. 每月还款额减少，还款期限不变

C. 每月还款额减少，还款期限也减少　　　　　D. 每种方法支付利息一样

10. 赵先生是一名企业主，收入较高但未来可能会有减少。他预计 10 年后退休，享受晚年生活。适合他的还款方式是（　　）。

A. 等额本息还款法　　　　　B. 等额本金还款法

C. 等比递增还款法　　　　　D. 等额递增还款法

项目六

教育规划

JIAOYU GUIHUA

受教育程度，代表收入。

——哈佛大学

【工作任务】

1. 掌握教育费用的测算方法。
2. 掌握各种教育规划工具。
3. 根据客户的不同情况，给出合理的教育规划方案。

【引导案例】

客户张先生夫妻是某中等城市的中学教师，有一个女儿，去年刚刚考入北京的一所重点大学。张老师计算了一下女儿大学一年的花费，主要包括全年学费12 000元，住宿费3 000元，日常各项开支预计每月1 000元，共需10 000元。往返四趟路费共计2 000元。开学购置电脑等其他费用5 000元。届时教育金费用=学费+住宿费+日常开支+往返路费+其他费用=12 000+3 000+10 000+2 000+5 000=32 000元，而作为中等城市教师的张先生和张太太全年税后收入共计100 000元。则张先生家庭的教育负担比=子女教育金费用÷家庭届时税后收入×100% =32 000÷100 000×100% =32%。

张老师的女儿就读大学所需要的费用占家庭税后收入的32%，对张老师家庭来讲尽管可以承受，但也是不小的负担，如果家庭还有买房购车等其他财务安排，肯定会受到影响。通常我们用教育负担比来衡量教育开支对生活的影响，一般情况下，如果教育负担比大于30%，就应该尽早储备教育费用。

【教育规划流程】

教育规划的流程如图6-1所示。

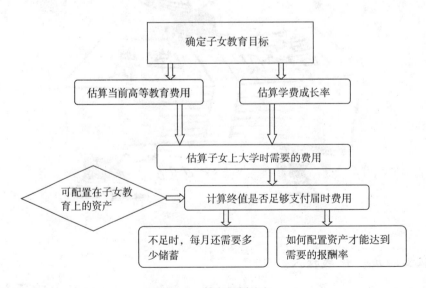

图6-1　教育规划流程

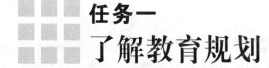

任务一
了解教育规划

【工作目标】

1. 掌握教育规划的内容。

2. 了解教育规划的必要性和原则。

【知识要点】

一、教育规划的内容

教育投资规划是指为实现预期的教育目标所需要的费用而进行的一系列的资金管理活动。事实上，一般情况下，受过良好教育者，无论在收入还是在地位上，往往高于没有受过良好教育的同龄人。从这个角度上来说，教育投资是人生财务规划中最富有回报价值的一种。

从内容上看，教育投资规划包括个人教育投资规划和子女教育投资规划两种。个人教育投资是指对客户的教育投资；子女教育投资是指客户为子女将来的教育费用进行策划和投资。本节主要讨论子女教育投资规划。对客户子女的教育投资又可分为基础教育投资和大学教育投资。大多数国家的高等教育都不是义务教育，因而对子女的高等教育投资通常是所有教育投资项目中花费最高的一项。因此，本教材主要讨论客户子女的大学教育规划。

二、教育规划的必要性分析

1. 教育值得投资，但关键在于规划。教育投资是值得的，因为通常受教育程度愈高，所得愈高。有数据显示，文化程度愈高的就业者，薪资水平越高，就业收入的增长也较快。教育在一定程度上具有社会分配与社会分层的功能。很多人希望通过接受高水平的教育来获得政治、经济、文化与社会利益，改变、改善自己或子女的生活状态。

2. 高等教育期间的开销高。高等教育期间的开销属于阶段性高支出，不事先准备，届时的收入将难以负担。

3. 高等教育学费的成长率高于通货膨胀率，储备教育金的报酬率要高于学费成长率。

就中国而言，1996～2000年，中国高等教育学费的年均增长率保持在25%左右（扣除物价因素），1998～1999年的学费增长率更是高达44%。而同期居民收入水平的增长速度则远低于这一水平，这导致根据可比价格计算的学费占居民人均收入的比例也大幅度提高。到2002年，学费占农村居民人均纯收入水平的比例由1996年的68.6%飙升到177.6%，学费占城市居民人均可支配收入的比例则由1996年的37.0%上升到

77.3%。学费的上涨给居民家庭高等教育支付所带来的压力是实质性的。这一比例远远超过美国、日本等发达国家居民的高等教育负担水平。

4. 子女教育金最没有时间弹性与费用弹性。因此，要预先规划，才不会因财力不足影响子女的求学发展。

三、子女教育金规划的原则

1. 要提早规划。子女高等教育金支付期与退休金准备期高度重叠，如果不提早规划子女教育，可能会因为供子女上大学而牺牲退休生活质量。

2. 要从宽规划。子女高等教育的学费成长率无法预估，所以需要从宽规划；同时父母的期望与子女的兴趣能力可能有差异，应该准备得比较宽松，使准备的教育金可应付未来子女的不同选择。

3. 要配合保险规划。若发生保险事故，教育金准备来源将中断，因此应根据教育金需求增加投保额。

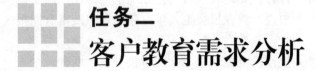

任务二
客户教育需求分析

【工作目标】

1. 能与客户有效沟通，梳理客户的教育需求。
2. 能够确定教育费用的额度。

训练一　确定子女的教育目标

进行教育投资规划的第一步是明确客户的子女要接受何种类型的教育。理财规划师应明确客户子女的年龄及客户希望子女上什么类型的大学。不同大学的学费有天壤之别。当然，客户不应该仅从财务的角度来选择学校，更重要的是要根据客户子女的实际情况来选择学校，要综合考虑学校的特点和地理位置、师资力量、子女的兴趣爱好、子女的学习能力等。

【知识要点】

一、国内高等教育体系

我国的高等教育包括专科、本科、研究生教育三个层次。中国实施高等教育的机构为大学、学院和高等专科学校。

中国的高等教育包括普通高等教育和成人高等教育。普通高等教育分为专科教育（学制2至3年）、本科教育（学制4年）和研究生教育（包括硕士学位和博士学位）三个阶段。我国现行的成人高等教育包括以下类型：（1）广播电视大学；（2）职工高等学校；（3）农民高等学校；（4）管理干部学院；（5）教育学院；（6）独立函授学院；（7）普通高校举办的函授部、干部专修科、电大、函大、夜大、普通专科班。

二、学位制度

我国的学位分为学士、硕士和博士三个级别。学科门类分为哲学、经济学、法学（包括政治学、社会学、民族学等）、数学、教育学（包括体育学）、文学（包括语言学、艺术学、图书馆学）、历史学、理学、工学、医学、管理学、军事学等十二类。

三、高等教育费用

我国大学的学费标准由国家和地方发展改革委员会制定，因学校所在地区、学位及专业的不同存在差异。在1996年以前，我国大学教育基本上是不收学费或象征性收取学费；1996年高等教育试行并轨招生，学费达到2 000元左右；从近年收费情况看，尽管2016年很多高校提高了学费的收费水平，但是各高校非艺术类专业的学费一般都在5 000～10 000元，艺术类专业学费一般在10 000～20 000元，个别高校艺术类专业学费突破20 000元。从总体上看，高校学费处于上涨趋势。

【案例分析】

张先生的女儿现年10岁，张先生希望女儿至少出国留学。张先生夫妻是公司一般职员，月收入合计在1万元左右，房子每月还月供3 000元。有五险一金，但没有购买补充的商业保险，日常生活开支每月3 000元，孩子日常的教育费用每月1 000元。

分析：张先生夫妻月收入只有1万元，除去日常开支，每年只有两三万的结余。假设张先生的女儿18岁上大学，现有的教育规划时间是8年，而且张先生夫妇没有为自己准备养老保险。现在，出国留学的费用4年一般在50万元左右，考虑学费上涨率，张先生送女儿出国留学比较勉强，选择准备女儿在国内的教育费用是比较现实的，如果以后财务状况好转了，再考虑女儿出国留学的事情。或者根据女儿以后的发展，选择考取奖学金等方式，来实现出国留学的理想。

因此，张先生女儿的教育目标：在国内上大学本科。

【实训活动】

目前低龄留学成为一种趋势，查资料，了解不同国家低龄留学的政策，分析低龄留学的优缺点。

训练二　估算教育费用

【知识要点】

一、教育资金的筹集方式

筹集教育资金的方式有一次性投资与定期定额两种。一次性投资的好处在于未雨绸缪，尽早为未来的财务目标做准备，同等收益率情况下本金投入更少，并且投资时间长，可以取得较理想的投资回报，但与其他中短期理财目标在现金流方面可能会有冲突。定期定额方法的好处在于有规律地从收支结余中划出一笔钱，专款专用，减少各项理财目标在现金流方面的冲突，在市场波动情况下降低投资风险，达到理想目标。

我国不同类型的大学收费不同，不同国家大学的收费更是存在巨大的差异，确定大学教育费用时，理财规划师首先要充分考虑到客户的家庭情况，确立教育消费计划时间和大学类型。

二、教育费用的估算步骤

在估算教育费用时，理财规划师一般要遵循以下步骤。

1. 设定一个通货膨胀率。

2. 按预计通货膨胀率计算所需要的最终费用。

3. 分别计算如果采用一次性投资计划所需要的金额现值和如果采用分期投资计划所需支付的年金。

客户子女的年龄越小，将来要支付的教育资金总额（不考虑通货膨胀的名义数额）就越高，但每月支付的金额却相对要低。因此，在客户财务状况允许的情况下，尽早为子女进行教育投资规划是明智之举。

 【案例分析】

继续计算上一案例中张先生的教育费用。

1. 计算现阶段的教育费用。经查询，现阶段北京重点院校的一般专业收费不超过5 000元，住宿费是每年1 500元，生活费平均是6 000元，其他费用平均是2 500元，因此，张先生应该每年为女儿准备15 000元。大学四年，张先生应该准备学费20 000元，其他费用40 000元。

2. 估算子女上大学时候的费用。假设学费上涨率为6%，通货膨胀率为4%。则13年后，学费为 $20\,000 \times (1+6\%)^{13} = 42\,660$ 元，其他费用为 $40\,000 \times (1+4\%)^{13} = 66\,600$ 元，总费用为109 260元。

3. 计算目前的教育储备金是否能满足未来的费用要求，确定资金储备方式。假设张先生选择的投资项目，收益率为8%，根据复利现值系数，13年后的109 260元，现值为40 169元，即张先生需要现在为孩子投资40 169元。

分析：

（1）如果张先生选择基金定投，假设年平均报酬率为8%，张先生需要每月定投多少资金，才能保证女儿上大学的费用？

（2）假设张先生选择的投资规划方式为储蓄，年税后利润是3%，即月利率为0.25%，张先生每月应该存多少钱？

【实训活动】

活动1：假设客户子女年龄为8岁，预计18岁上大学，假设学费和生活费的上涨率为6%。目前，大学四年的学费和生活费为8万元，客户打算以目前已有的5万元作为子女教育启动资金，投资于收益率为7%的项目上，客户未来教育费用有缺口吗？

活动2：王先生夫妇孩子刚8岁，预计18岁上大学，大学四年学费现在是5万元，预计学费每年上涨5%。王夫妇想为孩子设立一个教育基金，每年年末投入一笔固定的钱直到孩子上大学为止，假定年投资收益率为8%，每年应投入多少钱？

任务三
制订客户教育规划方案

子女教育规划的重点在于确保子女拥有足够的学费，因此关键在于资产的合理配置，资产配置得当，子女教育经费才能得到保证。大体上说，教育投资工具可分为长期教育规划工具和短期教育规划工具。长期教育规划工具又包括传统教育规划工具和其他教育工具。

【工作目标】

1. 熟悉教育规划工具。
2. 能够帮助客户制订合理的教育规划方案。

训练一 选择适当的教育规划工具

【知识要点】

一、短期教育资金来源

教育支出最主要的资金来源是客户自身的收入和资产。稳定的收入和充足的资产是教育支出坚实的资金保证。但如果客户教育计划不够，急需一笔短期的资金来补充的话，教育贷款和充分利用国家的教育政策，可以帮助客户节约成本，解决资金需求。

1. 政府教育资助。政府每年都会在财政预算中拨出一部分资金用以对符合条件的人提供教育资助。这类教育资助通常有着严格的资助限制，主要包括特殊困难补助及减免学费政策、"绿色通道"政策等。

（1）特殊困难补助及减免学费政策。特殊困难补助和减免学费政策是高校资助政策的辅助性措施。这两个政策共同的特点就是无偿性资助。特殊困难补助是各级政府和高校对经济困难学生遇到一些特殊性、突发性困难给予的临时性、一次性的无偿补助。减免学费政策是国家对部分确因经济条件所限、缴纳学费有困难的学生，特别是对孤残学生，少数民族学生及烈士子女、优抚家庭子女等实行的政策。

（2）"绿色通道"政策。"绿色通道"是指让经济困难、无法交足学费的新生在不交学费的情况下顺利办理全部入学手续。2003年7月，国家教育部《关于切实做好资助高校经济困难学生工作的紧急通知》（教电〔2003〕298号）指出："今年新学期开学时，各高等学校都要一律设立'绿色通道'制度，确保今年新录取的经济特殊困难学生顺利入学。"

2. 奖学金。政府的教育资助有时是以奖学金方式，但这类奖学金所占比例相对较小，各类民间机构和组织，例如企业、公司、基金、宗教慈善团体、服务机构、学术组织等也通过学校设立种类繁多的奖学金。

3. 教育贷款。教育资金的来源除了客户自身拥有的资产收入和政府或民间机构的资助外，还包括政府为家庭贫困的学生提供的各种专门的低息贷款。教育贷款是教育费用重要的筹资渠道，我国的教育贷款政策主要包括三种贷款形式：一是学校学生贷款，指高校利用国家财政资金对学生办理的无息贷款；二是国家助学贷款；三是一般性商业助学贷款。

4. 留学贷款。除上述几种教育贷款方式外，对于想让子女出国接受高等教育的客户来说，银行还会为符合条件的留学人员提供留学贷款。留学贷款是指银行向出国留学人员或其直系亲属或其配偶发放的，用于支付出国留学人员学费、基本生活费等必须费用的个人贷款。但是，留学贷款相比国内住房信贷、汽车信贷条件要苛刻得多，手续也比较复杂。

二、长期教育资金来源

客户子女从出生到接受高等教育，教育消费时间跨度长、涉及数额大，这就给子女教育规划留下了很大的空间。在了解客户对其子女的教育需求、估算教育费用以后，理财规划师要做的是分析怎样才能更好地为客户理财，以帮助实现他们的教育目标。因此，教育费用筹集投资工具的选择成为教育规划的一项重要内容。

客户如果尽早进行子女教育规划，其所承担的经济负担和风险相对较低，所以通常情况下，理财规划师会指导客户较早进行子女教育规划。与其他投资规划相比，教育规划更重视长期工具的运用和管理。

长期教育规划工具包括传统教育规划工具和其他教育工具。

（一）传统教育规划工具

传统教育规划工具主要有教育储蓄和教育保险。

1. 教育储蓄。教育储蓄是指为接受非义务教育积蓄资金，分次存入，到期一次支取本息的服务。开户对象为在校小学四年级（含四年级）以上学生，教育储蓄存期分为1年、3年、6年。教育储蓄50元起存，每户本金最高限额为2万元。到期支取时，客户凭存折、身份证、户口簿（户籍证明）和学校提供的正在接受非义务教育的学生身份证明（税务局印制），一次支取本金和利息。

　　教育储蓄的主要优点是无风险，收益稳定，且较活期存款相比回报较高。但是，教育储蓄也有很大局限性。

　　（1）能办理教育储蓄的投资者范围比较小，只有小学4年级以上的学生才能办理教育储蓄。按银行规定，支取教育储蓄款必须开具非义务教育的入学证明，否则不能享受利率优惠和免税优待。这样就将长达9年的义务教育费用排除在外。

　　（2）规模非常小。教育储蓄的存款最高为2万元，因此，单凭教育储蓄肯定无法满足孩子教育金的准备。以现在培养一个大学生的费用为例，每月生活费约400元，每年的学杂费少则五六千元，多则7 000元，甚至上万元的也为数不少，因此2万元远远不够。而一旦孩子有机会出国留学，教育费用更提高到50万元至近百万元。区区2万元的教育储蓄不过是杯水车薪。

　　同时，家长在为孩子准备教育储蓄的时候，还必须考虑到存款利率变动带来的风险。由于教育储蓄按开户日利率计息，如在升息前存入，且选择的存期太长，储户不能分享到升息的利好。因此，教育储蓄只能成为家长为孩子准备教育金的一种方式，而不能成为全部。

　　2. 教育保险。教育保险相当于将短时间急需的大笔资金分散开逐年储蓄，投保年限通常最高为18年，所以越早投保，家庭的缴费压力越小，领取的教育基金越多。反之，越晚购买，由于投资年限短，保费就越高。

　　与教育储蓄相比，教育保险具有范围广、可分红、强制储蓄以及特定情况下保费可豁免等优点。

　　（1）客户范围广泛。一般孩子只要出生60天就能投保教育保险，有的保险公司还扩展到出生仅30天的婴儿。

　　（2）有的教育保险可分红。目前教育保险有分红型和非分红型两种，具有储蓄、保障、分红和投资等多项功能。一般情况下，如果保额相同，具有分红功能的教育保险费用要稍高一些。分红型的教育保险可以从孩子上中学开始，分期从保险公司领取保险金，一定程度上规避了物价上涨带来的货币贬值风险。

　　（3）强制储蓄功能。教育保险具有强制储蓄的作用，保障性强。家长可以根据自己的预期来为孩子选择险种。买了保险以后，保费每个月强制缴纳，因而能够起到强制储蓄的作用，并且不可挪用。这一点对于缺乏时间弹性、费用弹性的子女教育规划是非常合适的。另外，由于教育保险具备强制储蓄的功能，因而这类保险在保费缴纳超过一定时期后保单就会具备现金价值，如果出现不时之需，可以将保单进行质押救急，但要切记保单质押后应在规定期限内偿还，否则保单可能失效，从而影响到教育金的支付。

　　（4）投保人出意外，保费可豁免。所谓保费豁免，是指保单的投保人如果不幸身故或者因严重伤残而丧失缴保费的能力，保险公司将免去其以后要缴的保费，而领保险金的人却可以领到与正常缴费一样的保险金。这一条款对孩子来说非常重要。也正因如此，它与银行储蓄就有了本质的区别。

（5）教育保险不设上限，除了提供教育金，有的还将婚嫁金纳入了保障范围。

虽然如此，教育保险也不宜多买，适合孩子的需要就够了，因为保险金额越高，每年需要缴付的保费也就越多。有的保险产品的回报率是参照购买时银行存款利率设定的，一旦银行升息，这些险种的现金回报率将低于银行存款。因此，投保人在选择教育保险产品的同时，还要考查产品收益是不是受银行储蓄存款利率变动的影响。

总体来讲，保险产品的特点在于其保障功能，并非最有效率的资金增值手段。此外，一旦加入了保险计划，中途退出往往只能拿到较低的现金价值，相对而言变现能力较低。

（二）其他教育工具

1. 子女教育信托。子女教育信托是信托委托人（如家长）基于财产规划的目的，将其财产所有权委托给受托人（如信托机构），使受托人按照信托协议的约定为受益人（如客户子女）的利益或特定目的，管理或处分信托财产的行为。子女教育信托就是由父母委托一家专业信托机构帮忙管理自己的一笔财产，并通过合同约定这笔钱用于支付子女未来的教育和生活费用。当然，专业机构也要为自己提供的服务收取费用。由于我国目前信托业发展尚未成熟，所以这种子女教育信托业务在我国还没有开展，但相信随着信托业的发展，子女教育信托将在子女教育规划中发挥重要作用。

设立子女教育信托具有多方面的积极意义。

第一，鼓励子女努力奋斗。家长在设立教育信托时，可以给孩子制定相应的预定目标，只有孩子实现预定目标才能取得相应的资金，这样就能给孩子一定的激励，促使其努力学习、工作。家长仅给孩子提供必要的生活学习开支，其他的费用由子女通过自己的努力而获得，这样还能培养孩子勤俭节约、靠自己辛勤工作实现愿望的价值观念。

第二，防止子女养成不良嗜好。受托人对教育金的直接管理还可以防止受益人对资金的滥用。对于为数不少的海外留学青少年而言，这一信托品种具有突出的意义。青少年往往还不具备足够的自控能力，如果他们直接拥有大量资金将是一种巨大的风险，将教育资金置于信托之中则可以解决此类问题。设立信托后，通过受托人来定期支付孩子在国外的各种相关费用，基本满足孩子的学习生活方面的开支即可，这样就可以免去家长对孩子的担忧，也使孩子无法肆意挥霍父母的血汗钱。

第三，从小培养理财观念。设立信托后，孩子在大学的生活学习方面的开支都将与银行、信托机构等紧密联系，这样就能从小培养孩子节俭、合理规划的理财意识。同时，受托人也会对孩子的学习、生活起到一定的监督作用，无形中增加了一个监护人。

第四，规避家庭财务危机。设立子女教育信托后，可以避免因家庭财务危机而给孩子的学习生活造成不良影响，实现风险隔离，这是设立信托的最大优势。有些家长为孩子的教育奋斗了十几年，一旦发生意外，孩子的教育经费可能就会得不到保障。设立信托后，信托财产不会因为父母企业经营状况的变化而发生变动，更不用担心遭到债权人追偿清算，这样就能保证子女将来的学业和工作，父母也没有后顾之忧了。

2. 政府债券。政府债券具有安全性高、流动性强，容易变现和可以免税的优点。政府债券由政府发行，其信用程度高，风险较小；而且，政府债券特别是国债的发行额十分庞大，发行相对容易，其二级市场十分发达，流通和转让极其方便，容易变现。此外，大多数国家都规定购买国家债券的投资者可享受利息收入税收减免。我国现行政策也规定国债利息可免征所得税。政府债券因其收益的安全性与稳定性成为子女教育规划可供选择的主要投资工具之一。

3. 股票。股票的投资风险较大。由于子女教育时间弹性很小，基于稳健性原则，理财规划师制订子女教育规划时并不鼓励客户投资于风险过高的品种。如果教育规划时间长（一般要在 7 年以上），客户承受风险能力强，专业水平高，也可以适当选用股票这种投资工具。但是，在整个投资组合中，这种类型投资所占的比重不应过大。

4. 投资基金。由于客户所掌握的投资知识及精力有限，为达到获利的目的，将资金交由专人或专业机构投资于各种投资标的或工具，由专家或专业机构管理操作，比个人投资更加专业。基金投资所需资金少，弹性极大，随时可以买卖，资金流动性佳，变现性好。这种投资方式的最大优点就是投资多样化和灵活性好，可以在需要时将资金在不同的基金之间转换。

在选择投资基金的时候要注意风险的组合。货币型基金通常没有风险，适合短期投资，因为它不收申购和赎回的费用，但缺点是收益相对较低。债券型基金通常收益居中，但受到债券市场价格波动的影响，有一定的风险，但不是很大。同时，债券型基金有申购和赎回费用，所以要尽量延长投资周期，降低费用。偏股型基金风险相对较大，直接受证券市场的影响，收益也最高，有申购和赎回费用，适合长期投资，可以降低赎回费用。

【案例分析】

张先生的女儿小红今年 8 岁，预计未来出国留学，费用大约每年需要 40 万元人民币，在国外念大学四年的费用是 160 万。张先生该如何来设立信托基金呢？

分析：张先生可以把 100 万元作为信托财产委托某信托机构，约定 10 年后，当女儿 18 岁时才将信托资金交给她，并约定在未来 10 年，每年追加 4 万元的信托资金，到女儿小红 18 周岁时恰好达到 160 万元，可以满足小红未来留学的费用。双方还可以在信托合同中约定，信托期间如果小红没有出国，那这部分钱将用来支付小红购买房子的费用。此外，由该信托机构代为管理、运用及投资这笔信托资金产生的收益每年定期支付给张先生。

在这个案例中，张先生设立信托的目的是为女儿小红积攒未来出国留学的费用，受益人是女儿小红。通过规定信托财产的管理方式，可以使小红的教育费用得到保证。

【实训活动】

活动 1：统计一下，全班有多少同学申请了政府教育资助，你认为政府教育资助对你的帮助大吗？

活动 2：你想出国留学吗？同学分组分别查询不同国家的留学费用并交流，假设班级有同学准备出国留学，但存在资金缺口，帮其寻找筹集资金的途径。

训练二 制订理财规划方案

【知识要点】

一、选择规划工具时应注意的问题

教育理财产品是家庭理财组合的一部分，对于大多数工薪阶层来说，在选择教育理财产品的时候，应该全面权衡，不能仅从收益率方面考虑。

首先应该考虑安全性。教育基金作为孩子将来得到良好教育的经济基础，不能大量投资股票、期货等高风险产品，如果为了博取较高的收益投资高风险产品，运气好还行，运气不好则很可能使本金受到极大损失，从而耽误了孩子的教育大事。因而对于高风险的产品即使投资，也只能少量参与。

其次应该考虑收益性。作为长期投资，在相对安全的前提下，能够有一个稳定的高收益，孩子将来的教育将会得到有力的经济支持。在谈到长期投资的时候，我们通常忽视了复利的概念，就是本金部分在增长，而收益部分实际上也在增长，长期投资之后，将会出现比预期更好的收益，但前提是维持稳定的高收益。

最后应该考虑利率变动的风险。我国目前还处于利率相对较低的水平，如果大量买入教育保险或者进行长期银行存款，一旦银行存款利率上调，就会出现不可避免的利息损失。所以，在选择受利率影响较大的理财产品时，不要全部投资在教育保险或者长期银行存款方面，可以扩大投资范围，例如国债、信托、基金等。

二、汇率问题

如果客户有意让其子女去国外留学，汇率问题就必须考虑。因为在国外留学，除了预算以当地货币计算的留学成本外，还要充分考虑汇率的波动风险，例如，在美国留学一年的学杂费及生活费需要 5 万美元，依据 2016 年 12 月 5 日中国外汇交易中心公布的数据，1 美元兑换人民币 6.8884 元，在国内兑换 5 万美元大致需要 344 000 元人民币，而在 2016 年 1 月 1 日，1 美元兑换人民币 6.4935 元，兑换 5 万美元大致需要 324 000 元人民币，年末比年初多花大致 2 万元人民币。因此，如果有意让子女出国留学必须要考虑汇率波动因素。

 【案例分析】

李先生夫妻是典型的中产阶级，家庭年收入 20 万元。其子 16 岁，为了孩子能够早日融入国际社会，李先生计划 2017 年送孩子去加拿大读高中，最好硕士毕业后再回国。李先生已经为孩子准备了 50 万元出国留学费用。经过加拿大的留学咨询机构估算，李先生之子赴加拿大读书的费用预计为每年 12 万元人民币。

1. 确定客户教育目标。客户的教育目标是孩子在 2017 年出国读高中，预计高中三年，本科四年，硕士两年。

2. 计算教育费用。我们按年均5%增长率计划将来的教育费用，则将来李先生之子在加拿大留学的费用计算如表6-1所示。

表6-1

留学阶段	高中			本科				硕士	
所处年级	高一	高二	高三	大一	大二	大三	大四	研一	研二
费用（万元）	12	12.6	13.23	13.89	14.58	15.32	16.08	16.89	17.73

3. 制定教育规划。确定客户教育资金需求以后，理财规划师可对教育资金进行以下安排。

（1）对已有教育资金进行安排。李先生已经为儿子准备了50万元的出国留学费用，建议将该笔资金作为子女在国外前四年的教育费用。考虑到这笔资金会分四年用到，可将这笔资金进行保守的储蓄投资安排如下：将其中的12万元换成加拿大元，剩下的分成12.5万元、13万元、13.5万元，其中12.5万元和13万元分别存为一年、2年定期。现在一年期定期年利率为1.75%，2年期定期年利率为2.25%。最后的13.5万元可以购买三年期国债，年利率为3.8%。

则每笔存款的到期值分别为：12.72万元、13.59万元、15.04万元。从儿子出国留学年份开始，每年支取其中最快到期的一笔定期存款。到儿子留学后的第四年末，这笔钱能够基本满足需要还稍微有点盈余。

（2）对不足教育资金安排。已有50万元教育资金只能满足儿子前四年的教育费用需要，本科后三年和硕士两年的费用需要另行筹备。

首先为李先生做风险测试，确定其为风险中性，为李先生构建一个固定收益品种和风险品种各占50%的投资组合，根据目前的投资回报率，该投资组合在5年的平均年回报率在6%。则客户在儿子留学后五年每年所需要的教育费用，折算到留学第五年年初的现值为：

$$14.58 + 15.32 \times (1+6\%)^{-1} + 16.08 \times (1+6\%)^{-2} + 16.89 \times (1+6\%)^{-3} + 17.73 \times (1+6\%)^{-4} = 71.56（万元）$$

如果从现在开始积累不足的教育资金，到现在已有资金支取完（约本科一年级开始），还剩余4年时间。4年内要积累71.56万元资金，每年需要追加教育资金约为：

FV = 71.56，N = 6，I/Y = 6

则 PMT = 16.36（万元）

风险点提示：

①前5年的预期收益率为6%，上述投资能否最终实现年均6%的收益率，取决于将来国内市场表现。6年后，如果该笔资金未达到目标累计金额，不足部分可以一次性从当年的收入或家庭已有财富积累中支取补足，也可以在费用支取档期分次从当年收入或已有财富积累中支取弥补。

②案例中的计算时点均为年末，计算过程中保留小数点后4位，最终结果保留小数点后两位。

③子女教育规划方案要定期（一般为1年）审视并作出评估和调整，以便使理财规

划方案更加符合实际。客户家庭或资产如果发生重大变化，应当及时通知理财师，理财规划师将对子女教育规划方案及时作出调整，理财规划师也应当将一些理财信息和投资信息及时告知客户，以便使客户作出合理的判断和选择。

职业技能训练

张先生的儿子今年 12 岁，关于孩子的教育问题，张先生夫妇有如下设想：18 岁时在国内上 4 年大学，读大学的费用，张先生计划每年 10 万元人民币，然后去国外读 2 年硕士和 2 年博士，在国外读书的费用，张先生计划每年 20 万元人民币。假定年通货膨胀率 4%，教育费用年增长率为 5%，教育投资年收益率 9%。张先生该如何进行教育规划呢？（张先生家财务报表如表 6-2、表 6-3 所示）

表 6-2　　　　　　　　　　　　　资产负债简表　　　　　　　　　　　单位：元

资产项	金额（市值）	负债项	金额
生息资产项	270 000	消费负债	0
金融性资产	270 000	投资负债	0
企业股权	0	自用负债	0
实物型投资资产	0		
自用资产	600 000		
总资产	870 000	总负债	0
		净资产	870 000

表 6-3　　　　　　　　　　　　　年收入支出简表　　　　　　　　　　　单位：元

收入项（税后）	本人	配偶	支出项	金额
工作年收入	114 000	60 000	生活支出	77 600
理财年收入	0		理财支出	0
其他年收入	0		年投资实物支出	0
			按揭还款本息	0
			保险保费	0
			定期定额投资	0
			其他投资	0
			其他支出	0
总收入	174 000		总支出	77 600
			现金结余	96 400

本章习题

一、单项选择题

1. 个人教育规划在消费的时间、金额等方面的不确定性较大，（　　）通常是个人家庭理财规划的核心。

A. 住房消费规划　　　　　　　B. 子女教育规划

C. 汽车消费规划　　　　　　　D. 投资规划

2. 理财规划师在为客户进行教育规划、估算教育费用时，第一步要做的是（　　）。

A. 设定一个通货膨胀率

B. 计算所需要的各项费用

C. 按预计通货膨胀率计算所需要的最终的费用

D. 分别计算如果采用一次性投资计划所需的金额现值和如果采用分期投资计划每月所需支付的年金

3. （　　）是各级政府和高校对经济困难学生遇到一些特殊性、突发性困难给予的临时性、一次性的无偿补助。

A. 特殊困难补助　　　　　　　B. 减免学费政策

C. 国家教育助学贷款　　　　　D. 学生贷款

4. 由于（　　）取得的时间、金额都不容易确定，所以在做教育规划时不应将其计算在内。

A. 减免学费政策　　　　　　　B. 国家教育助学贷款

C. 工读收入　　　　　　　　　D. 奖学金

5. （　　）是指贷款人向借款人发放的，由中央财政或地方财政贴息，用于借款人本人或其直系亲属、法定被监护人在国内高等学校就读全日制本科、专科或研究生所需学杂费和生活费用的助学贷款。

A. 商业性银行助学贷款　　　　B. 财政贴息的国家助学贷款

C. "绿色通道"政策　　　　　　D. 学校学生贷款

6. 留学贷款的借款人须提供贷款人认可的财产抵押、质押或第三方保证。抵押财产目前仅限于（　　）。

A. 不动产　　　B. 房屋　　　C. 建筑物　　　D. 可设定抵押权利的房产

根据材料回答 7~9 题

万女士准备去美国攻读博士，但是资金不足，理财规划师建议她申请留学贷款。

7. 若万女士申请某银行的留学贷款，则必须以自己的房产作为抵押。如果万女士的房产价值 30 万元，则万女士可申请的贷款最高额为（　　）万元。

A. 15　　　　　　　B. 21　　　　　　　C. 18　　　　　　　D. 24

8. 如果万女士以其拥有的价值 30 万元的存单为质押向该银行申请留学贷款，则万女士可申请的贷款最高额为（　　）万元。

A. 15　　　　　　　B. 21　　　　　　　C. 18　　　　　　　D. 24

9. 若万女士申请留学贷款是由该银行认可的自然人提供的信用担保，则万女士可申请的贷款最高额为（　　）万元。

A. 15　　　　　　　B. 20　　　　　　　C. 35　　　　　　　D. 25

10. 下列各项中，（　　）不属于教育保险的优点。

A. 范围广　　　　　B. 可分红　　　　　C. 强制储蓄　　　　D. 规模小

11. 信托委托人（如家长）基于财产规划的目的，将其财产所有权委托给受托人（如信托机构），使受托人按照信托协议的约定为受益人（如客户子女）的利益或特定目的，管理或处分信托财产的行为是（　　）。

A. 投资信托　　　B. 子女教育信托　C. 养老信托　　　D. 资产信托

12. 通常没有风险，适合短期投资的是（　　）。

A. 货币型基金　　B. 债券型基金　　C. 偏股型基金　　D. 股票

13. 通常收益居中，有一定的风险，但不是很大的是（　　）。

A. 货币型基金　　B. 债券型基金　　C. 偏股型基金　　D. 股票

14. 英国法律规定，年满 18 岁、签证在 6 个月以上的留学生可以每周打工（　　）小时以内，无须经过任何许可。

A. 10　　　　　　　B. 15　　　　　　　C. 20　　　　　　　D. 25

15. 投资基金的最大优点就是（　　）。

A. 所需资金少　　B. 弹性极大　　　C. 随时可以买卖　D. 投资多样化和灵活性好

二、多项选择题

1. 通常我们用（　　）来衡量教育开支对家庭生活的影响。

A. 流动比率

B. 教育负担比

C. 届时子女教育金费用/家庭届时税后收入 ×100%

D. 子女教育费用占家庭税前收入的比值

2. 与其他的家庭理财计划相比，子女教育金要预先进行规划，原因在于（　　）。

A. 子女教育金有时间弹性

B. 子女教育金有费用弹性

C. 学费成长率可能会高于收入成长率，所以以现在水准估计的负担比可能偏低

D. 教育规划不可以像推迟购房时间、延后退休一样推迟理财目标的实现时间

3. 高等教育费用主要包括（　　）。

A. 学费　　　　　B. 交通费　　　　　C. 住宿费　　　　　D. 生活费

4. 确定大学教育费用时，理财规划师首先要充分考虑（　　）。

A. 客户的家庭情况　　　　　　　　　B. 客户子女目前的年龄是多少

C. 确立教育消费计划时间　　　　　　　D. 大学类型

5. 政府教育资助是指政府每年都会在财政预算中拨出一部分资金用以对符合条件的人提供教育资助。这类教育资助主要包括（　　　）。

A. 特殊困难补助　　　　　　　　　　　B. 奖学金

C. 减免学费政策　　　　　　　　　　　D. "绿色通道" 政策

6. （　　　）是高校资助政策的辅助性措施。这两个政策共同的特点就是无偿性资助。

A. 特殊困难补助　　　　　　　　　　　B. 减免学费政策

C. 国家教育助学贷款　　　　　　　　　D. 学生贷款

7. 关于奖学金，下列说法中正确的是（　　　）。

A. 政府的教育资助以奖学金方式所占比例相对较小

B. 各类民间机构和组织都通过学校设立种类繁多的奖学金

C. 奖学金都是有条件的

D. 客户子女能否获得奖学金具有很大的不确定性

8. 教育贷款是教育费用重要的筹资渠道，我国的学生贷款政策主要包括三种贷款形式，即（　　　）。

A. "绿色通道" 政策　　　　　　　　　B. 学校学生贷款

C. 国家助学贷款　　　　　　　　　　　D. 一般性商业助学贷款

9. 关于学生贷款，下列说法中正确的是（　　　）。

A. 实行专业奖学金办法的高等院校或专业不实行学生贷款制度

B. 学生贷款按银行同期贷款利率计息

C. 学生贷款审定机构应由学生管理部门、财务部门、教师和学生等方面代表组成

D. 如果贷款的学生违约不能如期归还所借贷款，其担保人要承担全部还款责任，并缴纳一定数额的违约金

10. 一般性商业助学贷款是指各金融机构以信贷原则为指导，对高校学生、学生家长或其监护人办理的，以支持学生完成以学习为目的的一种商业性贷款形式。申请商业性助学贷款的条件是（　　　）。

A. 贷款人为当地居民　　　　　　　　　B. 必须有抵押担保

C. 贷款人没有申请其他贷款　　　　　　D. 必须有符合条件的信用担保

证券投资规划

ZHENGQUAN TOUZI GUIHUA

"一生能够积累多少财富，不取决于你能够赚多少钱，而取决于你是否能够投资理财，钱找钱胜过人找钱，要懂得钱为你工作，而不是你为钱工作。"

"如果你不愿意拥有一只股票十年，那就不要考虑拥有它十分钟。"

——巴菲特

【工作任务】

1. 把握投资规划的基础知识，熟悉各种投资工具。

2. 掌握投资规划的各项流程和工作方法。

3. 为客户制订全面的投资规划方案。

【引导案例】

张先生的手中有10万元积蓄，最初计划拿5万元投资股票，剩下5万元为家庭救急之用。刚开始，随着股市的上涨，他的5万块钱获得了20%的投资回报。张先生一看这么容易赚钱，就把家中所有的积蓄投入了股市，结果股市下跌，张先生一下被套住了。而这时候，他母亲生病住院，急需2万块钱，张先生不得不割肉卖出股票，却正好卖了个最低点，等他卖出后，股市调整结束，开始上涨，张先生只怨自己命不好，怎么偏偏这时候家里急用钱呢？张先生仅仅只是命不好吗？他的投资错在哪里？如果张先生的股票正好卖在高点，他的投资就是正确的吗？

分析：

理财规划的核心思想是通过一系列的规划来实现客户的目标，如子女教育目标、退休养老目标等，而这些大多数要通过投资来实现。因此，投资规划是理财规划的重要内容，但是，投资不等于理财，投资规划只是理财规划的部分内容。同时，投资规划涉及的金融市场环境复杂、产品差异化程度大、投资风险相对较高，因此，投资规划也是理财规划中比较难、比较考验理财规划师能力的部分。

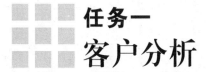

任务一
客户分析

在这一阶段，要分析客户各方面的信息，协助客户确定投资目标。理财规划师需要全面分析客户的投资相关信息，准确判断客户的风险承受能力和风险偏好，分析客户可投资资金的来源、性质，协助客户制定切实可行的投资目标。

【工作目标】

1. 继续练习与客户沟通的技巧，帮助客户树立正确的投资理念。

2. 了解客户现有的投资组合的信息。

3. 帮助客户进行风险偏好分析。

4. 帮助客户分析家庭预期收入信息。

5. 帮助客户整理投资确定目标。

【工作程序】

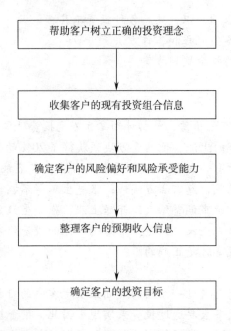

帮助客户树立正确的投资理念

↓

收集客户的现有投资组合信息

↓

确定客户的风险偏好和风险承受能力

↓

整理客户的预期收入信息

↓

确定客户的投资目标

训练一　帮助客户树立正确的投资理念

正确的投资理念是投资规划的起点。如果没有正确的投资观念，任何投资技巧都难以发挥作用。理财规划师首先自己要树立正确的投资理念，并且要与客户达成共识。

【知识要点】

一、风险与收益均衡的观念

任何投资都是有风险的，从理论上来说，收益是对风险的补偿。对一般投资者而言，投资的安全性是至关重要的。理财规划师在为客户指定投资规划的时候，一定要考虑客户的风险偏好、风险承受能力，根据客户的具体情况为其量身定做投资规划方案。

二、长期的观念

任何投资都会有一定的投资期限，一般认为，只有在较长期的时间内，才可以剔除由于投机引起的市场波动，只有长期的投资才最有可能获得与企业的长期经营业绩相对应的投资回报，才最有可能避免证券市场短期波动引起的额外风险，长期投资的风险和收益才最接近市场的风险和收益。许多投资品种的价值只有长期才能显示出来，如果整天在市场里进进出出，挣的钱可能还不够付手续费的。

三、分散投资的观念

通俗地讲，就是不要把所有的鸡蛋放在同一个篮子里，否则，篮子一破，所有的鸡蛋都碎了。分散投资有一些分散的标准和原则。一般来说，在金融品种上要分散，存款放一些，股票买一些，黄金备一些，因为不同金融品种的风险不一样，有时可以互相抵消；而在同一个金融品种里也可以分散，比如买不同类型的股票和期限不同的债券等。

但是，分散投资不是无穷分散。一些投资者采取了"到处撒网"的理财方式，让有限的资金过于分散，无法集中发挥作用，使得投资追踪困难或者分析不到位，最终收益一般。因此，分散要把握一个度。

 【案例分析】

张先生不认可中国的投资基金，他除了有一栋住房外，所有的资产全部投资在股票市场上，也不愿意购买保险，觉得关键是赚到足够的钱，保险是到年老了才应该考虑的问题。这是正确的理财观念吗？

分析：我们可以用哪些手段来帮助客户树立正确的投资理念？

训练二　　收集客户现有的投资组合信息

【知识要点】

反映客户现有投资组合的基本信息。这类信息反映了客户现有的资产配置状况，包括：金融资产和实物资产各占多大比重，各类资产中具体又有哪些投资产品。

【实训活动】

帮助客户编写投资组合细目调查表

张先生家庭现有存款 20 万元，债券 10 万元，年利率为 5%，已经购买了 2 年，基金市值 2 万元（被套）。全家住在一套 60 平方米的旧房中。当时购买成本是 20 万元，现在房价已经涨了两倍，请帮助张先生编制投资组合细目调查表

资产类别	当前价值	比重（%）
现金		
债券		
股票		
基金		
其他金融资产		
年金		
退休账户余额		
保险投资账户现值		
房产		

风险点提示：

理财规划师可以从已经绘制出的客户个人资产负债表的资产项目中得到客户所有类型的投资资产。但是要注意的是，客户投资组合的细表是以当前价值计算的，这就需要详细了解资产的市场价格，掌握客户所投资资产的现状。

训练三　确定客户的风险偏好和风险承受能力

【知识要点】

客户的风险承受能力是指客户在面对风险时，财力和精神上的忍耐程度，而客户的风险偏好则指客户对待风险的态度。一般而言，风险承受能力与个人财富、理财目标、教育程度、年龄、性别、婚姻状况和职业等因素密切相关。而风险偏好则更多的是个人的主观感受。

投资有涨有跌，特别是在投资的初期阶段，对每个人的心理冲击是很大的。每个人的风险承受能力都不一样，有的人比较激进，可以承受较大的风险；有的人非常保守，有一点亏损可能就会受不了。而理财规划是一个个性化很强的工作，需要根据不同的人进行设计。因此，在进行理财规划前，要了解客户的风险偏好和风险承受能力。一个优秀的个人理财规划师，应该首先考虑客户的风险承受能力，再在其风险偏好的基础上，为客户确定合理的风险水平。

风险承受能力和风险偏好这两者之间存在密切的关系，但又不完全相同。

【阅读材料】

风险偏好 vs 风险承受能力

曾几何时，香港电影中的赌片系列风靡国内。在投资市场里，也时常有人效仿"赌神"、"赌侠"的潇洒豪气，不顾风险，孤注一掷，求取一夜暴富。可惜，电影里的"赌神"们总是有难以想象的好运庇佑，而现实中的人们往往以惨败收场。

如同行军作战须知"兵马未动，粮草先行"，做投资的当知"投资未动，风险先行"。作为一名投资者，必须正确认知风险。

认知风险该如何作为？很多投资者在作基金、股票等投资的时候，都会先考虑风险，然后再作投资决定。然而由于个人考虑的出发点不同，一些投资者会根据风险偏好作投资，另一些投资者则会运用风险承受能力来决定投资，从而导致了投资收益的差异。

风险偏好指的是对风险的好恶，也就是你喜好风险还是厌恶风险。风险从本质上说是一种不确定性，确定了也就没有了风险。不同的投资者对风险的态度是存在差异的，如果你倾向于认为不确定性会给你带来机会的话，那么你属于风险偏爱型的；如果你倾向于认为不确定性会给你带来不安，那么你属于风险厌恶型的。

风险承受能力则是指一个人有足够能力承担的风险，也就是你能承受多大的投资损失而不至于影响你的正常生活。风险承受能力要综合衡量，与个人能力、资产状况、家庭情况、工作情况等都有关系，比如拥有同样资产的两个人，一个是"光杆司令"，一个却有儿女与父母要养，那两者的风险承受能力就会相差很多。

投资者应明了风险偏好不可等同于风险承受能力。风险偏好并不决定一个人的风险承受能力，反之，风险承受能力也不一定会改变风险偏好。风险偏好相反的两个人，可能有着同样的风险承受能力。

不同的人由于家庭财力、学识、投资时机、个人投资取向等因素的不同，其投资风险承受能力不同；同一个人也可能在不同的时期、不同的年龄阶段及因其他因素的变化，而表现出对投资风险承受能力的不同。因此，风险承受能力是个人理财规划当中一个重要的依据。

风险偏好是人们的一个主观考虑，这只是一个简单的个人喜好，对理性投资是不可取的。如果一个投资者在高收益的诱惑之下，根本不考虑自己的风险承受能力，一旦出现风险损失，那将会给投资者带来不良后果。

投资的成败首先取决于我们对风险的认知程度。只有冷静对待自己的风险偏好，下工夫认识清楚自己的风险承受能力，并根据自己的风险承受能力选择与自身风险承受能力相匹配的理财产品，才有利于投资者在有效控制投资风险的前提下，最终实现其投资目标。

资料来源：汇添富基金刘劲文：《证券时报》。

【资料链接1】

风险承受能力调查问卷（创业板类型）

1. 您的年龄？
A. 35 岁以下　　　　　B. 35～50 岁　　　　　C. 50 岁及以上
2. 您的健康状况？
A. 良好　　　　　　　B. 一般　　　　　　　C. 不够健康
3. 您接受的最高教育程度是？
A. 本科以上　　　　　B. 专科和本科　　　　C. 高中以下
4. 您的个人月均固定收入（证券收益除外）？
A. 1 万元以上　　B. 5 000～9 999 元　　C. 2 000～4 999 元　　D. 1 999 元以下
5. 您的证券类资产占您所能动用的资金百分比？
A. 30% 以下　　　　　B. 30%～60%　　　　C. 60% 以上
6. 您最长的投资时间？
A. 一年以上　　　　　B. 一年以内　　　　　C. 半年以内
7. 您在投资方面是否具备相当的证券知识或以往买卖证券的经验？
A. 丰富　　　　　B. 一般　　　　　C. 有限
8. 您曾经或正在做的投资产品？（可多选）
A. 期货　　　　B. 权证　　　　C. 股票　　　　D. 基金
E. 房产　　　　F. 债券　　　　G. 无
9. 您在投资过程中，最多能承受多少的亏损？

A. 30% 以上　　　　B. 20%～30%　　　　C. 10%～20%

10. 您在投资过程中，认为值得冒多大的风险去谋求相应的收益？

A. 50% 以上　　　　B. 30%～50%　　　　C. 30% 以下

11. 您投资证券的目的？

A. 希望长期持有，稳定增值

B. 觉得最近市场行情好，有机会获得专家建议赚取利润

C. 听到或看到宣传，想获得高的收益

D. 受到周边亲朋的赚钱效应的吸引

12. 您在投资过程中，如何进行操作？

A. 快进快出，赚取差额　　　　　　　B. 波段操作

C. 长期持有，获取分红收益

13. 您是否有固定、有效的信息来源，能及时地掌握各种股市信息，对信息是否有综合判断能力？

A. 是　　　　　　　B. 一般　　　　　　　C. 很少

14. 来到度假胜地，住到预先订好的旅馆房间后，轻松地喘了口气，试着打开窗户时，您想看到什么样的景色？

A. 可以看见远方有一座岛

B. 可以看见旅馆的游泳池和人群

C. 窗外是开阔的阳台，上面有五颜六色的花草

评分标准（选项后面为每题得分值）

1. A1　B2　C0

2. A1　B2　C0

3. A2　B1　C0

4. A3　B2　C1　D0

5. A2　B1　C0

6. A2　B1　C0

7. A2　B1　C0

8. A5　B4　C3　D2　E1　F0　G0（出现多选时以最大分值选项为准）

9. A2　B1　C0

10. A2　B1　C0

11. A3　B2　C1　D0

12. A2　B1　C0

13. A2　B1　C0

14. A2　B1　C0

评测结果定义：

1. 得分在 25～33 分且第二题未选 C：属于"风险承受能力很强"，该类客户可归为"激进型"等级。

2. 得分在20~24分且第二题未选C：属于"风险承受能力较强"，该类客户可归为"积极型"等级。

3. 得分在17~19分且第二题未选C：属于"风险承受能力中等"，该类客户可归为"稳健型"等级。

4. 得分在0~16分或第二题选C：属于"风险承受能力较低"，该类客户可归为"保守型"等级。

 【资料链接2】

客户风险承受能力调查问卷（基金公司版）

客户姓名：　　　　　　　　　　资金账户号：

职业：　　　电话/手机：　　　　　　　电子邮箱：

1. 某大企业想邀请您任职公司部门主管，薪金比现在高20%，但您对此行业一无所知，您是否考虑接受这个职位？

　　A. 不用想便立即接受

　　B. 接受职位，但却担心自己未必能应对挑战

　　C. 不会接受

　　D. 不肯定

2. 您独自到国外旅行，刚巧碰到一个十字路口，您会选择冒险试行其中一条路线，还是向其他人问路？

　　A. 自己冒险试行　　　B. 向他人问路

3. 您去看魔术表演，魔术师邀请观众上台参与表演，您会否立刻上台？

　　A. 会　　　　　　B. 不会　　　　　　C. 视情况而定

4. 您认为买股指期货会比买股票更容易获取利润。

　　A. 绝对是　　　B. 可能是　　　C. 可能不是　　　D. 一定不是

　　E. 不肯定

5. 如果您需要把大量现金整天携带在身上的话，您是否会感到非常焦虑？

　　A. 非常焦虑　　　B. 会有点焦虑　　　C. 完全不会焦虑

6. 您于上星期用25元购入一只股票，该股票现在升到30元，而根据预测，该只股票下周有一半的机会升到35元，另一半机会跌到25元，您现在会：

　　A. 立即卖出　　　B. 继续持有　　　C. 不知道

7. 同样的情况，您于上周用25元购买的股票现在已经跌到20元，而您估计该只股票有一半的机会于下周回升到25元，另一半机会继续下跌到15元，您现在会：

　　A. 即刻卖出　　　B. 继续持有　　　C. 不知道

8. 当您作出投资决定时，以下哪一个因素最为重要？

　　A. 保本　　　B. 稳定增长　　　C. 抗通胀　　　D. 短期获利

　　E. 获取高回报

9. 当您作出投资决定时，以下哪一个因素最不重要？

A. 保本　　　　　　B. 稳定增长　　　　C. 抗通胀　　　　D. 短期获利

E. 获取高回报

10. 您的投资期限是：

A. 3 个月　　　　　B. 半年到 1 年　　　C. 1 到 3 年　　　D. 3 到 5 年

E. 5 年以上

11. 您投资股票基金有几年的经验？

A. 不到 1 年　　　　B. 1 到 3 年　　　　C. 3 到 5 年　　　D. 5 年以上

12. 若把您所有的流动资产加起来（银行存款、股票、债券、基金等），减去未来一年内的非定期性开支（如结婚、买车等），约等于您每月收入的多少倍？

A. 20 倍以上　　　　B. 15 到 20 倍　　　C. 10 到 15 倍　　　D. 5 到 10 倍

E. 2 到 5 倍　　　　F. 2 倍以下

以上投资者风险承受能力调查问卷为本人亲自填写，并保证信息真实有效。

客户签名：　　　　　　　　　　　　　　　　　　年　月　日

《投资者风险承受能力调查问卷》评分标准及分类

一、评分标准

题目＼答案	A	B	C	D	E	F
1	15	11	0	6		
2	11	0				
3	11	0	5			
4	7	5	2	0	3	
5	0	3	7			
6	0	13	7			
7	0	14	7			
8	0	3	7	10	13	
9	9	7	4	2	0	
10	0	1	2	3	4	
11	1	2	3	4		
12	12	10	8	6	4	0

二、分类标准

A. 97 分及以上：风险承受能力很高

B. 73～96 分：风险承受能力较高

C. 49～72 分：风险承受能力一般

D. 25～48 分：风险承受能力较低

E. 24 分及以下：风险承受能力很低

【实训活动】

学生分别扮演成理财规划师和客户经理，分别利用上述两种版本的调查表格，为对方做风险承受能力测试。要注意的是客户的风险承受能力需要通过客户的年龄、婚姻、工作、财产状况、收入等来综合判断。最常用的方法是利用调查问卷来判断客户的风险承受能力。

训练四　整理客户的预期收入信息

【知识要点】

理财规划师在对客户的预期收入进行预测的时候，需要掌握的信息主要有反映客户当前收入支出状况的目前日常收入支出表、客户个人现金流量表。然后由此计算出客户日常收入支出比、结余比例。对特定客户而言，这一目标具有一定的稳定性。通过现金流量表，我们可以知道客户的收入由经常性收入和非经常性收入共同构成，出于谨慎考虑，理财规划时，主要对经常性收入部分即对客户的工资薪金、奖金、利息和红利等项目的未来变化情况进行预测。

【实训活动】

请帮助自己的家庭分析预期收入。

训练五　确定客户各项投资目标

【知识要点】

投资目标是指客户通过投资规划需要实现的目标或者期望。客户往往不能明确地指出自己的投资目标，需要理财规划师通过适当的方式，逐步加以引导，帮助客户将模糊的、混合的目标逐渐具体化。

一、投资目标的分类

客户的投资目标按照时间进行分类，可以分为短期目标、中期目标和长期目标。

短期目标是指在短期（1年以内）能够实现的目标。短期目标一般需要客户每年或者每两年进行重新制定或修改，如装修房屋、休闲旅游、购买电器等。

中期目标一般指需要 1~10 年才可能实现的愿望。如子女的教育目标等。

长期目标是指需要 10 年以上才能实现的目标。如中年人的退休养老目标。

二、确定投资目标的原则

1. 投资目标要具有可行性。合理的理财目标应该是有一定高度，但经过努力是完全可以实现的。这样的理财目标需要根据当前各相关市场的实际收益和风险状况来制定。比如，只想获得稳定收益、不愿意冒任何风险时，那就要以一年定存利率和 CPI（居民消费价格指数）为参考制定理财收益目标，提出稍高于这一基准的理财收益目标。

当然，如果你愿意冒风险，可以将股票指数的收益和风险作为参考，制定预期收益目标和风险控制目标。只有建立在市场实际收益和风险状况基础上的理财目标才切合实际，有可能实现。

2. 理财目标要有明确的实现期限和金额。现实生活中，人们有很多梦想：我想买下一栋别墅，我想拥有一辆名车，我想到欧洲旅游一次，我想送孩子出国留学，等等。但大多数人对于自己的梦想只是停留在"想想"的层面，对于具体的目标是什么，在什么时间实现这个目标，如何来实现这个目标，他们并没有具体的计划。理财规划师需要帮助客户将这些具体的目标用时间和现金表示出来。

三、确定理财目标的流程

1. 目标的订立。把你的诸多美好愿望都列举出来，并对你所列举的愿望做一些具体分析，看看哪些需要划掉，最后将自己的美好愿望具体化。确定明确的实现时间，用现金进行表示和计算。

2. 排定目标实现的顺序。大部分客户一般会比较重视短期目标而忽视长期目标，但实际上长期目标往往是基本目标，是生活中金额比重较大、时间较长的目标，如养老、购房、买车、子女教育等。为了确保基本目标的实现，要把筛选后的理财目标转化为一定时间能够实现的、具体数量的资金量，并按时间长短、优先级别进行排序，确保基本理财目标放在首要完成的位置上。

3. 目标分解和细化，使其具有实现的方向性。制订理财行动计划，即达到目标需要的详细计划，如每月需存入多少钱、每年需达到多少投资收益等。有些目标不可能一步实现，需要分解成若干个次级目标，设定次级目标后，你就可以知道每天努力的方向了。

 【阅读材料】

储备养老金

三种常见的理财目标：养老金储备、教育储备及应急储备。许多个人投资基金是出于长期理财目标的考虑，尤其是储备养老金。据测，如果个人退休后的生活质量要与退休前相差不大，那么其退休后收入至少应该有他退休前的税前收入的70%～80%。如果计划在60岁退休，那么至少要准备22年的养老金，因为对60岁的人而言，平均寿命预期是82岁，而且呈上升趋势。最理想的状况是，个人通过多种途径来储备养老金，比如社会保险金、企业养老金和个人储蓄（包括个人养老账户投资理财）。许多父母或者祖父母投资基金是为了孩子将来上大学的费用做准备。对教育储备而言，投资期限格外重要。如果您在孩子一出生就开始储备，那意味着有18年的投资期限。应急储备是为了满足难以预料的紧急支出需求。许多投资者用货币市场基金来做应急储备。单独投资货币市场基金，或者同时投资于债券基金，都是短期投资的理想选择。

【实训活动】

请确定自己家庭的理财目标。

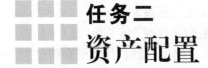

任务二
资产配置

资产配置是根据客户的投资目标和对风险收益的要求，将客户的资金在各种类型的资产上进行配置，确定用于各种资产的资金比例。

【工作目标】

1. 掌握不同风险属性的客户的证券资产配置原则。
2. 能够为不同的客户确定资产配置比例。

训练一　不同生命周期的证券投资选择

【知识要点】

一、生命周期分类

在确定和分析消费者金融需求方面，家庭生命周期是比年龄更重要的因素。根据理财的需要，一般来说我们将人生分为五个时期。

1. 单身期。单身期指从参加工作至结婚的这段时期，一般为 2 ~ 8 年，这时个人的年龄一般为 22 ~ 30 岁之间。

2. 家庭形成期。家庭形成期指从结婚到新生儿诞生的这段时期，一般为 1 ~ 3 年，这时个人的年龄一般为 24 ~ 38 岁之间。

3. 家庭成长期。家庭成长期指子女出生到子女完成大学教育的这段时期，一般为 18 ~ 22 年，这时个人的年龄一般为 25 ~ 41 岁之间。

4. 家庭成熟期。家庭成熟期指子女参加工作到个人退休之前的这段时期，一般为 10 ~ 15 年，这时个人的年龄一般为 43 ~ 63 岁之间。

5. 退休期。退休期指退休后的这段时期，这时个人的年龄一般为 55 岁以后。

二、不同生命周期特点

1. 单身期。单身期指从参加工作至结婚的这段时期，一般为 2 ~ 8 年，这时个人的年龄一般为 22 ~ 30 岁之间。这一时期，个人刚刚迈入社会开始工作，大多有自己独立的收入，尽管收入水平一般不高，但由于没有什么经济负担，因此可支配的收入较多。但是，单身期的个人大多具有以自我为中心的消费倾向，其消费和开支比较大。而这一时期又往往是家庭资金的原始积累期，个人进修、结婚创业等成为这一时期个人的主要理财目标。因此，这一时期的个人应该是积极寻找高薪职位并努力工作，此外也要广开财源，尽量每月能有部分结余，进行小额投资，一方面尽可能多地获得财富，另一方面也为今后的理财积累经验。同时，这一时期的个人风险承受能力最高。

2. 家庭形成期。家庭形成期指从结婚到新生儿诞生的这段时期，一般为 1 ~ 3 年，这时个人的年龄一般为 24 ~ 38 岁之间。这一时期，个人组建了家庭，伴随子女的出生，经济负担加重。对于双薪家庭，经济收入有了一定的增加而且生活开始走向稳定。在这个阶段，尽管家庭财力仍不是很强大，但呈现出蒸蒸日上的趋势。而这一时期又是家庭的主要消费期，购房、子女教育等成为这一时期个人的主要理财目标。因此，这一时期家庭最大的支出一般为购房支出，对此应进行仔细规划，使月供负担在自己的经济承受范围之内。另外，此时应开始考虑子女高等教育费用的准备，以减轻子女接受高等教育时的资金压力。同时，这一时期的个人风险承受能力较高，但是低于单身期的个人风险承受能力。

3. 家庭成长期。家庭成长期指从子女出生到子女完成大学教育的这段时期，一般为 18 ~ 22 年，这时个人的年龄一般为 25 ~ 41 岁之间。这一时期，家庭成员不再增加，整个家庭成员的年龄都在增长，经济收入增加的同时花费也随之增加，生活已经基本稳定。随着子女的自理能力增强，父母精力充沛，又积累了一定的工作经验和投资经验，投资能力大大增强。但子女上大学后，由于高等教育支出的增加，家庭支出会有较大幅度上升。这一时期，保健医疗、子女教育等成为个人的主要理财目标。同时，这一时期的个人风险承受能力适中。

4. 家庭成熟期。家庭成熟期指子女参加工作到个人退休之前的这段时期，一般为 10 ~ 15 年左右，这时个人的年龄一般为 43 ~ 63 岁之间。在这个时期，家庭已经完全稳定，子女也已经经济独立，家庭收入增加，支出减少，资产逐渐增加，负债逐渐减少。此时个人的事业一般处于巅峰状态，但身体状况开始下滑。这一时期，扩大投资、准备养老金等成为个人的主要理财目标。同时，这一时期的个人风险承受能力下降。

5. 退休期。退休期指退休后的这段时期，这时个人的年龄一般为 55 岁以后。进入退休期，个人肩负的家庭责任减轻，锻炼身体、休闲娱乐是生活的主要内容，收支情况表现为收入减少，而休闲、医疗费用增加，其他费用降低。这一时期，个人最主要的目标就是安度晚年，享受夕阳红，并开始有计划地安排身后事，医疗保健等成为个人的主要理财目标。同时，这一时期的个人风险承受能力较低。对资金安全性的要求远远高于收益性。

三、不同生命周期整体的证券投资策略

风险资产占投资组合的比例，国际上的经验公式为：（100 - 年龄）×100%。比如今年 20 岁，那么风险资产占得比例大约（100 - 20）×100% = 80% 左右；如果是 60 岁，那么就是（100 - 60）×100% = 40% 左右。

1. 单身期。这一时期的风险承受能力最强，因此风险资产比重应占据投资组合一个较大的比例。一般来说，单身期的个人理财最优投资组合为定期存款、国债等无风险资产投资比例 30%，而风险资产的比例为 70%。当个人处于单身期时，风险承受能力较强，因此在投资策略上应选择侧重于风险资产的投资组合。

2. 家庭形成期。这一时期的个人理财投资策略中，风险资产的比重仍应占据投资组合一个较大的比例，但小于单身期的投资比例。一般来说，这时候风险资产的占比为60%。定期存款和国债的投资可以适当提高。

3. 家庭成长期。本时期的最优投资组合为风险资产和无风险资产各占50%。即定期存款、国债、可转让大额存单等无风险资产共占投资比例50%，而股票型基金、公司债券、股票等风险资产投资比例合计占比也是50%。当个人处于家庭成长期时，风险承受能力适中，因此在投资策略上应选择无风险资产和风险资产并重的投资组合。

4. 家庭成熟期。这一时期的个人理财投资策略中，应适当降低风险资产的比重，以获取更加稳健的收益。因此本时期无风险资产要占到60%左右的比例。股票型基金、公司债券、股票的投资比例合计占比只能在40%左右。

5. 退休期。当个人处于退休前期时，风险承受能力相对较弱，为了与这一时期的风险承受能力相匹配，因此在投资策略上应选择侧重无风险资产的投资组合。退休期的个人理财最优投资组合为定期存款、国债的等无风险资产的投资比例为70%左右，而股票、基金等风险资产的比例萎缩为30%。

 【阅读材料1】

表 7-1　　　　　　　　　　不同投资产品历史收益对比表

	黄金	上证国债指数	上证企业债券指数	道琼斯工业指数	纳斯达克指数	上证指数
周期	1975.1—2017.1	2003.1—2017.1	2003.6—2017.1	1896—2017	1971—2017	1990—2017
累计净值	585.7	160.86	209.45	—	—	—
年化收益率（%）	4.7	3.7	5.5	5.3	9.4	14.3

1975年1月国际黄金价格为175美元/盎司，2017年1月黄金平均价格为1200美元/盎司，42年的时间，年化收益率是4.7%，长期来看，遇到恶性通胀时期，黄金也未必一定可以跑赢通胀。如果将时间再拉长一些，收益表现可能会更差。上证国债以2003年1月3日为基点，累计净值为160.86，年化收益率约3.7%。上证企业债券指数以2003年6月13日为基点，累计净值为209.45，年化收益率约5.5%。国债基本可以看作是刚性兑付，所以收益率较低。企业债风险较大，收益率较高。道琼斯工业指数（1896—2017）：从1896年算起，道琼斯指数的年均涨幅是5.3%，如果从1932年大萧条的最低点投资算起，年平均涨幅是7.65%。如果从1973—1974年石油危机最低点投资算起，年平均涨幅是8.8%。可以看出，正所谓危中有机，每一次大的经济危机所造成的市场恐慌，都是股票市场买入的良机。纳斯达克指数（1971—2017）：从1971年算起，纳斯达克指数的年均涨幅是9.4%，因为在纳斯达克上市的都是新技术产业，而过去的几十年，是新技术产业发展最快的年代，所以纳指的年均涨幅会高很多，这也从侧面证明了股市的确是经济的晴雨表；如果从1971年开始算，到2000年互联网泡沫时纳指的第一次山顶位，年均涨幅高达14.5%。

资料来源：雪球网。

【阅读材料 2】

不同生命周期的个人风险承受能力调查

评估投资者的风险承受能力是一项非常复杂的工作，一般采用定量分析与定性相结合的方法对个人投资者的风险承受能力进行测定。本文旨在研究我国居民在各生命周期的个人理财投资策略，关注的是投资者的群体效应。因此，本文将通过设计问卷对个人理财者的风险承受能力进行定量分析，并结合对投资者的年龄、财富状况、家庭状况等信息的定性分析，对我国居民个人理财风险承受能力进行测定。本文参考《国家理财规划师》一书中的个人理财风险承受能力调查问卷，设计 11 个封闭式问题，对个人投资者的风险承受能力进行定量分析，共发放问卷 500 份，回收 468 份，回收率为 93.6%。应用 Excel 对数据进行处理，步骤如下：

1. 将每份问卷中 11 道题目的答案进行加总，得到每个人的风险承受能力得分。

2. 将各个生命周期中每个人的风险承受能力得分进行加权平均处理，得到各生命周期的风险承受能力数值。结果如表 7 - 2 所示。

表 7 - 2　　　　　　　　　生命周期与风险承受能力调查表

生命周期	风险承受能力分值
单身期	81.16
家庭形成期	73.15
家庭成长期	69.47
家庭成熟期	52.23
退休期	34.71

由表 7 - 2 可知，随着年龄的增长，个人的风险承受能力是逐步降低的，符合生命周期理财理论，单身期的人没有家庭，没有负担，能够承担最大的风险；而成立家庭，负担随之加重，尤其是抚养下一代的压力较大，个人抗风险能力减弱；退休或者临休阶段，个人又要面临养老的压力，个人的身体机能减弱，人们的大部分钱财花费在治病养老上，中国目前的养老保障体制不能很好地满足人们退休后的养老需要，很大一部分需要个人来承担，所以在此阶段，人们的风险承受能力是最弱的。

资料来源：西安科技大学硕士论文。

【案例分析】

一、家庭成员基本资料

*姓名	孙小姐	*性别	女
*年龄	22	*职业	职员
*学历	中专	*所在省市	四川成都
*E - mail		健康状况	良好
住房情况及来源	暂无购住房		

二、家庭资产负债表

资产		负债	
现金及活期存款	5 000	信用卡贷款余额	0
预付保险费	0	消费贷款余额	0
定期存款	0	汽车贷款余额	0
国债	0	房屋贷款余额	0
企业债券、基金及股票	15 000		
房地产	无	其他	2 000
汽车及家电	无		
其他			
资产总计	20 000	负债总计	2 000

三、家庭月度现金流量表

收入		支出	
本人收入	1 200	房屋支出	0
其他家人收入		公用费	0
其他		衣食费	500
		交通费	100
		医疗费	
		其他	
合计	1 200	合计	600

分析：孙小姐目前处于单身期，每月结余率在50%，按照地方平均消费水平与收入状况来看这个比例还是比较合理，可以看出孙小姐平时消费方面控制得很好，每月有一半的结余可供储蓄。资产负债比目前是10%，而且金额较小目前来看没有对生活造成较大压力，属财务安全状态。投资净资产比目前是0.83，从这个比例分析可以得到孙小姐目前属于进取型的投资人，这也完全符合她目前所处的生命周期。个人目前无任何保险，正处于风险裸露状态，对日常生活无任何保障。针对以上情况为孙小姐所制订的投资规划如下。

由于孙小姐目前承受风险的能力比较强，因此在投资策略上可以选择较为进取的方式进行资产配置。鉴于孙小姐对投资产品的了解程度，建议投资产品主要选择在基金方面，将现有投资金额比重按照1:2:5:2分别投入在国债、债券型基金、股票基金以及股票上。

【实训活动】

分析自己家庭所处的生命周期，并为自己的家庭做资产配置。

训练二 根据理财目标来确定资产配置

【知识要点】

每个人的一生都有多种不同的理财目标，有短期的，也有中期、长期的。一般来说，不同期限的理财目标选择的投资工具也不同，如短期理财目标用短期投资工具，中长期理财目标用中长期的理财工具。这样会使投资品种与预定的投资期限相匹配，更容易达成自己的理财目标。

例如，3个月后要用的钱是绝对不能用来做高风险投资的，可以做一个7天通知存款，或者购买货币市场基金，而不要为了贪求高收益去冒险一搏，那样只会损害你的理财目标的实现。

反之，3年后要用的钱，如果不用来中期投资，而仅仅是放在银行里做定期存款，则会失去获得更高回报的可能。

【案例分析】

张先生有100万元资金，本来是准备还房屋贷款的，可是又担心如果还了房贷，以后有急用的时候再找银行贷款就难了。张先生希望能够做一个组合投资，风险不要太大，又能获得6%左右的投资回报，能跑赢贷款利率。

分析：根据美国股票市场的数据，30年股票的平均投资报酬率在10%左右，股票型基金的投资报酬率在8%左右，债券型基金的投资报酬率在4%左右。

张先生的房屋贷款是25年的长期贷款，可以承受证券市场的短期波动，根据张先生的投资目标，建议其购买50%的债券基金，30%的股票基金，20%的股票，这样长期的平均报酬率为：50%×4%+30%×8%+20%×10%=6.4%。

【实训活动】

李先生的母亲生病了，他兄弟姐妹凑了10万元的医疗费，但是还有5万元的缺口，李先生找到一个理财规划师，想让其帮助理财，在3个月内，通过理财将资金变为15万元，他的理财目标能够达到吗？理财师该如何做？

任务三
证券产品的选择

在这一阶段，理财规划师要根据证券组合投资的方案，帮助客户选择正确的证券产品，一般来说，目前国内最常见的证券产品就是债券、基金和股票。

【工作目标】

1. 掌握债券、基金、股票的基本知识。
2. 了解债券、基金、股票的选择原则和交易方式。
3. 能够帮助客户按照证券组合投资规划，选择合适的证券产品。

训练一　债券的选择

发债机构通过投资银行（证券公司）等中介机构，在一级市场将债券卖给那些机构投资者，随后投资者在二级市场交易债券。债券持有者可以获得发债机构发放的利息，还可以赚取价差。作为一种防御型的投资品种，它是非常不错的选择。

【知识要点】

一、债券要素

发行机构：国家、金融机构、企业等。

面值：一般为 100 元。

期限：起点是债券的发行日，终点是债券上写明的本金偿还日期。

票面利率：写在票面上，其与面值的乘积就是一年的利息收入。

付息方式：有到期一次性支付、按年支付、半年支付一次和按季付息等几种形式，票面上写明。

价格：有发行价格和转让价格之分。前者指发行时购买的价格，可以和面值不同；后者就是二级市场买卖价格，处于不断变化之中，从理论上讲其由面值、收益和供求等因素来共同决定。

投资收益率：收益率 =（债券价差 + 所得利息）÷ 购买价格。需明确，如果投资收益不等于投资利息收入，利息率就不等于收益率。

二、债券的种类

总体来说，债券是低风险、低收益的产品，但不同债券的风险收益也会有一些差异。其中国债的风险最低，利率也最低，其次是金融债和公司债，近几年出现的可转债是风险最高的，在一定情况下，可转换成股票。

假设你的两个朋友分别向你借 2 万元，期限为 10 年，你怎么办？对还钱不及时并且有可能赖账的朋友，你就只好要求高一点的利率，时间越短越好；对还钱及时的朋友自然没那么多考虑了，且利率也可以低些。实际上，债券也是这样。国家赖账的可能性比金融机构小，而金融机构又比企业小，不同的企业赖账的可能性又有不同，因此把钱借给国家，利息自然就别指望比企业高。同样，借的时间越长，利息就越高；时间短，利息就低些。

（一）国债

在所有债券中，国债我们见得最多。目前，国债主要分为两种，凭证式国债和记账式国债。

1. 凭证式国债。凭证式国债有欠条凭证，利息从购买之日开始计算。好是好，但要"一买定终身"；最大的缺点就是不能转卖给他人。如果提前支取，就要损失很多利息。如有的国债持有不满半年兑付时，不但不计利息，相反还要扣除千分之一的手续费。如果持有到期，比同期银行存款利息高，并且不用交税。但是，如果债券到期而没有兑现的话，是没有额外利息的。

2. 记账式国债。记账式国债大大优于凭证式国债，它没有实物凭证，多以电子形式记账。一样安全，更灵活，可随时通过交易所或银行柜台买卖，持有期利息照拿不误，不用像凭证式国债那样只有持有到期才能保证利息不受损。

（二）可转债

可转债更为复杂一些，其要素如下所示。

风险：低。

流动性：一般。

收益：根据具体转债品种而有所不同，有时候收益甚至能翻番。

所属类型：保本和收益兼备的全能型投资。

投资方法：股市低迷时突出其债券性质，持有到期或者在市场上交易；股市处于上升期，转债价格往往和股价联动，符合条件后可转股。

获益方式：持有到期获得票面利率，直接在交易所买卖可转债获差价，通过转股实现套利。

可转债是一种可以转换的债券，它首先是一种债券，因此可转债有固定收益债券的一般性质，具有确定的债券期限以及定期息率，能够为投资者提供稳定的利息收入和还本保证。有些可转债还附加了利息补偿条款，如果赶上加息，其收益率也会做相应调整。

可转债的另一个特别的性质就是"股票期权"，具体分为自愿转股、有条件强制性转股和到期无条件强制性转股。总体而言，投资者在转股期内有选择权——继续保留可转债等待到期日，或者将其转换为股票，也可以在交易所将可转债抛售。换句话说，可转债包含了股票买入期权的特征，投资者通过持有可转债可以获得股票上涨的收益。投资可转债的收益其实主要来源于它的这种特殊的性质。

和普通债券不同的是，可转债交易价格常常波动幅度巨大，且波动方向往往和其股价保持一致，如果股票被市场看好，可转债价格也能水涨船高。因此，如果投资者能够把握恰当时机，投资可转债亦能带来巨大收益。

目前，国内公司发行可转债需要满足相当严格的条件，这就决定了发行可转债的上市公司均为银行、公用事业（诸如水电、能源、交通运输）、冶金、化工、纺织等优势行业中的优秀企业，它们具备良好的盈利能力和偿债能力，从而基本保证这些企业发行的可转债具备良好的投资价值。

三、债券收益与风险分析

（一）收益与风险结伴而行

除了债券的票面利率外，债券还有两个收益率：一个是到期收益率，一个是实际收益率。

到期收益率是指投资者在二级市场上买入已经发行的债券并持有到期满为止的这个期限内的年平均收益率：

$$收益 = 到期后的面值 + 利息收入（持有阶段的）- 购买价格$$

实际收益率计算要复杂些。

例：某期国债，面值 100 元，10 年到期，利率是 3.2%。就是说国家现在向你借 100 元，10 年后还给你，10 年内每年支付利息 3.2 元。但是，100 元只是标价，可以允许买主有讨价还价的余地，有时你可以按打折价买，有时按标价买，但有时你还得溢价买，这就引出实际价格和实际收益率这两个概念。比如说你购买的实际价格是 90 元，实际收益率就是用利息（3.2 元）除以实际价格（90 元），也就是 3.6%。当然，这是假设到时候你依然将国债以 90 元的价格卖出去的实际收益率。如果卖出价格有变的话，还得加上此差价才能算出真正的实际收益率。一般来说，类型相同、到期日相近的债券，实际收益率相差不大。

一般而言，债券的收益率和期限成正比，这和存贷款是一样的道理。债券还有其特殊之处，因为债券毕竟是有风险的，到期本金不是百分百能收回，因此需要一定的补偿。但是，并不是随着时间越长，补偿越高，原因在于债券受国家宏观经济走势影响巨大，而宏观经济走势是有周期的。在一个债券的生命期内，可能经历几次大小不同的经济周期。

假设你花 100 元买了 10 年到期、利率 3.2% 的新国债。过了一年，市场利率上升到 5%。根据价格和利率反作用的原理，债券价格可能降到了 96 元，这样排除利息所得（实际上利息也是很少的），你的投资就亏了 4 元。此外，如果债券的利率不如通货膨胀高，那么实际上你的投资极有可能就是亏的，因为你得到的钱的购买力下降了。以前，我国就面临过这种情况，1995 年前后，我国通货膨胀率高达 10% 以上，为了恢复投资者对国债的信心，我国就曾经对国债进行过贴息，使之高过通货膨胀率。

（二）债券的评级

要判断某债券是优还是劣，违约可能性有多大，必须对发行该债券的企业进行系统、专业地分析。企业的资本状况、资产质量、管理效率、盈利能力、流动性水平，甚至企业管理者的素质、宏观经济未来走势等，都会影响企业最终还本付息的能力。所以，要区分债券好坏，需要专业人员和专业的评级机构。

目前，一般都是参照美国标准普尔和穆迪两家权威评级机构的做法，把债券信用划分为九个等级。

AAA：最高级，保证偿还本息；

AA：高级，还本付息能力高；

A：中上级，具备较高的还本付息能力，但与上面两者相比，易受经济变化的影响；

BBB：中级，具备一定还本付息能力，但需要一定的保护措施，一旦有变，偿还能力减弱；

BB：中下级，有投机性，不能认为将来有保证，对本息的保证是有限的；

B：下级，不具备理想投资条件，还本付息可能性小，有投机因素；

CCC：信誉不好，可能违约，危及本息安全；

CC：高度投机性，经常违约，有明显缺点；

C：等级最低，经常违约，根本不能作真正的投资。

有了债券评级机构，投资者就可以对不同等级的债券支付不同的价格：等级高的债券，价格高，而等级低的债券，价格低。对于发行债券的公司而言，如果自身信用良好，利率就可以低些，发行成本也低；而如果自身信用不好，自然给出的利率就高，因此债券发行的成本也就高了。作为投资者，需要自己权衡好风险和收益。

四、债券价格的确定

（一）市场利率和债券价格

资本市场的实际利率总是在变，这决定了债券市场的利率也在不断变化。资本市场的实际利率主要受通货膨胀率和各种存贷款利率的影响。一般来说，这两者是呈反作用变化的。市场利率高，债券价格就低；市场利率低，债券价格就高。可以说，两者玩起了"跷跷板"。

比如说你按票面面值100元买了某10年期的国债，利率是3.2%。如果市场利率上升，所有新发行的10年期国债利率都以5%的利率发行，5%表明你每年都可以得到5元利息。那么，如果由你选择，是抛掉手中的债券买新的，还是保持不动？如果价格是一样的话，你当然会抛掉手中的债券。这样抛的人多了，该债券价格自然就要下跌了，低于100元；而利率5%的新国债因买的人多就不止100元了。如果市场利率下跌，新发行的国债利率是2%，那么，新的国债以100元的价格出售就卖不出去了，大家都会去抢原来利率为3.2%的国债，有可能把它的价格抬升到100元以上。所以，作为普通投资者，在国家可能涨息的情况下，应该静观其变，不要盲目地去抢新发的债券，因为利息真涨了的话，按照"跷跷板"原理，你买的债券价格将会跌下来。

如何判断市场利率的高低走势呢？首先我们要看国家的货币政策。当中央银行判断经济过热时，可能会公开向商业银行等金融机构卖出债券（主要是短期国债），这就是中央银行的公开市场业务，这时市场上的债券增多，债券价格就会下降；而当中央银行判断经济萎缩时，中央银行就会买入债券，这时债券价格就会上涨。

同样，物价的涨跌也会引起债券价格的变动。当物价上涨速度较快时，人们出于保值的考虑，往往会将资金投资于相对能够保值的房地产、黄金或其他可以保值的物品，这时债券就会受冷落，价格自然下跌。

总之，关于债券等和市场利率的关系，需要记住两者变动方向是相反的：利率上升，债券价格下跌；利率下跌，债券价格上升。

此外，债券价格变化的程度还和债券的剩余期限有一定关系。一般来说，假设利率变动幅度相同，剩余期限越长的债券价格变化越大。实际上，很多投资者投资债券希望赚差价而非持有到到期日，这就需要投资者密切跟踪行情，精心计算，对利率走势进行判断和分析。

（二）债市与股市

债市和股市也总在玩跷跷板，你高我低，你低我高。因为债市与股市对经济发展的反应恰好相反，对于股市是好消息，对债市可能就是坏消息。不管股市也好，还是债市也好，都是企业筹钱的地方，两者在一定程度上是竞争关系，如果股市筹钱成本低，大家都跑到股市上去了，债市就冷清了。反之则相反。当然，债市和股市有时也会同涨同跌，这往往是由于整个资本市场的发展受到重大影响，比如国家出台了一项重大的政策，鼓舞了投资者对资本市场的信心等，这样两者同涨；如果新政策使大家信心不足，就可能两者同跌。

因此，在投资债券的时候应该密切关心股市的情况。比如我国曾经出台了一个对股市很有利的政策，股市一夜之间出现了疯狂上涨的井喷行情。在股市的催化作用下，债市猛然陷入了为期一天的短暂暴跌，有些债券甚至一天就跌了2%，这对于有些债券来说可是一年的收益。所以，债券投资者不能对股市不闻不问，而应该眼观六路、耳听八方，密切注视市场利率、股市等，方能如鱼得水。

五、债券的买卖

债券交易方式很多，可以分为现货交易、回购交易、期货交易和期权交易，其交易过程也各不相同。

1. 债券现货交易。债券现货交易相对比较简单，先按市价买入债券，过一段时间再卖出，主要赚取差价。

2. 债券回购交易。

（1）回购交易（先卖出后买回）。你和买方签订协议，卖给他债券，拿对方的资金去作其他收益更大的投资。期间你只需按商量好的利率支付给对方利息，日后在协议规定的时期以协议约定的价格将债券再买回来。

（2）逆回购交易（先买入后卖出）。你和卖方签订协议买入他的债券，卖方按商量好的利率支付给你利息，日后你在协议规定的时期以协议约定的价格将债券再卖回给对方。

一般来说，回购交易是卖现货买期货，逆回购交易是买现货卖期货。实际上，这种有条件的债券交易是一种短期的资金借贷，是一种融资手段。回购和逆回购协议的利率是你和对方根据回购期限、货币市场行情以及回购债券的质量等因素议定的，与债券本身的利率没有直接的关系。

3. 债券期货交易。当你估计手头的债券价格有下跌的趋势时，为规避风险，你和某买方签订成交契约（标准化的期货合约），按照契约规定的价格，约定在一段时间后再交割易主；当你估计某种非自己持有的债券价格将要上涨时，你可以和某卖方签订成交契约（标准化的期货合约），按照契约规定的价格，约定在一段时间后再交割期货。

当然，如果情况和你估计的相反时，你就不能等到交割的那一时刻了，可以在期货到期前的任一时间内做笔金额大致相等、方向相反的交易来对冲了结。

4. 债券期权交易。期权交易是一种选择权的交易，双方买卖的是一种权利，即双方按约定的价格，在约定的某一时间内或某一天，就是否购买或出售某种债券而预先达成契约的一种交易。

六、债券投资技巧

（一）在一二级市场的不同投资方法

投资者在一二级市场可以采取不同的投资方法。

1. 在一级市场持有到期，在债券发行期买入债券，而后在到期日拿回本金和利息。首先，由于持有到期时间比较长，故需考虑偿还风险。国债最为可靠，但这同时也意味着回报率不可能太高。其次，如果选择持有到期，还必须考虑利率风险的问题，尤其是在因通货膨胀引起的加息周期中。这意味着，长期债的风险非常高。因此建议投资者尽量买中短期债券，其中以 2 年期到 5 年期最为合适。

2. 在二级市场买卖，利用债券价格本身的波动，低吸高抛，赚取差价。应从两个方面密切关注市场形势。

（1）宏观层面。未来经济、物价走势是决定债券投资策略的首要因素，或者说，主要是考虑加减息的可能性。

（2）市场层面。重点考察市场中各券种收益率的变化情况，分析各期限品种的收益率差距，买入收益率优势较大的品种。

此外，还必须考虑到对市场的"预期"因素，这在长期债券上表现尤其明显，当预期收益率水平下降时，债券价格就会相应上升。

（二）两种组合投资法

对于普通投资者来说，有两种组合投资法较为常用：梯子形投资组合法和杠铃形投资组合法。

1. 梯子形投资组合法。假定有从 1 年期到 5 年期的债券共 5 种，你这时有 5 万元，那么就每种都买 1 万元。当有债券到期收回本金 1 万元后，再用它买进一种 5 年期的债券。

如此反复，这个投资者每年都有 1 万元的债券到期。这种方法的原则就是尽量不要在债券到期前卖出债券，这样就能不断地用到期的资金灵活地享受最新的高利率。即使利率下降，因为投资期限错开了，风险也不大。

2. 杠铃形投资组合。这种投资模型两头大、中间细，集中将资金投资于短期债券和长期债券上，不买入中期债券。买短期债券是为了保证债券的流动性，而持有长期债券是为了获得高利息。投资者也可以根据市场利率水平的变化而变更长短期债券的持有比例。当市场利率水平上升时，可提高长期债券的持有比率；利率水平下降时，可降低长期债券的持有比例。

总之，具体采取什么样的投资策略，取决于自己的专业水准和其他条件。对于以保值为目的、又不太熟悉国债交易的投资者来说，采取"冷炒法"较为稳妥，就是指在合适的价位买入国债后，不去管它，一直拿到底。而对于那些熟悉市场并且希望获取较大收益的人来说，可以采用"热炒法"，即根据国债价格走势，低价买进、高价卖出，赚取买卖差价。

【实训活动】

学生开通模拟证券交易账户，进行模拟债券交易。

训练二 基金的选择

证券投资基金是指通过发售基金份额，将众多投资者的资金集中起来，形成独立财产，由基金托管人托管，基金管理人管理，以投资组合的方法进行证券投资的一种利益共享、风险共担的集合投资方式。证券投资基金是主要的证券投资品种。

【知识要点】

一、证券投资基金的品种

按照投资对象不同，证券投资基金可以分为如下品种。

1. 股票基金。股票基金是最主要的基金品种，以股票作为主要投资对象，包括优先股票和普通股票。根据《证券投资基金运作管理办法》规定，60%以上基金资产投资于股票的基金称为股票基金。股票基金的主要功能是将大众投资者的小额资金集中起来，投资于不同的股票组合，投资目标侧重于追求长期资本增值。

按照投资标的不同，股票基金又分为成长型基金、收入型基金和平衡型基金。成长型投资基金是以资本长期增值作为投资目标的基金，其投资对象主要是市场中有较大升值潜力的小公司股票和一些新兴行业的股票。这类基金一般很少分红，经常将投资所得的股息、红利和盈利进行再投资，以实现资本增值。这类基金预期的风险收益水平都较高。收入型投资基金是以追求基金当期收入为投资目标的基金，其投资对象主要是那些绩优股、债券、可转让大额定期存单等收入比较稳定的有价证券。收入型基金一般把所得的利息、红利都分配给投资者。这类基金预期的风险收益水平都较低。平衡型基金是既追求长期资本增值，又追求当期收入的基金，这类基金主要投资于债券、优先股和部分普通股，这些有价证券在投资组合中有比较稳定的组合比例，一般是把资产总额的25%~50%用于优先股和债券，其余的用于普通股投资。其预期的风险和收益状况介于成长型基金和收入型基金之间。

同时，股票型基金还有另外的一些类型。

（1）指数基金。指数基金就是指按照某种指数构成的标准，购买该指数包含的证券市场中的全部或者一部分证券的基金，其目的在于达到与该指数同样的收益水平。其主要特点是费用低廉、分散和防范风险、延迟纳税、监控较少，且这些优点在一个较长的时期里可以表现得更为突出。此外，简化的投资组合还会使基金管理人不用频繁地接触经纪人，也不用选择股票或者确定市场时机。

（2）ETF。ETF（交易所交易基金）是在交易所上市交易的，基金份额可变的一种开放式基金。ETF 结合了封闭式基金和开放式基金的运作特点。投资者既可以像封闭式基金一样在交易所二级市场买卖，又可以像开放式基金一样申购、赎回。在一级市场上，大投资者可以用一篮子股票换份额（申购）、以份额换一篮子股票（赎回），中小投资者难以参与。在二级市场上，无论是大投资者还是中小投资者都可以按市场价格进行 ETF 份额的交易。ETF 都是跟踪某一选定指数的，本质上是一种指数基金。与传统指数基金相比，ETF 买卖更为方便（可以在交易时间随时进行买卖），成本更低。

（3）LOF。LOF（上市开放式基金）是既可以在场外市场进行基金份额申购赎回，又可以在交易所（场内市场）进行基金份额交易的开放式基金。与 ETF 不同的是，LOF 的申购、赎回都是基金份额与现金的交易，可在代销网点进行；而 ETF 的申购、赎回则是基金份额与一篮子股票的交易，且通过交易所进行。

（4）FOF。FOF（Fund of Fund，基金的基金）是以其他证券投资基金为投资对象的基金，并因此间接持有股票、债券等证券资产。一方面，FOF 将多只基金"捆绑"在一起，投资 FOF 就等于投资多只基金；另一方面，FOF 完全按照基金运作模式进行运作，同其他基金一样，是一种可长期投资的金融工具。

2. 债券基金。债券基金主要以债券为投资对象，包括国债、企业债和可转债等，根据《证券投资基金运作管理办法》规定，80% 以上的基金资产投资于债券的为债券基金。债券基金的申购和赎回手续费较低，适合于想获得稳定收入的投资者。债券基金基本上属于收益型投资基金，一般会定期派息，具有低风险且收益稳定的特点。

3. 混合基金。混合基金主要投资于股票、债券和货币市场工具，但股票投资和债券投资的比例不符合股票基金、债券基金规定的为混合基金。由于混合基金同时以股票、债券等为投资对象，因此可以通过在不同资产类别上的投资，来实现收益与风险之间的平衡。

4. 货币市场基金。仅投资于货币市场工具的，为货币市场基金。货币市场基金主要投资于现金、1 年以内（含 1 年）的银行定期存款和大额存单、剩余期限在 397 天（含）以内的债券、期限在 1 年以内（含 1 年）的债券回购、期限在一年以内（含 1 年）的中央银行票据，以及中国证监会及中国人民银行认可的良好流动性的货币市场工具。同时，货币市场基金不得投资于股票、可转债券、剩余期限超过 397 天的债券、信用等级在 AAA 级以下的企业债券，以及中国证监会、中国人民银行禁止投资的其他金融工具。

二、投资基金的主要风险

投资基金的风险具体来说有股票价格长期下跌，从而导致基金净资产缩水的市场系统性风险；基金重仓股的异常波动风险；基金公司违反契约的信用风险；基金资产投资运作过程中的不规范操作风险；基金资产的流动性风险等。

三、投资基金的主要方式

投资基金的主要方式有单笔投资和定期定额投资两种。单笔投资是指投资者一次性投资于指定基金的一种投资方式；定期定额是基金申购的另一种方式，它通常指投资者通过基金销售机构，约定每期扣款时间、金额、方式和申购对象，由销售机构于约定日，在指定资金账户内自动扣款投资基金。

定期定额的优点之一：分散风险。

股市短期波动难以预测，一些新进入的投资者，如果买不对时点，短期就要承受亏损的心理压力。定期定额通过分批买入，虽不能保证买在低点，但保证不买在高点，长期投资之后，只要找一个相对好的时机卖出基金，获利的机会应是很大的。

定期定额的优点之二：聚沙成塔。

定期定额投资有点类似银行的"零存整取"，但不要小看定期定额聚沙成塔的能力，长期投资加上复利的魔力，如果能早日开始，通过定期定额投资，父母可以为孩子储备长期的教育费用，单身贵族可以为自己准备买房基金，甜蜜的恋人也可以帮彼此储蓄养老基金，辛苦的上班族可以积累出国旅游资金……定期定额在震荡的行情中表现尤其出色。进行定期定额投资，最好选择波动程度稍大的基金品种，例如股票基金。

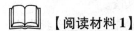【阅读材料1】

基金投资收益率

基金投资收益率，即基金证券投资实际收益与投资成本的比率。投资收益率的值越高，则基金证券的收益能力越强。如果基金证券的购买与赎回要缴纳手续费，则计算时应考虑手续费因素。

计算公式为：

$$基金投资收益 = 当日基金净值 \times 基金份额 \times (1 - 赎回费)$$
$$- 申购金额 + 现金分红$$

$$基金投资收益率 = \frac{收益}{申购金额} \times 100\%$$

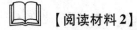【阅读材料2】

不同年龄阶段、不同基金，有不同的适合人群

第一类是新鲜社会人群。股票型基金就非常适应这一人群，建议使用定期定额的基金投资方式。

从某种程度上说，基金定投似乎是专门为新鲜社会人群设计出的投资方式。众所周知，定投就是每月定期定额自动投资基金，这种方法具有分散风险、门槛低、省时省心、流动性高的特点。刚刚踏入社会的年轻人，可以从每个月的工资中挤出三五百元，没有太多的负担，也基本上不影响现有的生活质量。同时，定投业务每个月可以做到定时自动划款，无须跑银行网点，加上开放式基金灵活的赎回机制，基金资产可以很快变现。

对于基金定投来说，投资时间越长，效果越明显，因为长期投资所带来的复利效果

将使得回报出乎预期，可以满足年轻人10年或者20年之后子女学业、养老等需求。

第二类是成家立业人群。建议加强现金管理，同时进行资产配置。

目前，子女教育、医疗、养老这三个方面，已成为很多家庭理财的目标和重点。一般来说，成家立业人群的基本特点都是收入稳定，生活也基本处于安稳的状况，在投资方面要进行合理的基金组合，即在高风险产品的基础上，进行适当比例的稳健产品配置，以及有一定比例的流动现金。

成家立业人群一定要有理财规划。一般来说，理财目标有短期、中期和长期之分，不同的理财目标会决定不同的投资期限，而投资期限的不同，又会决定不同的风险水平。所以，这些人群的人要确定自己的理财目标及投资期限，从而确定投资方案，这一可行性方案就是资产配置。

不过，投资者注意在选择理财品种时，不要单纯从产品风险特征来挑选理财品种，而应从资产组合和资产配置角度挑选。如果全部选择风险特征相似的产品，并不能有效做到分散投资品种，进而分散投资风险。应当在投资品种上，尽量兼顾各种风险特征的理财产品，关键是通过调节不同理财产品的投资比例，来调节投资风险。

理财专家建议，成家立业人群的投资方案为，作为获取高收益的股票型基金投资占比40%，作为养老资金的保险、国债占比30%，用于应急备用金的银行存款和货币型基金占比30%。这种组合既可以保持对高收益的追求，又可有效降低投资风险，使资金渐渐增值。

第三类人群是中老年人群，建议大部分用于养老储备的钱，可以投资债券型和货币型基金，稳健投资为主。

一般而言，由于60岁以上的投资者风险承受能力相对较低，并不适合股票、基金等浮动型、高风险理财产品。这类人群一般是退休或者即将退休，子女都有自己的工作，靠退休金安度晚年生活，比较适合固定收益型产品，如债券型基金、货币市场基金、国债、信托产品等。理财专家还建议，老年人进行理财应该回避投资期限比较长的品种，选择那些收益率相对银行定期存款保持较大优势、风险相对较小的短期品种作为资产配置。

此外，中老年人在银行柜台购买基金时，最好进行"投资风险能力测试"。老年人投资谨记"一百减年龄"原则，就是说用（100 - 年龄）×100%就是你风险投资的最大比例。对一名60岁以上的投资者，要的是稳定平安，他所承担的风险性投资不应超过个人资金的40%，60%的资金应该投资到国债等低风险项目或支取容易的储蓄上。

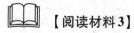
【阅读材料3】

如何挑选基金

一、选择基金公司

选择基金首先是对基金公司的选择。基金公司的整体实力是挑选的重要因素之一。有实力的基金公司往往不止一只金牌基金，而是在不同的产品线上有一个系列的基金组合，而且该公司旗下的基金业绩排名都比较靠前，绝大部分时间都可以达到或超过其预设指标。优秀的基金管理公司不仅能抓住短线机会，更注重把握中长线的投资方向，给投资者提供稳定持续的投资回报。对业绩表现大起大落的基金管理公司，必须谨慎对待。

二、挑选基金

选择一只基金进行投资，要充分了解这只基金的情况，主要要注意考查以下几个方面的问题。

1. 基金以往表现如何。要确实了解基金的表现，不能单看回报率，还必须有相应的背景参照——将基金的回报率与合适的基准进行比较。所谓合适的基准，是指相关指数和其他投资于同类型证券的基金。不少人认为，如果有两只基金，过去两年每年回报率分别为22%和20%，那么必定是前者表现较为突出。有时候是这样的，但并非是永恒的定律。回报率达22%的基金可能落后其业绩基准或者同类基金4到5个百分点；而回报率仅20%的基金却可能超越同类基金或业绩基准6个百分点。因而后者是素质较佳的基金。

2. 基金以往风险有多高。投资有风险，有些基金的风险相对较高。一般而言，投资回报率越高，风险也越高，出现亏损的可能性也就越大。因此，考虑基金的回报率，必须同时考虑基金的波幅。两只回报率相同的基金未必具有同样的吸引力，因为其波幅可能高低不等。衡量基金的波幅有多种方法，我们将在今后给大家详细介绍。

3. 基金投资于哪些品种。对基金的回报要有合理的预期，必须了解其投资组合，即基金投资于什么证券品种。比如虽不能指望债券基金获得每年10%的回报，但对股票基金而言这绝不是异想天开。切记，不要根据基金名称猜想其投资组合。基金经理如何运用基金资产进行投资？他们可以纯粹购买股票或者债券，也可以两者兼而有之；可以选择知名度大的公司股票，也可以投资名不见经传的小公司；可能集中投资于成长迅速的高价股，也可能垂青于盈利前景较差的低价股。就某只具体股票，基金经理可能只买进100股，也可能拥有100万股。仔细研究基金的投资组合，可以了解基金经理的投资策略。

4. 基金由什么人管理。由于基金业的发展在我国的历史较短，大家对基金文化的理解有限，国际上著名的基金经理，不仅仅是大家所理解的一个优秀经纪人，一个优秀操盘手，更是一种理财理念的掌门人，经过市场的锤炼成长为经济专家。投资者在选择基金经理的时候，不要以一时的成败论英雄，与任何投资相同，基金经理过去的业绩并不是其未来成功的保障。一个优秀的基金经理的韧性尤为重要，投资者有必要研究基金经理的投资策略：经常关心基金经理最近的运作是否发生了变化，有无一贯性；基金经理为客户提供自己对市场的看法与自己的投资目标是否一致等。特别是积极成长型的基金经理，都推崇一种"自下而上"的投资策略，这种策略对基金经理的要求相当高。

5. 基金收费如何。基金不一定赚钱，但一定要缴付费用。投资人得到专业理财服务，相应必须缴付管理费、认购费、赎回费、转换费等费用。但是费用过高，也不合算。这些费率水平每年基本维持不变，但基金投资于股票和债券的回报却是起伏不定的。你无法控制市场突如其来的变化，也无法控制基金经理的投资操作，但是你可以控制费用。所以选择前需要慎重，买入后如无必要，尽量少作更换。一般来说，在挑选基金的时候，基金公司优劣占到权重的30%，基金的运作情况占到权重的70%。

📖 【阅读材料4】

全景基金品牌各项评分指标说明

1. 基金品牌知名度考核指标。

（1）基金品牌曝光度占有率评分指标。以基金公司品牌简称新闻曝光度年度累计数据为考核，该数据基于全景财经搜索监测结果，反映的是基金品牌在财经媒体上被曝光的客观真实情况。品牌学有关析义认为，品牌的知名度是指消费者知晓品牌程度。对于基金品牌而言，公众媒体上被曝光越多，公众对于品牌的知晓程度越大，因而基金品牌曝光度是评价品牌知名度的最贴切选择之一。

（2）资产规模占有率评分指标。参考国内外众多品牌评价，市场占有率一直是必须考虑的重要指标。对于基金行业而言，基金公司管理下的公募基金产品资产净值累计规模是市场占有率最常用的参考指标，也是最受关注的基金公司排名指标之一，更是品牌市场地位的最有说服力的衡量标准。因此，本项评价把它作为知名度考核的两大评分指标之一。

2. 基金品牌美誉度考核指标。

（1）基金网编评价评分指标。以知名度来评价品牌价值远远不足，并且曝光度数据也存在局限性，因而，全景采用专业基金网媒编辑评分方式来给基金品牌美誉度评分。本次评价——2009年度基金品牌网编评分共五大类（影响力、美化度、信任度、关注度、行业贡献）10小项指标（新闻曝光质量、基金人物影响力、正面传播力度、负面影响程度、信披合规性、管理人守法程度、网编推荐力度、网民关注程度、投资者教育、慈善参与度），这是对基金品牌美誉度比较全面具体的评价。参与本项评价的群体是当前对基金品牌新闻曝光度评价最具发言权的群体之一，也是主导基金专业网络媒体舆论的意见领袖，所服务的媒体是国内市场所公认的主流基金网媒，工作的职责使其对基金新闻的了解更为全面、系统、持续。这是本项评价的唯一定性评分指标，占10%权重。

（2）利润分配比率评分指标。本评价体系中的利润分配比率是指品牌所属公募基金品种（货币基金除外）期间利润分配总额与评价期间实现利润总额之比。按既往历史表现，基金在盈利之后进行"现金分红"形式的利润分配，经常起到为持有人"落袋为安"、"高位减仓"的作用，所以有识之士把之当成基金公司履行"社会责任"的重要表现，应予以鼓励；另外，重视"分红"的基金公司也给公众留下美好形象，为品牌美誉度增彩添色。而且，期间"高分红"的基金公司，期末的资产管理规模将受影响而减少，降低了本项评价之中的相关评分指标得分，所以，把利润分配比率作为基金品牌美誉度评价的另一重要指标，也弥补了相关考核指标的不公平之处。

3. 基金品牌认知度考核指标。

(1) 新基金认购户数占有率评分指标。品牌学理论认为，品牌的知名度是从消费者知晓品牌的广度方面而言的，而品牌认知度则是从消费者知晓品牌的深度方面而言。就基金品牌认知度而言，基金投资者认知程度最深的是直接认购了基金，越多基金投资者自发认购某品牌旗下基金，该品牌的认知程度必然越高。新基金（考核评价期间成立的公募基金品种，下同）认购户数是每一只基金成立时必须披露的数据，统计考核期间品牌旗下所有新基金认购户数并进行标准化评分，这是本项评价基金品牌认知度的重要指标。

(2) 老基金持有人户数占有率评分指标。老基金（考核评价期初之前成立的公募基金品种，下同）期末持有人户数也直接反映了对基金公司品牌"认知"以至于"认同"的人群的多寡，越多人持有基金品牌旗下相关产品，说明了该品牌的认知度越高。因此，与新基金认购户数一样，老基金持有人户数也成为本项评价重要评分指标之一。公众认可的品牌才是真正的好品牌，本项评价的两项认知度评分指标实际上也是基于"公众"的客观量化考核。

4. 基金品牌忠诚度考核指标。

(1) 老基金期末规模占有率评分指标。投资者能够持续拥有某一品牌的基金品种，代表其对品牌的忠诚。全景以基金品牌旗下公募产品规模（剔除期间新募基金规模）期末数据来评价，考评的是品牌旗下老基金保有量状况，这是最能够反映基金品牌忠诚度客观量化的指标，此类评分考核数据以基金公司公开披露的期末规模客观数据为准。

(2) 老基金净赎回率反向考评指标。期末老基金保有量是静态的考核，有一定的局限性，没考虑期间申购赎回变动情况，全景认为，基金品牌旗下产品期间净赎回越多，表明品牌的忠诚度越低。因此，选择老基金净赎回率反向考评为本项评价忠诚度的另一重要评分指标。

【案例分析】

陈先生，50 岁，现就职于某外贸公司，任公司副总经理一职，每月收入 2 万元。陈太太是一位高级教师，每月收入 6 000 元。他们的孩子刚刚参加工作，自食其力，无须陈先生再负担什么费用。陈先生家是典型的"空巢家庭"。

经过半辈子的打拼，陈先生一家拥有较好的经济基础，目前陈先生家的住房是四室两厅，已经还清银行贷款。虽然陈先生家庭的收入状况不错，但孩子教育可没少花钱，房贷也是前几年才还清的，再加上陈先生花钱从来没有什么算计，家庭开销比较大，这么多年下来，陈先生仅拥有银行存款 100 万元，每月可用于基金定投的资金是 1 万元。算一算自己也没有多少年好干的了，要是不提前规划规划，将来的养老生活保不齐会有麻烦的。陈先生将自己的情况跟理财规划师进行了详细的交流，理财规划师执行了如下步骤。

步骤一，确定客户风险承受能力和投资目标。从陈先生所处的人生阶段来看，陈先生属于"理财五阶段论"理论中典型的"家庭成熟期"阶段，处于这个阶段的人一般来讲有以下特点。事业和经济状况都达到巅峰，子女已渐成人，开始为退休生活和保持健康作准备。希望稳健投资，资产再增值。人生的这个阶段属于理财的最后冲刺阶段，如果能够及时地进行科学理财，将为今后富足的退休生活打下坚实的基础。

陈先生的投资目标是 100 万元的资金，在 10 年后退休时，能够到达 400 万元。

步骤二，确定基金组合。根据陈先生的理财目标（10 年后积累 400 万元）以及陈先生所处的人生阶段，建议陈先生选择较为稳健的基金投资组合。30% 投资于风险较高的股票型资金，30% 投资于风险较低的债券型基金，40% 投资于风险更低的保本型基金。以陈先生的情况为例，陈先生当前可以用于投资的一次性投入为 100 万元，每月可用于投资的金额为 1 万元。为其构建投资组合如下表所示。

基金组合	组合假定收益率（%）	10 年后合计本金投入（万元）	10 年后本金加收益（万元）
股票型基金	10	30	30 × 2.594 = 77.82
债券型基金	5	30	30 × 1.611 = 48.33
保本型基金	3	40	40 × 1.384 = 55.36
基金定投	15	1 × 120 = 120	12 × 20.304 = 243.65
合计		220	425.16

注：由于中国基金市场时间较短，收益率以美国近 20 年的评价收益参考。

该基金组合，能够在风险较低的情况下，达到陈先生的投资目标。

步骤三，挑选单只基金。同样品种的基金，不同的公司、不同的基金经理，投资业绩千差万别。因此单只基金的挑选非常重要。经过评比，最终为陈先生挑选了综合评分排名靠前的基金作为投资对象。

【实训活动】

1. 课前准备：请学生收集近三年业绩排名在前 20 名的基金的名称。
2. 讨论：这份排名表有什么特点？连续三年都在排名前列的基金，有什么特点呢？

训练三　　股票的选择

【知识要点】

一、股票的分类

按照不同的标准，股票也分为很多类型。

1. 按收益和股价的稳定性分类，见表 7-3。

表7-3　　　　　　　　　　　　　　　股票分类表

股票类型	特点	适合人群
成长型股票	公司成长快，股价不断上升，分红较少	如青少年，敢于冒险
蓝筹型股票	公司成熟、实力强，有长期稳定的收入和分红记录	中年人稳中冒点险
收入型股票	公司业绩比较稳定，分红更高更稳定	老年人，追求稳定收入

2. 按业绩分类。

（1）绩优股。绩优股就是业绩优良公司的股票，但对于绩优股的定义，国内外却有所不同。在我国，投资者衡量绩优股的主要指标是每股税后利润和净资产收益率。一般而言，每股税后利润在全体上市公司中处于中上地位，公司上市后净资产收益率连续三年显著超过10%的股票当属绩优股之列。绩优股具有较高的投资回报和投资价值。

（2）垃圾股。垃圾股指的是业绩较差的公司股票。这类上市公司行业前景不好，或经营不善，有的甚至进入亏损行列。投资者在考虑选择这些股票时，要有较高的风险意识，切忌盲目跟风投机。我们可以把垃圾股大体等同目前股市中的ST股，其股票报价日涨跌幅限制为5%，可在一定程度上抑制庄家的刻意炒作。投资者对于ST股要区别对待，具体问题具体分析。有些ST股主要是经营性亏损，那么在短期内很难通过加强管理扭亏为盈；有些ST股是由于特殊原因造成的亏损，或者有些ST股正在进行资产重组，则这些股票往往有很大的潜力。

3. 按场地与出身分类。

（1）蓝筹股。在股票市场上，投资者把那些在其所属行业内占有重要支配性地位、业绩优良、成交活跃、红利优厚的大公司股票称为蓝筹股。"蓝筹"一词源于西方赌场。在西方赌场中，有两种颜色的筹码，其中蓝色筹码最为值钱，红色筹码次之，白色筹码最差。

（2）红筹股。此概念诞生于20世纪90年代初期的香港股票市场。中国在国际上有时被称为红色中国，相应地，香港和国际投资者把在境外注册、在香港上市的那些带有中国概念的股票称为红筹股。

当然，股票还可以有另外的分类法。比如周期性股票和防卫性股票。周期性股票一般随着经济或行业的周期性波动而变动；而防卫性股票是指业绩不会大起大落的股票，即使在经济衰退时投资者也不会遭受很大的亏损，一般是和日常消费密切相关的，比如煤、电和食品行业股票等。

此外，有些股票前面会加一些字母，它们的意思也不可不知，分别如下。

ST：沪深证券交易所在1998年4月22日宣布，根据1998年实施的股票上市规则，将对财务状况或其他状况出现异常的上市公司的股票交易进行特别处理，由于"特别处理"的英文是Special Treatment（缩写是"ST"），因此这些股票就简称为ST股。

ST股票：指股票存在终止上市风险的公司，对其股票交易实行"警示存在终止上市风险的特别处理"（以下简称"退市风险警示"），以充分揭示其股票可能被终止上市的风险，所以在ST股票前面加个""。

S：表示未完成股改的股票。

S＊ST：表示未完成股改的＊ST 公司。

N：表示第一天上市交易的新股。字母 N 是英语 New 的缩写。该类股票当日在市场上是不受涨跌幅限制的，涨幅可以高于10%，跌幅也可高于10%。

XD：表示当日是这只股票的除息日，XD 是英语 Exclude Dividend 的简写。在除息日的当天，股价的基准价比前一个交易日的收盘价要低，因为从中扣除了利息部分的差价。

XR：表明当日是这只股票的除权日。XR 是英语 Exclude Right 的简写。在除权日当天，股价也比前一交易日的收盘价要低，原因在于股数的扩大，股价被摊低了。

DR：表示当天是这只股票的除息、除权日。D 是 Dividend 的缩写，R 是 Right 的缩写。有些上市公司分配时不仅派息，而且送转红股或配股，所以出现同时除息又除权的现象。

二、世界各大股市

目前，世界上有很多股市。在这些不同的市场上，交易着不同的股票，而有些股票会同时在几个市场上交易。由于全球资本的逐利本性和便利流通性，诸多股市会相互影响。

一般我们都是用市盈率来判断各个股市的相对冷热情况。因为各个国家经济情况不一，股市发展阶段不同，投资者构成不同，资金进出障碍不一，因此平均市盈率也不同。

国内许多公司往往同时在几个市场上市，不同市场的市盈率不一样。比如，工商银行在 A 股、H 股和纽约交易所三地同时上市，其市盈率就有高有低。

目前，我国投资者可以投资 A 股、B 股，自 2007 年 8 月又宣布进行投资香港 H 股市场的试点。考虑到此前 H 股和 A 股市场的较大的折价现象（市盈率不一），这对许多 H 股股票都会起到很好的提升作用。但是，因为香港市场与 A 股市场是两个完全不同的市场，其股票的价格体系也是不同的。此外，香港市场是一个开放的、国际化的市场，受世界因素的影响很大，如美国次级房贷危机就曾导致港股大跌。所以，投资港股，可能也得"痛并快乐着"。

三、影响股票价格的因素

预测股市是很难的事。经济学家、股评家做不到，一般散户就更别说了。如果有谁说他总能做到，那么他不是疯子，就是狂人。股票价格与经济周期之间存在着密切联系。一是证券市场的波动对经济周期异常敏感，经济危机的来临往往以证券市场的下跌为征兆。二是对经济周期的波动，证券市场总是以极端的姿态作出反应，危机到来，证券市场就一落千丈；经济复苏，证券市场又大幅攀升。由此可见，证券市场对加剧经济周期的波动幅度起着推波助澜的作用。

资金的充裕和股票估值是紧密相连、相辅相成的。正是因为资本的流动性泛滥，从而导致了估值体系的重建。在价值投资的理念下，用市盈率、市净率等指标来构建估值体系是国际上通行的做法，但在本币升值的条件下，充足的货币供应表现为各种资产价格的上涨，于是估值体系也需要重新建立。同时，与资产价格密切相关的行业，如股市、银行、地产等，都将受益于资产价格的重新评估，从而获得更高的上涨空间。

技术进步与科技发明常常会在很大程度上影响股市走势。自股市产生以来，历史上的每一次技术革命都会引起股市狂热。19世纪后半叶兴起的铁路，20世纪初兴起的钢铁、电力、汽车，以及20世纪70年代兴起的生物制药，以及最近的信息产业，几乎每一次重大的技术进步都能引发股市热潮。

 【阅读材料】

做个精明的股民——不同股票的投资策略

1. 大型股票投资策略。大型股票是指股本额在12亿元以上的大公司所发行的股票。这种股票的特性是，其盈余收入大多呈稳步而缓慢的增长趋势。由于炒作这类股票需要较为雄厚的资金，因此，一般炒家都不轻易介入这类股票的炒买炒卖。

对应这类大型股票的买卖策略是：

（1）可在不景气的低价圈里买进股票，而在业绩明显好转、股价大幅升高时予以卖出。同时，由于炒作该种股票所需的资金庞大，故较少有主力大户介入拉升，因此，可选择在经济景气时期入市投资。

（2）大型股票在过去的最高价位和最低价位上，具有较强支撑阻力作用，因此，其过去的高价位是投资者现实投资的重要参考依据。

2. 中小型股票投资策略。中小型股票的特性是由于炒作资金较之大型股票要少，较易吸引主力大户介入，因而股价的涨跌幅度较大，其受利多或利空消息影响股价涨跌的程度，也较大型股票敏感得多，所以经常成为多头或空头主力大户之间互打消息战的争执目标。对应中小型股票的投资策略是耐心等待股价走出低谷，开始转为上涨趋势，且环境可望好转时予以买进；其卖出时机可根据环境因素和业绩情况，在过去的高价圈附近获利了结。一般来讲中小型股票在1~2年内，大多有几次涨跌循环出现，只要能够有效把握行情和方法得当，投资中小型股票，获利大都较为可观。

3. 成长股投资策略。所谓成长股是指迅速发展中的企业所发行的具有报酬成长率的股票。成长率越大，股价上涨的可能性也就越大。

投资成长股的策略是：

（1）要在众多的股票中准确地选择出适合投资的成长股。成长股的选择，一是要注意选择属于成长型的行业。二是要选择资本额较小的股票，资本额较小的公司，其成长的期望也较大。因为较大的公司要维持一个迅速扩张的速度将是越来越困难的，一个企业的资本额由5 000万元变为1亿元要比由5亿元变为10亿元容易得多。三是要注意选择过去一两年成长率较高的股票，成长股的盈利增长速度要大大快于大多数其他股票，一般为其他股票的1.5倍以上。

（2）要恰当地确定好买卖时机。由于成长股的价格往往会因公司的经营状况变化发生涨落，其涨落幅度较之其他股票更大。在熊市阶段，成长股的价格跌幅较大，因此，可采取在经济衰退、股价跌幅较大时购进成长股，而在经济繁荣、股价预示快达到顶点时予以卖出。

4. 蓝筹股投资策略。蓝筹股的特点是投资报酬率相当优厚稳定，股价波幅变动不大，当多头市场来临时，它不会首当其冲而使股价上涨。经常的情况是其他股票已经连续上涨一截，蓝筹股才会缓慢攀升；而当空头市场到来，投机股率先崩溃，其他股票大幅滑落时，蓝筹股往往仍能坚守阵地，不至于在原先的价位上过分滑降。

对应蓝筹股的投资策略是一旦在较适合的价位上购进蓝筹股后，不宜再频繁出入股市，而应将其作为中长期投资的较好对象。虽然持有蓝筹股在短期内可能在股票差价上获利不丰，但以这类股票作为投资目标，不论市况如何，都无须为股市涨落提心吊胆。可一旦机遇来临，却也能收益甚丰。长期投资这类股票，即使不考虑股价变化，单就分红配股，往往也能获得可观的收益。

对于缺乏股票投资手段且愿作长线投资的投资者来讲，投资蓝筹股不失为一种理想的选择。

【实训活动】

学生利用模拟证券交易软件，进行股票模拟交易，初步了解股票交易、投资技巧。

职业技能训练

请根据下面所给的家庭状况，为张先生设计一份投资规划方案。

张先生 40 岁，在某公司上班，月薪 1 万元，张太太 38 岁，是某小学老师，儿子 12 岁，小学 6 年级。除去其他规划，张先生有 50 万元的积蓄可以投资证券市场，每月还可以投资 5 000 元在证券市场，张先生希望到 60 岁退休时，能过上安稳、富足的老年生活。

本章习题

一、单项选择题

1. 理财规划的核心思想是通过一系列的（   ）来实现客户的目标。

A. 规划　　　　　　　B. 投资　　　　　　　C. 投资规划　　　　　　D. 理财

2. 根据市场具体情况，对资产类别混合作短期的调整的是（　　）。

A. 短期资产配置　　B. 长期资产配置　　C. 战术资产配置　　D. 战略资产配置

3. 股份公司资本构成中最普通、最基本的股份是（　　）。

A. 优先股　　　　B. 普通股　　　　C. 可流通股　　　D. 可赎回股

4. 当经济繁荣时，（　　）的表现将超过市场平均水平；当经济处于萧条时期，这类股票的表现则逊于市场平均水平。

A. 激进型股票　　B. 防守型股票　　C. 周期型股票　　D. 非周期型股票

5. 深证成指的计算权数为（　　）。

A. 股票总市值　　B. 公司的总股本数　C. 加权综合股价指数　D. 可流通股本数

根据材料回答6~9题

客户李某想投资债券，就以下问题他想咨询你。

6. 借款人在本国境外市场发行的，不以发行市场所在国的货币为计价货币的国际债券是（　　）。

A. 美国债券　　　B. 龙债券　　　　C. 外国债券　　　D. 欧洲债券

7. 债券的发行目的是给地方政府所属企业或某个特定项目融资。债券发行者只以经营该项目本身的收益来偿还债务，而不以地方政府的征税能力作为保证的债券是（　　）。

A. 一般责任债券　　B. 收益债券　　　C. 金融债券　　　D. 公司债券

8. 目前，我国发行的债券一般是每张面值为（　　）元的人民币。

A. 50　　　　　　B. 1 000　　　　　C. 100　　　　　D. 10 000

9. 展期偿还指发债人在发行债券时规定，投资人有权决定在债券到期后继续按原定利率持有债券到某一个指定偿还日期或几个指定日期中的一个日期要求偿还的做法。这种偿还方法的采用往往在市场利率（　　）时，投资者才予以接受。

A. 波动　　　　　B. 固定　　　　　C. 看涨　　　　　D. 看跌

10. 世界上历史最为悠久的股票指数是（　　）。

A. 道·琼斯股票指数　　　　　　　B. 标准普尔股票价格指数

C. 日经225 平均股价指数　　　　　D.《金融时报》股票价格指数

二、多项选择题

1. 关于投资与消费的关系说法正确的有（　　）。

A. 消费是现在享受，放弃未来的收益

B. 消费是放弃现在的享受，获得未来更大的收益

C. 投资是现在享受，放弃未来的收益

D. 投资是放弃现在的享受，获得未来更大的收益

2. 按照投资投入行为的直接程度，投资可分为（　　）。

A. 直接投资　　　B. 股权投资　　　C. 间接投资　　　D. 债权投资

3. 关于直接投资与间接投资的联系说法正确的有（　　）。

A. 通过间接投资，可以为直接投资筹集到所需资本

B. 间接投资可以监督、促进直接投资的管理

C. 直接投资的进行必须依赖间接投资的发展

D. 直接投资对间接投资也有重大影响

4. 目前世界上的资产管理业务主要包括（   ）。

A. 存款管理   B. 私人客户资产管理

C. 遗产管理   D. 保险资产管理

5. 良好的投资习惯应该尽量（   ）。

A. 追涨杀跌   B. 降低交易成本

C. 避免情绪化的交易   D. 避免高频率地买卖

6. 目前我国向公众客户专门提供投资管理服务的公司主要是（   ）。

A. 证券公司   B. 基金管理公司   C. 信托公司   D. 保险公司

7. 下列投资工具中免税的有（   ）。

A. 国债   B. 地方政府债券   C. 金融债券   D. 企业债券

8. 投资规划准备工作包括（   ）。

A. 树立并协助客户建立正确的投资观念

B. 分析行业形势

C. 熟悉所有已经收集整理的客户信息以及整体理财规划状况

D. 分析预测宏观经济形势

9. 实物资产投资项目包括（   ）。

A. 债券   B. 不动产   C. 艺术品   D. 股票

10. 按照风险和收益标准，股票可以分为（   ）。

A. 蓝筹股   B. 垃圾股   C. 优先股   D. 绩优股

三、判断题

1. 除了既定股息外，优先股不再参与利润分配。（   ）

2. 人身保险合同是以人的寿命与身体为保险标的的保险合同。（   ）

3. 在新加坡上市、内地注册的外资股是 S 股。（   ）

4. 资金筹集者按照一定的法律规定和发行程序通过发行股票来筹集资金，投资者通过认购股票成为公司的股东的是一级市场。（   ）

5. 上海股票市场在 1993 年 6 月 1 日增设了上证分类指数，即工业类指数、商业类指数、地产业类指数、公用事业类指数、综合业类指数以反映不同行业股票的各自走势。（   ）

6. 特别处理是对经营不善的上市公司的一种处罚。（   ）

7. 金融债券是银行依法发行并约定在一定期限内还本付息的有价证券。（   ）

8. 交易所交易基金（ETF）既可以在交易所上市交易，又可以通过一级市场用一揽子证券进行创设和置换。（   ）

9. FOF 是一种以开放式基金和封闭式基金为主要投资对象的集合理财产品。（   ）

10. 在我国债券市场上，在我国债券现券买卖中，债券的报价采用净价，而实际买卖价格和结算交割价格为全价。（   ）

项目八

退休养老规划

TUIXIU YANGLAO GUIHUA

　　物质是养老的基础，精神是养老的支柱，科学是养老的法宝。要有正确的养老观，开创人生第二春。

——王兴华①

---

　　①　王兴华系我国著名老年学学者、"第二个春天"理论创始人。

【工作任务】

1. 能够对比各类退休养老规划工具的特点，灵活选择退休养老规划工具。
2. 能够运用退休养老规划的方法，制订退休养老规划方案。

【引导案例】

20 世纪 90 年代起，我国逐步建立起包括养老和医疗的社会保障体系。现在的大部分城镇就业人口，每个月的应得工资都要分一部分缴纳到养老保险金账户中去，以便在将来退休以后得到养老金。然而基本养老保险保障的是社会公平，只能保障基本温饱。有人形象地把社会养老保险比作一口熬粥的锅，每个月每人从自己的米袋里或多或少往锅里倒进一把米，到老了的时候，分到一把或大或小的勺，从锅里盛粥。但你喝到的只是粥。而在现实情况中，还有一个更严重的问题，就是基本养老金的资金缺口。

目前退休工人的养老金，主要依赖年轻人现在缴纳的钱，如果缴纳的钱大于支出，养老保险基金就有节余，反之，就要由财政来填补这个缺口。然而现实是，由于人口生育率的下降以及平均寿命的延长这两个因素的双重作用，老年人口的增长速度太快了。当现在的青年人加入老年人大军时，未来的年轻人要交多少养老保险，才足以发放养老金呢？

徐先生，医学硕士，35 岁，市区一家医院主任医师。徐先生对国内现有的商业保险不是很感兴趣，对于养老计划，他说："其实每个人都有其完整的人生计划，就'养老'一词，各人会有不同的概念。我个人看来，退休还很遥远，也无所谓退休。我会一直工作下去，多为社会作贡献，同时也充实人生。到老了，只是换一种相对轻松的工作状态。如果非要为将来做点什么打算，上个保险，那么还是先把握住现在吧。人生短暂，把握眼前的机遇尤为重要，比任何保险都保险。"

分析：

1. 你是否赞同案例中徐医生的退休养老观念？你个人的退休养老观念是怎样的？
2. 你身边的人是否具有退休养老规划意识？
3. 假如你是理财规划师，你认为退休养老规划中应考虑客户哪些具体养老规划需求？

退休养老规划是为了保证客户在将来有一个自立的、有尊严的、高品质的退休生活，而从现在开始积极实施的理财方案。退休后能够享受自立、尊严、高品质的生活是一个人一生中最重要的财务目标，因此退休养老规划是整个个人财务规划中不可缺少的部分。合理而有效的退休养老规划不但可以满足退休后漫长生活的支出需要，保证自己的生活品质，抵御通货膨胀的影响，而且可以显著地提高个人的净财富。

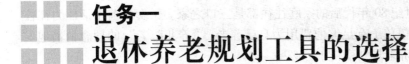

任务一
退休养老规划工具的选择

在做退休养老规划工具推荐之前，应先收集、整理客户退休养老规划基本信息，根据基本信息推荐适合其的退休养老规划工具。

【工作目标】

1. 能够收集、整理客户退休养老方面的信息。
2. 能够向客户提供退休养老规划工具的咨询服务。

训练一　收集客户信息

退休养老规划实际上协调的是即期消费和远期消费的关系，或者说是衡量即期积累和远期消费的关系。图 8-1 表明了人一生的收入支出曲线。可以假定，在 22 岁之前，每个人的支出大于收入；在 22 岁至 60 岁之间，收入大于支出，此时事业正处在上升期，于是产生了一些盈余（图形中用 A 表示的部分）；在 60 岁后，由于已经退休，因此支出大于收入，形成亏损（图形中用 B 表示的部分）。而退休养老规划就是让盈余来弥补亏损的过程。在用盈余弥补亏损的过程中，有几个因素需要考虑，分别是家庭结构、预期寿命、退休年龄、退休后的资金需求、退休后的收入状况、客户现有资产情况、通货膨胀率，以及退休基金的投资收益等。

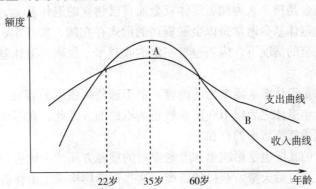

图 8-1　人的一生的收入支出曲线

【知识要点】

对客户退休养老规划信息的收集主要注重以下方面内容。

1. 家庭结构。家庭结构和规模的变化对退休养老规划有重要的影响，就中国目前的情况而言，尤其是 20 世纪 80 年代后的家庭往往都是三口之家。子女目前生活压力往往较大，很多父母并不指望孩子有足够的费用为自己养老，"养儿防老"的理念悄悄地发生了变化，早做好退休养老规划变得十分必要。

2. 预期寿命。人们的预期寿命是退休养老规划中首先要考虑的问题，预期寿命长，则应多准备退休基金的储备；预期寿命短则应少准备退休基金的储备。若退休后的实际余寿大于准备退休基金覆盖的年份，那么，就意味着产生了风险，也就是人活得太长，也是一种"风险"。因此，进行退休养老规划时，应当估计人们的预期生命长度。

3. 退休年龄。在进行退休养老规划时，除了要了解人们的预期寿命还要了解退休年龄的相关问题。因为退休年龄相当于退休养老规划的一个关键点。退休时间早，则退休生活时间长，工作时间少，也即消耗养老基金的时间长，积累养老基金的时间短。客户从事不同的职业，其退休年龄自然会不同，自由职业者的退休年龄通常比较灵活，但是公务员和城镇企业职工的退休年龄则比较固定，国家有法定退休年龄的规定。国家法定的企业职工退休年龄是男年满 60 周岁，女工人年满 50 周岁，女干部年满 55 周岁。从事井下、高温、高空、特别繁重体力劳动或其他有害身体健康工作，退休年龄男年满 55 周岁，女年满 45 周岁，因病或非因工致残，由医院证明并经劳动鉴定委员会确认完全丧失劳动能力的，退休年龄为男年满 50 周岁，女年满 45 周岁。

4. 其他因素。退休养老规划的其他因素包括退休养老规划的使用工具、退休基金的投资收益率、通货膨胀率、客户现有退休养老资产等。

退休养老规划方案的制订实际上也是估算退休后资金需求、退休后收入状况、测算退休后资金缺口，并在退休前积累退休资金的过程。退休后可能有哪些收入呢？退休后的收入状况自然就成了退休养老规划的考虑对象。退休后的收入来源渠道有以下几个，即基本养老保险金、企业年金、商业性养老保险的养老金、投资收益等。

这里的退休基金是指个人为储备退休资金而自己建立的退休基金，并非通常所说的社保基金。这里的退休基金通常是以金融资产的形式存在的，如基金、股票等。个人的退休基金在保持安全的情况下，应当追求一定的收益率。否则，退休基金的保值增值就只是空谈。

通货膨胀率也是退休养老要考虑的内容。由于通货膨胀率的存在，目前 100 元所购买到的货物在几十年退休之后以 100 元显然是买不到的。因此，在考虑退休后资金需求的时候必须考虑到通货膨胀率的存在。

客户现有资产的状况也是影响退休养老规划的重要方面。不论客户是通过继承方式获得现有资产还是通过后天努力获得的资产，这些资产均构成了退休养老规划的资产组成部分。

📖 【阅读材料1】

丁克家庭

丁克音译自 Dink，意思是说 Double Income No Kids，即双收入，无子女。当今这种以双收入、无子女为标志，有的又实行"AA 制"的丁克家庭，已经极大弱化了传统家庭的职能。抛弃了合作生育、取消了共同经济，因此，丁克一族的情爱、性爱更纯粹，财产、人格更独立。丁克家庭只是家庭形式的变化，而不是家庭性质的变异。丁克家庭的出现，向传统的家庭提出了挑战，并暗示着建立一种新的家庭关系与生活方式的可能性。

📖 【阅读材料2】

关于延长退休年龄的讨论

最近，关于延迟退休年龄的话题被炒得沸沸扬扬，已经掀起了巨大的风暴，何时出台成为民众最关心的问题。延迟退休即延迟退休年龄，指国家在综合考虑中国人口结构变化的情况、就业的情况而逐步提高退休年龄或延迟退休的制度。人力资源和社会保障部表示，延迟退休年龄政策是一项重大的经济社会政策，涉及到每一个人的切身利益。人社部将深入研究，适时地推出这项政策，并在向社会广泛征求意见基础上有望从 2022 年起正式实施。中国的延迟退休政策将是渐进式延迟退休年龄的政策，将会采取小步慢走，渐进到位，每年推迟几个月的时间，经过一个相当长的时间再达到法定退休的目标年龄。

【实训活动】

活动 1：以 4 人为一小组，组长 1 名、组员 3 名。组长制订任务计划、监督计划实施、汇报小组执行情况，组员按任务计划时间要求予以执行。任务具体要求借助项目七中的"风险承受能力测试问卷"对退休养老规划客户风险承受能力予以调查、分析。

活动 2：以 4 人为一小组，组长 1 名、组员 3 名。组长制订任务计划、监督、汇报小组执行情况，组员按任务计划时间要求予以执行。任务具体要求制作客户的退休养老规划需求调查问卷，并就问卷展开调查，了解当地客户的退休养老规划需求情况。

训练二　分析退休养老规划工具

退休养老规划工具主要包括退休养老规划的基本工具和创新工具，向客户提供退休养老规划工具的咨询服务时，应在收集客户信息的基础上，根据客户的状况和需求，有选择地向客户介绍退休养老规划的基本工具及创新工具。

【知识要点】

一、退休养老规划的基本工具

大多数国家的养老保险体系由三部分构成，即基本养老保险、企业年金和个人储蓄性养老保险。三者的设立主体不同，基本养老保险由国家设立，企业年金是一种企业化形式，个人储蓄性养老保险是个人行为。

（一）社会养老保险

1. 社会养老保险的含义。社会养老保险是国家和社会根据一定的法律法规，为解决劳动者在达到国家规定的解除劳动义务的劳动年龄界限，或者因为年老丧失劳动能力退出劳动岗位后的基本生活而建立的一种社会保险制度。它是社会保障制度的组成部分，是社会保险最重要的险种之一，包括三个层次的含义。

（1）社会养老保险是在法定范围内的老年人完全退出或基本退出社会劳动生活后才自动发生作用的。

（2）社会养老保险的目的是保障老年人的基本生活需要，为其提供可靠的生活资金来源。一般来讲，养老的内容有三个层次：第一层次是指物质生活（最基本），即衣食住行；第二层次是指劳务服务，如需要专人提供生活服务；第三层次是指精神安慰，情感交流。社会养老保险主要是解决老年人的最基本生活问题。

（3）社会养老保险是以社会保险手段达到保障的目的。社会保险一般是由国家立法、强制实行，企业和个人都必须参加。社会养老费的来源，一般由国家、企业、职工三方共同缴纳或者由企业和职工双方缴纳。社会养老保险影响广泛，费用支出金额巨大，具有社会性，因此，要有专门的机构对社会保障资金进行管理。

2. 社会养老保险的模式。

（1）按筹集资金的方式划分。

①现收现付式。当期的收入全部用于支付当期的养老金开支，不留或只留很少的基金，即靠后代养老的模式，上一代人并没有留下养老的储备基金，依靠代际之间的收入转移来进行养老。

②基金式。基金式可以划分为完全基金式和部分基金式。完全基金是指缴费收入全部用于为当期缴费的受保人建立养老储备基金，储备基金的目标应该是满足未来向全部受保人支付养老金的需要，即自我养老的模式。部分基金是指介于前两者之间，即缴费的一部分用于当期的支出，一部分为受保人建立储备基金。完全基金式是完全依靠自我进行养老的一种模式，不存在代际之间的转移，即每一人都是靠自己工作期间积累的养老金养活自己。部分基金式的养老则是一部分基金依靠自我积累，一部分基金依靠下一代人的方式。

（2）按资金征集渠道划分。

①国家统筹养老。工薪劳动者在年老丧失劳动能力后，均可享受国家法定的社会保险待遇，但是国家并不向劳动者本人征收养老资金，全部资金来源于财政。这种模式一般在社会主义国家中实行，我国在 20 世纪 50 年代初期仿效苏联就实行了这种模式。但随着经济的发展，这种模式的弊端逐渐显露出来。例如，资金来源过于单一，国家的财

政负担非常沉重，劳动者不付费的方式造成责权关系不明确、无法与劳动者的贡献挂钩等。

②强制储蓄养老。这种模式的养老基金来源于企业和劳动者双方，国家不进行投保资助，只是给予一定的优惠政策。在经济发展水平不高的国家，实行这种模式也有弊端，如企业和职工缴费的积极性不高、容易造成资金短缺。所以，只有在经济发展水平比较高的国家才能实行这种模式。

③投保资助养老。养老基金来源于国家、企业、劳动者三方，这种方式在大多数国家得以实行。这种模式下，资金来源比较丰富，容易调动企业和职工的积极性，基金容易积累。但管理资金的难度比较大，因为社会覆盖层面宽。

3. 我国的基本养老制度。我国的社会养老保险制度是在新中国成立后逐步建立起来的，目前已经从现收现付制逐步转向以个人账户为基础的部分基金制。我国基本养老金由基础养老金和个人账户养老金组成。企业缴费的比例不超过企业工资总额的20%，不记入个人账户。目前，实行2005年12月发布的《国务院关于完善企业职工基本养老保险制度的决定》（以下简称《决定》），其有以下主要特点和内容。

(1) 覆盖范围仍然不够广泛。养老保险覆盖的范围包括城镇各类所有制企业，即国有企业、集体企业、私营企业、股份制企业、外商投资企业的职工以及个体户的帮工。个体工商户本人、私营企业主、自由职业者也可以参加社会养老保险。目前，仍然有部分个体工商户和灵活就业人员还没有参加保险。

(2) 从2006年开始，个人账户的规模一律为个人工资的8%，全部由个人缴费形成，单位缴费不划入个人账户。

在《决定》中规定，按照"新人新制度、老人老办法、中人逐步过渡"的方针实行养老金的发放。

①关于"新人"。在《国务院关于建立统一的企业职工基本养老保险制度的决定》实施后参加工作的参保人员属于"新人"，缴费年限满15年，退休后将按月发放基本养老金。基本养老金水平与缴费年限的长短、缴费基数的高低、退休时间的早晚直接挂钩。基本养老金由基础养老金和个人账户组成。退休时的基础养老金月标准按照当地上年度在岗职工月平均工资和本人指数化月平均缴费工资的平均值为基数，缴费满1年的计发1%。个人账户养老金月标准为个人账户储蓄额除以计发月数，计发月数根据职工退休时城镇人口平均预期寿命、本人退休年龄、利息等因素确定。

按照基本养老金的计发办法，参保人员多缴费1年，养老金中的基础部分增发1个百分点，上不封顶，形成"多工作、多缴费、多得养老金"的激励机制。

②关于"中人"。在《国务院关于建立统一的企业职工基本养老保险制度的决定》实施前参加工作、实施后退休的参保人员属于"中人"。由于以前这部分人个人账户的积累比较少，缴费年限满15年后，退休后在发给基础养老金和个人账户养老金的基础上，再发给过渡性养老金。

③关于"老人"。在《国务院关于建立统一的企业职工基本养老保险制度的决定》实施前就已经退休的参保人员属于"老人"，他们仍然按照国家原来的规定发给基本养

老金，同时随着基本养老金调整而增加养老保险待遇。

（3）城镇个体工商户和灵活就业人员都要参加基本养老保险，缴费基数统一为当地上年度在岗职工平均工资，缴费比例为20%；城镇个体户和灵活就业人员退休后按企业职工基本养老金计发办法发放养老金。

（4）建立基本养老金正常调整机制。退休人员的养老金要随着国家基本养老金水平的调整而调整，即根据工资和物价水平的变动，随时调整退休人员的养老金水平，以便使老年人共享社会发展成果。

（二）企业年金

1. 企业年金的含义。国际劳工组织对年金的定义是员工在年老、死亡、残疾时，由社会保障制度给予长期、定期的现金支付。在我国，企业年金实际上是指企业及其职工在依法参加基本养老保险的基础上，自愿建立的补充养老保险制度，是企业在国家宏观指导下，由企业内部决策执行的，是多层次养老保险体系的组成部分。

2. 企业年金的特征。

（1）非营利性。与基本养老保险制度相似，企业年金以为职工提供保障或福利为目的。但和基本养老金相比，覆盖面比较窄，只有经济效益比较好的单位才有能力为职工提供保障。

（2）企业行为。企业年金与基本养老金不同，这是企业在自愿的基础上形成的制度，完全属于企业行为。一方面可以促使职工参与企业的管理，以提高企业的效益；另一方面可以增强企业的凝聚力，促使职工爱岗敬业。

（3）政府鼓励。由于企业年金可以承担一部分社会保障的责任，减轻国家的负担，所以政府支持企业实行这种政策，对企业有税收优惠。

（4）市场化运营。企业年金的缴费人以及受益人享有账户资金投资的决策权、委托权，实行市场化运营，以便使其账户资金达到增值的目的。所以，在达到企业目的的同时，也推动了资本市场的发育及繁荣。

3. 我国企业年金现状。

（1）企业年金的费用由企业和职工双方共同缴纳。企业缴费每年不超过本企业上年度职工工资总额的1/12，企业和职工个人缴费合计一般不超过本企业上年度职工工资总额的1/6。所以，我国企业年金的管理办法主要是控制企业和个人总的缴费规模，并不要求企业比职工多缴费用，这主要是因为我国基本养老保险缴费中企业负担比例远远大于职工。

（2）企业年金基金实行完全积累，采用个人账户进行管理。即企业和个人缴费、年金的投资运营收益都记入个人账户。职工达到退休年龄退休后，可以从本人年金账户中一次或定期支取。没有达到退休年龄的，不得提前支取。职工变动工作单位时，企业年金个人账户资金可以随同转移。出境人员可以根据个人要求一次性支取。职工或退休人员死亡后，其企业年金个人账户余额由其指定的受益人或法定继承人一次性领取。所以，我国的企业年金为确定缴费型，即企业年金计划不向职工承诺未来年金的数额，职工退休后年金的多少完全取决于职工和个人的缴费金额以及投资收益；同时，企业不能自行确定领取企业年金的年龄，要参照国家统一规定的法定退休年龄。

（3）应确定年金基金的受托人。企业年金应与受托人签订合同，一方为企业，一方为受托人，企业年金基金必须和受托人、账户管理人、投资管理人和托管人的自有资产分开，即对企业年金实行单独管理，实行养老基金的管理模式。

（4）企业年金的受托人可以是企业成立的企业年金理事会，也可以是符合国家规定的法人受托机构。企业年金理事会由企业和职工代表组成，其中职工代表不少于1/3。

（三）商业养老保险

1. 商业养老保险的含义。商业养老保险是指个人自愿地为实现老年收入保障提前进行的养老积累行为。通常有两种方式，即银行储蓄和购买商业养老保险（主要是年金保险）。年金保险是人寿保险的一种，与养老的关系最为密切。

发展商业养老保险对社会、对个人有着积极的意义。首先，有利于完善社会保障体系。保险作为一种有利于社会稳定的制度安排，被称为"稳定器"。从世界范围来看，基本社会保险、企业补充保险和商业保险构成了一个国家养老与健康保障体系的三大支柱，越来越多的人开始把商业保险作为解决养老医疗等问题的有效手段。其次，有利于促进我国经济发展方式的转变。商业养老保险是一种市场化、社会化的养老风险管理机制，通过这种机制，能够有效降低家庭养老风险，减少人们的不安全感，刺激家庭消费，从而促进经济的增长，实现消费和投资的平衡增长。最后，有利于优化我国金融市场结构。由于商业养老保险的周期长、资金量大、来源稳定，形成金融市场中重要的融资渠道，为国民经济建设提供大量长期的资金支持，促进金融资源的优化配置。

2. 选择商业养老保险产品应注意的因素。在购买商品时，我们关注的是价格因素和非价格因素，在选择养老保险产品时也要关注这两个因素。

对于价格，"适合自己的才是最好的"，所以应根据自己的需求作出自己的选择。目前，各保险公司的产品价格存在差异，但差异不大。

对于非价格因素，主要包括：

（1）保险公司的偿付能力。因为保险毕竟是对未来的一种承诺，应考虑当发生事故或需要给付时，你选择的保险公司是否能够顺利履行承诺。因此，我们应该选择那些实力比较雄厚、经营相对稳健、管理较为规范的保险公司。这就需要我们平时多关注中国保监会对保险公司的信息披露，及时了解有关信息。

（2）保险公司的服务质量。保险公司是否能够在发生保单理赔给付时提供及时周到的服务，保险公司的服务态度、技术条件以及在民众中的口碑都可以作为选择保险公司时的重要参考指标，以便能够及时得到赔款。

（3）保险公司的网络机构。网络机构的多少一方面可反映其业务规模和经营能力的大小，另一方面也能反映出其客服能力的强弱。所以，应该尽量选择那些网络机构分布比较广泛的公司，以便在异地发生事故时可以比较顺利地享受到保险服务。否则，只能等回到原居住地以后才能向保险公司申请索赔，而且手续、取证等相对来说都比较麻烦。

（4）保险公司的经营特长。每一家保险公司都对客户群进行了细分，每家公司在经营特定保险产品方面的优势不同，所以，应选择那些在自己所需的产品方面有优势的公司。

二、创新退休养老规划工具

（一）养老信托

养老信托是指由委托人与受托人签订信托契约，约定将信托资金一次交付给受托人，由受托人依照委托人的指示，挑选适当的金融产品作为投资组合，在约定的信托期内，由委托人指定的受益人领取本金或孳息，信托期满再由受托人将剩余的信托财产交付受益人的一种信托行为。信托财产主要有基金、存款、股票等金融工具。养老信托在国外比较流行，在不久的将来，在我国境内也会出现养老信托的方式。

（二）以房养老

"以房养老"即住房的反向抵押贷款，又叫"倒按揭"。住房的反向抵押贷款，是指已经拥有房屋产权的老年人将房屋的产权抵押给银行、保险公司等，该金融机构对借款人年龄、预计寿命、房屋的现值、未来的增值折损情况以及借款人去世时房产的价值等进行综合评估后，按其房屋的评估价值减去预期折损和预支利息，并按人的平均寿命计算，将其房屋的价值化整为零，分摊到预期寿命年限中去，按月或年支付现金给借款人，一直延续到借款人去世。它使得投保人终生可以提前支用该房屋的销售款。借款人在获得现金的同时，将继续获得房屋的居住权并负责维护。

当借款人去世后，相应的金融机构获得房屋的产权，进行销售、出租或者拍卖，所得用来偿还贷款本息，相应的金融机构同时享有房产的升值部分。即"抵押房产、领取年（月）金"。因其操作过程像是把抵押贷款业务反过来做，如同金融机构用分期付款的方式从借款人手中买房，所以在美国最先被称为反向抵押贷款，也即倒按揭。

住房反向抵押贷款起源于荷兰。如今，这种贷款方式在美国以及欧洲的一些发达国家已经发展得很成熟了，许多老年人将之作为安度晚年的一种有效保障。2005 年 11 月 15 日美国倒按揭借贷协会宣布，从 2006 年开始，美国拥有住房的老年人在办理倒按揭业务时可以得到房产评估价值更大比例的贷款。这将极大促进该项业务的发展。

2013 年国务院印发的《关于加快发展养老服务业的若干意见》明确提出"开展老年人住房反向抵押养老保险试点"，从 2014 年 7 月 1 日起，北京、上海、广州和武汉四地启动了"以房养老"试点工作。此举虽然引发公众的关切和热议，但截至 2016 年末，各试点地区以房养老业务规模依然很小。

 【案例分析 1】

王先生的亲戚家族关系攀三附四，王先生身为家族中第二代的老大，自然肩负起沟通家族内大小纷争、排解协调亲戚间摩擦的责任。但是有些好吃懒做的亲戚还是会隔三差五找王先生周转，要 100 万元就给 60 万元，要 60 万元就给 30 万元，王先生也知道那些人越帮越索求无度，但是又不想破坏亲戚关系。在帮助关心远亲近戚之时，如何能保持距离来保护自己呢？

分析：如果王先生与某机构建立养老信托，由机构依王先生情况与指示来管理信托财产。由于王先生的资产进入信托，已经自王先生身上独立、隐藏起来，所以王先生的名下已经没有大笔的资产了，面对索求无度亲友的周转，也有理由婉拒了。

 【案例分析2】

20 年前曾是两家藤制工艺品家具公司大老板、月赚几万元的李先生，自从印度尼西亚禁止藤材出口后，随着台南县关庙乡制藤业一蹶不振，10 多年来一直吃老本过活，昨天因家人已没钱吃饭，只好载着自制的藤家具及饰品到路旁叫卖。李先生人生的起落，见证了关庙制藤业的兴衰。曾是叱咤一方响当当的人物，如今得靠摆摊维生。不少乡亲看了都感慨不已。

如果李先生于事业顶峰的时候与某机构建立养老信托为将来的退休生活作准备，约定 20 年后退休时固定领取生活费，依李先生与此机构协商出的对李先生最有利的投资管理方式来投资管理及支付信托财产，即使时光背景变迁，李先生也会无后顾之忧的。

不是每一个人都有管理资产的才能，也可能因为自己行为能力的退化，或者不愿意、不擅长进行投资，导致自己的财产找不到合适的投资项目，有可能造成自己的资产越来越少。所以，可以通过信托的方式将资产交给他人管理，实现财产增值的目的。

 【阅读材料】

"养儿防老"与"以房养老"

我国几千年来的"养儿防老"、"赡养父母"观念根深蒂固，老百姓对"倒按揭"并不怎么买账。一方面，如果老人将房子抵押给银行换取生活费，那么就无法"再给子女留点什么了"，老人怕因此影响两代人之间的感情；另一方面，如果子女不赡养父母，让老人"自给自足"，那也会被认为是不孝的表现，他们情愿先给老人生活费，再继承老人财产，也不愿意背上不孝的"骂名"。不过，随着人们思想观念的逐步开放，不少老年人和青年人已开始接受这种养老模式。在我国，"倒按揭"并不是完全没有市场，对那些无子无女、或是子女比较开明、或是不想将房产遗留给子女、或是子女在国外的空巢老人来讲，他们还是有这种需求的。

除了"倒按揭"的养老模式，近年来在国内还出现了"以房自助养老"协议。上海公积金管理中心在 2006 年本市公积金制度执行情况公报中透露，该中心会同有关部门开展"以房养老"方案研究和试点工作已取得实质性启动。方案欲在一户家庭中先行试点，试点方案暂定名为"以房自助养老"协议，而并非"倒按揭"模式。"以房自助养老"协议的基本内容为：65 岁以上的老年人，可以将自己的产权房与市公积金管理中心进行房屋买卖交易，交易完成后，老人可一次性收取房款，房屋将由公积金管理中心再返租给老人，租期由双方约定，租金与市场价等同，老人可按租期年限将租金一次性付与公积金管理中心，其他费用均由公积金管理中心交付。可见，上海公积金管理中心推出的"以房自助养老"协议与"倒按揭"模式还真的是不一样。

【实训活动】

　　以"现今社会里是否还需要养儿防老"为论题，展开班级养老问题探讨。将班级同学分为正反方两组，正方观点：需要；反方观点：不需要。

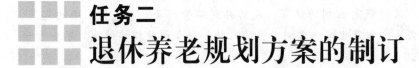

任务二
退休养老规划方案的制订

　　运用制订退休养老规划方案方法，制订退休养老规划方案，即能够根据客户退休目标、资金需求和预期收入制订退休养老规划方案并能够根据各因素的变化予以调整。

【工作目标】

　　1. 能够根据客户退休养老信息，预测客户的退休养老资金需求。
　　2. 能够预测客户的退休收入，依据退休养老规划的原则制订退休养老规划方案。
　　3. 能够根据各因素的变化，调整退休养老规划方案。

训练一　　预测退休养老资金需求

【知识要点】

　　一、确定退休养老目标

　　1. 估计客户的退休年龄。确定了退休年龄就意味着确定了客户的剩余工作时间，从而为结合退休目标进而确定储蓄率奠定基础。

　　2. 明确退休后生活质量要求。客户的生活方式和生活质量要求应当是建立在对收入和支出进行合理规划的基础上，不切实际的高标准只能让客户的退休生活更加困难。在制订退休养老规划时，要特别警惕客户为了短期利益而损坏退休生活的行为。应当指出，客户在退休年龄和退休后生活质量两方面的要求并不是孤立的，二者之间相互关联，例如客户为了获得更多的时间享受退休生活，可能不得不降低退休后生活质量要求，而客户为了追求更高质量的退休生活，则必须延长工作时间，推迟退休年龄。

　　二、预测退休养老资金需求

　　退休后选择不同的生活状态必然对应着不同的资金需求。确定退休目标后，应当预测退休后的资金需求。简单方法是以当前的支出水平和支出结构为依据，将通货膨胀等各种因素考虑进来之后分析退休后的支出水平和支出结构的变化。这样，按差额调整以后，就大体得到了退休后的资金需求。当然，在预测资金需求时，不可能非常准确，因为许多不确定性的因素都会存在，要求根据自己的专业知识进行大体估算。

每个家庭的消费习惯不同，但同一个家庭的消费习惯并不会因退休而有大幅改变。如果客户现在就有记录家庭收支的习惯，通过目前支出明细的相应调整来编制退休后的支出预算，会让退休后的生活目标更容易实现。

 【案例分析】

假设程先生从事特殊行业，按照国家规定可以在 55 岁退休，妻子李某为银行职员，同样是 55 岁退休。夫妇俩同岁，距退休还有 20 年，目前支出结构和规模如表8－1第二栏所示。为了对退休后的生活费用进行估计，先根据退休后的预测按照目前的价格水平对支出结构和规模进行调整，如表8－1第三栏所示。假设通货膨胀率为3%，则调整后的 4 万元支出水平的购买力在退休后第一年与72 244 元的购买力等价（已知年数20，年利率3%，现值40 000，终值为72 244.45）。

表 8－1　　　　　　　　　退休后第一年生活费用的估计

项目	目前支出（元）	退休调整（元）	通货膨胀率	退休时终值
饮食	1 万	1 万		
衣物	0.5 万	0.3 万		
交通	0.5 万	0.3 万		
休闲	0.5 万	0.7 万		
医疗	0.5 万	0.7 万	3%	72 244 元
保费、房贷	2 万	0 万		
子女教育	1 万	0 万		
其他	1 万	1 万		
合计	7 万	4 万		

假设程先生夫妇退休后的余寿为25 年，则程先生夫妇退休后所需退休养老基金的计算如下。

假设退休养老资金的投资收益率和通货膨胀率相抵消，则：

退休养老资金 = 72 244 × 25 = 1 806 100（元）

也就是说，从程先生夫妇刚刚退休这一时点看，也就是 55 岁时，夫妇俩需要 1 806 100 元的退休养老资金。

【实训活动】

计算自己家庭退休养老的资金需求。

训练二　制订退休养老规划方案

在对客户的退休养老需求分析后，应该预测客户的退休收入，找到退休后的资金需求和退休后的收入之间的差别，进而制订详尽的退休养老规划方案。

【知识要点】

一、制订退休养老规划原则

1. 及早规划原则。储备退休以后的生活费用，就要减少年轻时的支出，所以退休养老规划的制订实际上就是调整即期消费和远期消费的关系。如果要提高退休以后的生活质量，就要减少现在的消费支出，同时还要提高现在的投资收益。

小李在 22 岁到 27 岁之间每年拿出 2 000 元用于投资，假设投资收益率为 12%，并且在 28 岁到 62 岁间不进行投资，则从 22 岁到 27 岁 6 年之间 12 000 元的投资额在 62 岁时（岁末）可以增值到 856 957 元。小王在 28 岁到 62 岁之间每年拿出 2 000 元用于投资，同样假设投资收益率为 12%，则从 28 岁到 62 岁的 35 年间投资额，在 62 岁时可以增值到 863 327 元。比较小李和小王两个人的投资方法，小李投资的时间较早，小王投资的时间较晚；小李投资了 6 年，总投资额为 12 000 元，李四投资了 35 年，总投资额为 70 000 元；但两人最终投资的结果却是差不多的。

由此，可以得出结论，退休养老规划准备得早，可以使资金的使用达到事半功倍的效果。在条件允许的情况下，进行早期的强制性储蓄是非常必要的。

2. 弹性化原则。退休养老规划的制订要结合自己的实际情况，不能好高骛远。根据自己的收入水平、身体状况等制定适合自己的目标。如果出现意外状况，可以调整原来的计划，例如推迟退休时间、降低退休生活质量、提高投资收入等。退休养老规划的制订要具有弹性或缓冲性，以便随时作出相应调整。

3. 退休基金使用的收益化原则。为了保证退休后的生活，比较传统的做法就是增加储蓄。事实上，在增加储蓄的时候，应当注意这部分储蓄的收益大小，因为任何资金都是有时间价值的。准备的退休基金在投资中应遵循稳健性的原则，但是这并不意味着要放弃退休基金进行投资的收益。通常，投资者总是在稳健性和收益性之间寻求一个折中方案，在保持稳健性的前提下，寻求收益的最大化。

4. 谨慎性原则。未来的生活中有太多不确定因素，因此，对自己退休以后的生活不要抱有过于乐观的态度，即要尽量多估计退休以后的支出，少估计退休以后的收入，在制订退休养老规划的过程中，应当本着谨慎性的原则，这样才能使退休后的生活有更多的财务资源。

二、预测退休养老收入

客户的退休生活最终都要以一定的收入来源为基础。一般的退休收入主要包括社会保障、企业年金、商业保险、投资收益和兼职工作收入等。在预测退休后收入时，首先需要将退休收入在不同时点的额度预测出来，之后将退休后的收入额度折现至退休后的时刻，也就是考虑到货币时间价值后的折现值。在计算退休后折现值的时候需要使用恰当的折现率，这个折现率应该使用退休基金的投资收益率。

由于退休养老规划往往涉及较长的时期，不确定因素很多，对客户退休收入的估计也难免会出现一定的偏差，从而影响到退休养老规划方案的准确性。因此，在预测客户退休收入时不应过分强调准确。

退休后的收入实际上是退休后的生活保障，不同退休养老规划工具一起构成了保障退休养老的不同"防线"。其中，保障退休养老的第一道"防线"应当是国家的社会保险制度，如我国企业职工退休后获得的职工基本养老保险金；第二道"防线"应当是企业年金收入；第三道"防线"应当是商业性养老保险的保险金收入；第四道"防线"应当是个人储备的退休养老基金；第五道"防线"应当是房产变现收入。这些"防线"对不同人来说有不同作用，有的可能有这种保障，有的人可能没有。比如，如果没有自己的房子，就没有住房的变现收入。

三、制订退休养老规划方案

前面已经确定客户退休养老资金需求，并且对客户退休养老收入进行了预测。通常退休养老资金需求与退休养老收入的预测之间会存在差异，并且这个差异往往表现为预测的退休养老收入达不到退休养老资金需求。所以，在制订退休养老规划方案时，往往先用退休养老资金需求（折现值）减去退休养老收入（折现值），就可以得到退休养老资金的缺口，简称"大缺口"。需要注意的是，计算的时间以退休当年为标准，见图8-2。

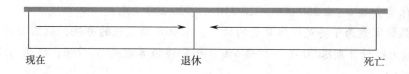

现在　　　　　　　　　退休　　　　　　　　　死亡

图8-2　养老资金的折现图

退休养老资金的大缺口 = 退休养老资金需求（折现值）
－退休养老收入（折现值）

由于大多数客户目前已经积累了一定额度的退休养老资金，并且这些退休养老资金也在不断地投资增值，例如，如果存放在银行就会每年得到银行存款利息，对外投资就会得到投资收益，所以已经积累的退休养老资金在退休时会产生增值，即退休时刻的终值。用上面计算出来的退休养老资金的缺口（大缺口）减去已经积累的退休养老金资金在退休时的终值，就得到了退休养老资金的"小缺口"（简称小缺口）。

退休养老资金的小缺口 = 退休养老资金需求（折现值）－退休养老收入（折现值）
－已有退休养老资金的积累（终值）

这个小缺口就是客户应该从现在开始积累养老资金要达到的目标。为了达到这一目标，可以采用定投（固定时期、固定额度）的方式，也可采取其他的方式储备退休养老资金。

一般来说，退休养老资金的保存方法主要是银行存款、债券和基金等形式，同时，也可以在股票市场行情较好的时候配置少量的股票。因为退休养老资金的专项使用，其保存应当在保证资金安全的基础上关注收益率。

 【案例分析】

李先生夫妇今年均刚过 35 岁，打算 55 岁退休，估计夫妇俩退休后第一年的生活费用为 9 万元，考虑到通货膨胀的因素，夫妇俩的生活费可能会以每年 3% 的速度增长。夫妇俩预计可以活到 80 岁，并且现在拿出 10 万元作为退休基金的启动资金，每年的年末投入一笔固定的资金进行退休基金的积累。夫妇俩情况比较特殊，均没有缴纳任何社保费用。夫妇俩在退休前采取较为积极的投资策略，假定年回报率为 6%，退休后采取较为保守的投资策略，假定年回报率为 3%。试计算，如果采取定额定投方式，需要每年年末投入多少资金？

分析：

1. 夫妇两人 55 岁退休，预计生活到 80 岁，退休后的生活年限为 25 年，退休养老资金的投资收益率和通货膨胀率均为 3%，相互抵消。所以退休养老资金总需要：$25 \times 9 = 225$（万元）。

2. 夫妇两人在退休后没有收入。

3. 10 万元启动资金至 55 岁退休时的价值：$100\ 000 \times$ 复利终值系数（$PV = 100\ 000$，$N = 20$ 年，$I = 6\%$）$= 100\ 000 \times 3.2071 = 320\ 710$ 元。

4. 退休资金缺口：$2\ 250\ 000 - 320\ 710 = 1\ 929\ 290$（元）。

5. 如果该家庭为了补足退休资金的缺口，采取定额定投的办法，则需要计算每次投入的资金额为：计算期限 20 年，利率 6%，年金终值系数为 36.786，终值为 1 929 290 元的年金。

$1\ 929\ 290 =$ 年金 $\times$ 年金的终值系数 $=$ 年金 $\times 36.786$

年金 $= 1\ 929\ 290 \div 36.786 = 52\ 446$（元）

如果采取定额定投方式，需要每年年末投入 52 446 元，才能满足退休养老的资金需求。

【实训活动】

讨论分析如下案例：高先生今年 36 岁，打算 65 岁退休，考虑到通货膨胀的因素，他退休后每年生活费用需要 12 万元。高先生预计可以活到 85 岁，他首先拿出 10 万元储蓄作为退休基金的启动资金，并打算每年年末投入一笔固定的资金。为了达到退休基金的必要规模，计算高先生在退休前每年应投入额。

训练三　调整退休养老规划方案

随着实际生活的变化，退休养老目标、退休养老资金需求和预期退休养老收入等都可能会发生变化，因此对于退休养老规划的方案需要随时作出调整。通常调整的方法有提高储蓄的比例即降低目前的生活水平、延长工作年限即推迟退休时间、减少退休后的支出即降低退休后的生活质量、进行更高收益率的投资、退休后兼职工作、寻找收入更高的工作、参加额外的商业保险等途径。如图 8 – 3 所示。

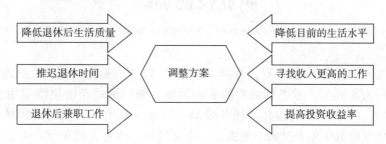

图 8 – 3　退休养老规划调整方案

【案例分析】

　　王先生现年 40 岁，计划 60 岁退休，预计可以活到 85 岁。退休后每年需要 10 万元生活费用。他现在拿出 10 万元作为养老基金的启动资金，并打算在每年年末投入一笔固定资金，假设退休前采取较为积极的投资策略，假定年回报率为 9%，退休后采取较为保守的投资策略，假定年回报率为 6%。

　　分析：首先，计算退休养老资金总需求。由于王先生在退休后还能活 25 年，退休后每年生活费需要 10 万元，退休后采取较为保守的投资策略，年回报率为 6%，则退休养老资金总需求，即计算期限 25 年、利率 6%、年金 10 万元的现值。

　　总需求 = 100 000 × 12. 7834 = 1 278 340（元）

　　其次，计算 40 岁时 10 万元的启动资金到王先生 60 岁退休时增长到的数额，即计算启动资金 10 万元的终值，即期限 20 年、利率 9%、10 万元的复利终值。

　　届时的资金 = 100 000 × 5. 6044 = 560 440（元）

　　再次，计算退休资金缺口 = 1 278 340 – 560 440 = 717 900（元）

　　最后，计算王先生每年应投入的资金，即计算期限 20 年、利率 9%、终值为 717 900元的年金。

　　年金 = 717 900 ÷ 51. 160 = 14 032（元）

　　如果该家庭没有 10 万元作为启动资金，则需要增加每年的投资额，即计算期限 20年、利率 9%、终值 1 278 340 元的年金。

　　年金 = 1 278 340 ÷ 51. 160 = 24 987（元）

【实训活动】

　　活动 1：假设你的父母都有固定的工作，收入比较稳定，应建议他们如何准备退休资金？

　　活动 2：如果你现年 28 岁，刚刚成家，处于工作蒸蒸日上时期，收入有良好的前景，应如何准备退休基金？

职业技能训练

欧阳先生夫妇目前刚过 35 岁，打算 20 年后即 55 岁时退休，估计夫妇俩退休后第一年的生活费用为 8 万元。考虑到通货膨胀的因素，夫妇俩每年的生活费用预计会以年 4% 的速度增长。夫妇俩预计退休后还可活 25 年，现在拟用 20 万元作为退休基金的启动资金，并计划开始每年年末投入一笔固定的资金进行退休基金的积累。夫妇俩在退休前采用较为积极的投资策略，假定年回报率为 6%，退休后采用较为保守的投资策略，假定年回报率 4%。

要求：

1. 请根据上述资料，算出欧阳先生夫妇养老金缺口，如采取每年年末定期定投的方法，每年年末需投入多少资金？

2. 若欧阳先生夫妇每年的结余没有这么多，二人决定将退休年龄推迟 5 年，原 8 万元的年生活费用按照年 4% 的上涨率上涨，方案调整后，养老资金的缺口是多少？（不考虑退休后的收入情况）

本章习题

一、单项选择题

1. 为了保证客户在将来有一个自立、尊严、高品质的退休生活，需从现在开始积极实施的理财规划是（   ）。

A. 现金规划   B. 退休养老规划

C. 投资规划   D. 风险管理和保险规划

2. 现实生活中，有大量给个人的退休生活带来影响的因素，这些因素构成了对退休养老规划的需求。这些因素不包括（   ）。

A. 预期寿命的延长   B. 提前退休   C. 市场利率波动   D. 婚姻出现问题

3. 养老保险是国家和社会根据一定的法律法规，为解决劳动者在达到国家规定的解除劳动义务的劳动年龄界限，或者因为年老丧失劳动能力退出劳动岗位后的基本生活而建立的一种社会保险制度。它是以（   ）手段来达到保障的目的。

A. 社会救济   B. 财政拨款   C. 社会福利   D. 社会保险

4. 当前大多数国家的养老保险体系有三个支柱，即基本养老保险、企业年金和

（　　　）组成。

　　A. 商业养老保险　　　　　　　　　　B. 年金养老保险

　　C. 基金养老保险　　　　　　　　　　D. 个人储蓄型养老保险

5. 企业年金是一种补充养老保险，关于企业年金与基本养老保险的关系的描述，正确的是（　　　）。

　　A. 所有企业都必须建立企业年金计划

　　B. 部分效益比较好的企业可以建立企业年金计划

　　C. 企业可以自行选择基本养老保险和企业年金之一建立

　　D. 基本养老保险和企业年金缺一不可

6. 即期的缴费一部分用于应付当年养老金支出，一部分用于为受保人建立养老储备基金，这种养老保险模式是（　　　）。

　　A. 完全基金式　　　　　　　　　　　B. 部分基金式

　　C. 国家统筹养老保险模式　　　　　　D. 强制储蓄养老保险模式

7. 按照养老保险资金的征集渠道不同，养老保险制度可以分为三种形式，这三种形式不包括（　　　）。

　　A. 现收现付式　　　　　　　　　　　B. 投保资助养老保险模式

　　C. 国家统筹养老保险模式　　　　　　D. 强制储蓄养老保险模式

8. 我国现在基本养老金的发放办法采取"新人新制度、老人老办法、中人逐步过渡"的方式，其中在《国务院关于建立统一的企业职工基本养老保险制度的决定》（国发〔1997〕26 号）实施后参加工作的参保人员属于（　　　）。

　　A. 新人　　　　　　B. 老人　　　　　　C. 中人　　　　　　D. 少人

9. 2006 年 1 月 1 日起，基本养老保险个人账户的规模从统一由本人缴费工资的11% 调整为（　　　），全部由个人缴费形成，单位缴费不再划入个人账户。

　　A. 7%　　　　　　　B. 8%　　　　　　C. 9%　　　　　　D. 10%

10. 退休养老规划不一定是一成不变的，可以根据环境的变化或者客户需求的改变而作出相应调整。这符合制订退休养老规划的（　　　）。

　　A. 弹性化原则　　　B. 谨慎性原则　　　C. 灵活性原则　　　D. 易变性原则

二、多项选择题

1. 客户退休养老规划收集的信息有（　　　）。

　　A. 家庭结构　　　B. 预期寿命　　　C. 退休年龄　　　D. 通货膨胀率

2. 理财规划师为客户进行退休养老规划的时候，首先就要确定退休目标。所谓的退休目标是指人们所追求的退休之后的一种生活状态。我们可以将确定退休目标分解成两个因素，即（　　　）。

　　A. 退休年龄　　　B. 退休金数量　　　C. 退休后的生活质量要求

　　D. 退休后的收入来源　　　　　　　　E. 退休后的支出数额

3. 客户的退休生活最终都要以一定的收入来源为基础。一般而言，客户的退休收入包括（　　　）。

A．社会保障　　　B．企业年金　　　C．商业保险　　　D．投资收益

E．兼职工作收入

4. 理财规划师为客户制订退休养老规划必须遵循弹性化原则，下列做法符合这一项原则的有（　　）。

A．退休养老规划的制订，应当视个人的身心需求及实践能力而定

B．当理财规划师发现拟定的目标过高的时候，适当地调整，以可行的策略与目标取而代之

C．劝说客户尽早进行规划

D．在预测客户退休后收入的时候对不确定的收入采取保守预测

E．发现客户工作单位效益不佳，规划的时候考虑了好坏两种情形

5. 客户在制订退休养老规划之前往往都对自己的退休养老生活有一定的认识和打算，但是，客户的理解和认识有一些是不够科学、合理的，理财规划师要及时发现客户的不准确的理念并且加以提示，帮助客户树立正确的退休养老规划理念。下列客户对于退休养老生活的理解中不科学的有（　　）。

A．青年人没有必要考虑退休养老金问题

B．女性更需要退休养老规划

C．所有人都应该警醒早期强制储蓄，未雨绸缪，尽早规划退休生活

D．退休后生活存在很大的不确定性，所以退休养老规划要有弹性

E．退休后的生活开支一般会明显下降，所以退休金的准备可以保守一些

6. 社会养老保险是世界各国较普遍实行的一种社会保障制度。一般具有以下几个特点（　　）。

A．国家立法，强制实行

B．由国家、单位和个人三方或单位和个人双方共同负担

C．影响很大，享受人多且时间较长

D．必须设置专门机构

7. 制订退休养老规划的原则有（　　）。

A．及早规划原则　　　　　　　　　B．弹性化原则

C．退休基金使用的收益化原则　　　D．谨慎性原则

8. 通常客户的退休后的资金需求与对客户退休收入的预测之间会存在差距，并且这个差距往往表现为预测的退休收入达不到退休后的资金需求。为了弥补这一缺口，理财规划师可以利用（　　）等途径实现对退休养老规划方案的进一步修改。

A．提高储蓄的比例　　　　　　　　B．延长工作年限

C．进行更高收益率的投资　　　　　D．减少退休后的支出

E．参加额外的商业保险

9. 为了保证退休规划的正确性和有效性，建立退休规划需要遵循一定的程序。一般来说，一个合理的退休规划离不开以下几个环节（　　）。

A．确定退休目标　　　　　　　　　B．确定保险金额需求

C. 预测退休资金的需求　　　　　　　D. 预测退休收入

E. 找到差距并制订详细的退休规划

10. 下列哪些属于退休养老基金的保存方式（　　　）。

A. 银行存款　　　　B. 债券　　　　C. 基金　　　　D. 股票

三、判断题

1. 进行退休养老保险规划的时候要密切关注利率和物价因素，因为它们会影响个人退休的生活品质。（　　　）

2. 社会养老保险费用中的企业缴费的比例一般不得超过企业工资总额的20%。（　　　）

3. 我国现在的养老保险制度是完全基金式的。（　　　）

4. 我国养老保险实行社会统筹和个人账户相结合的运行模式，其中的个人账户经财政批准可以提前支取。（　　　）

5. 在《国务院关于建立统一的企业职工基本养老保险制度的决定》实施前参加工作、实施后退休的参保人员属于"老人"。（　　　）

6. 企业年金的费用由企业和职工双方共同缴纳。企业缴费每年不超过本企业上年度职工工资总额的 1/12。（　　　）

7. 在制订退休养老规划的过程中，应当本着谨慎性的原则，多估计些支出，少估计些收入，使退休后的生活有更多的财务资源。（　　　）

8. 企业年金计划完全由企业自主决策，在我国，职工未能达到退休年龄的经企业股东大会批准也可以领取企业年金。（　　　）

9. 在我国，企业职工退休年龄是男年满 60 周岁，女工人年满 50 周岁，女干部年满55 周岁。（　　　）

10. 理财规划师设计好理财规划方案并交付客户，也就意味着理财方案的最终确定。（　　　）

项目九

财产分配与传承规划

CAICHAN FENPEI YU
CHUANCHENG GUIHUA

人生是海，金钱是船夫。如无船夫，渡世维艰。

——威克林

【工作任务】

1. 掌握家庭成员权利义务关系的相关知识。
2. 熟悉收集客户家庭构成信息的各项流程和工作方法。
3. 熟悉婚姻家庭财产风险因素，并能结合客户具体情况进行分析。
4. 熟悉有关财产权属的法律规定，并掌握界定财产属性的方法。
5. 掌握遗产的界定及遗产分割的原则。

【引导案例】

2007 年去世的侯耀文留下千万家产，却因为没有预留一份遗嘱，他的大女儿侯瓒因难以支付房贷而被告上法庭，而侯瓒及其妹妹又以父亲财产被伯父侯耀华侵占为由打起了官司。因遗产引发的纷争，令家人、亲戚、朋友争相撕破脸皮，上演着一幕幕现实版"豪门恩怨"。

分析：名人在精神上和身体上都比普通民众要承受更多压力和付出更多心血，因而名人因疾病或自杀等原因过早离世的事例经常出现，名人又属于超高收入者，家底丰厚，因此，他们的突然离世很容易引出遗产纠纷，从而导致亲情破裂甚至彼此仇视。本着未雨绸缪的原则，一定要先立下遗嘱。

资料来源：四川在线—华西都市报。

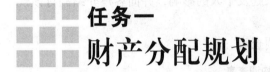

任务一
财产分配规划

财产分配规划是针对夫妻财产而言的，是对婚姻关系存续期间夫妻双方的财产关系进行的调整，因此财产分配规划也称为夫妻财产规划。

【工作目标】

1. 能与客户有效沟通，全面收集财产分配规划中所需的客户信息。
2. 帮助客户正确区分家庭各种财产的属性。
3. 帮助客户进行财产分配规划。

【工作程序】

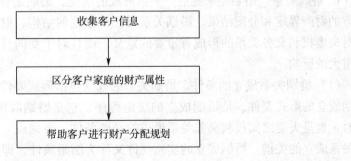

训练一 收集客户信息

收集客户信息是开展理财规划服务最基础也是最重要的一步，信息收集是否真实全面，直接影响着理财规划服务的质量。对于不同的规划服务，需要收集的客户信息也有不同。在财产分配规划中，理财规划师需要收集的信息不仅包括客户家庭的财产结构信息还包括其家庭基本构成及家庭成员之间关系等信息。

【知识要点】

一、家庭构成及家庭成员信息的收集

（一）客户信息收集的流程

1. 与客户沟通，介绍财产分配规划对其家庭及个人的影响，并向客户介绍制订该规划所需了解的必要信息。

2. 指导客户填写事先准备好的家庭结构调查表。

表9-1 客户家庭结构调查表

客户姓名		性别		年龄	
住址		职业		家庭成员人数	
成员姓名	与客户关系	性别	年龄	健康状况	职业

3. 详细了解客户及其家庭成员目前的工作、生活、经济状况，客户对其家庭成员所应承担的抚养、赡养等义务。

（二）客户家庭成员关系

理财规划师要为客户财产分配规划提供咨询服务，首先要正确界定围绕客户财产产生的各种关系。

1. 婚姻关系。婚姻是家庭财产关系形成的前提，婚姻是否有效直接影响到婚姻关系双方的财产界定和分配结果。婚姻关系对一个家庭的结构、财产状况有着重要影响，不仅对夫妻权利义务关系的形成有重要的意义，而且对子女的身份、家庭利益分配也会产生重大的影响。

（1）婚姻关系成立的条件。婚姻关系的成立包括形式要件和实质要件。结婚登记是婚姻成立的形式要件，是婚姻成立的法定程序，它是婚姻取得法律认可和保护的方式，同时，也是夫妻之间权利义务关系形成的必要条件。婚姻成立还需要实质要件，这是婚姻关系成立的关键。婚姻成立的实质要件又称为结婚条件，即婚姻当事人双方本身的情况以及双方之间的关系必须符合法律的规定，包括婚姻当事人必须具备的条件和必须排除的条件。必备条件包括结婚双方当事人自愿；双方需达到法定年龄，男不得早于22

周岁，女不得早于 20 周岁。结婚的禁止条件包括禁止一定范围内的血亲结婚；禁止患有一定疾病的人结婚；结婚当事人不能与第三者有婚姻关系存在。

（2）婚姻关系成立的时间。婚姻关系成立的时间以批准登记时间为准。

（3）夫妻之间的权利和义务。夫妻之间的权利和义务，是基于婚姻关系的建立而产生的。

①夫妻之间有相互扶养义务。即在夫妻关系存续期间，夫妻双方在物质上和生活上互相扶助、互相供养的义务。

②夫妻对共同财产的平等处分权。指夫妻对共同所有的财产有平等的占有、使用、收益和处分的权利，不能根据某一方收入的多少和有无来决定或改变其处理共同财产权利的大小。夫妻双方在对财产进行处理时，应当平等协商，达成一致，任何一方都无权违背另一方意志擅自处理夫妻共同财产。

③夫妻有相互继承遗产的权利。财产的传承是遗产秩序的重要组成部分，而继承是其中核心一环。夫妻在婚姻关系存续期间所获得的共同财产，除事先约定的以外，在分割财产时，应当先预提配偶所拥有的双方共同财产的一半，剩余的则为被继承人的遗产，并且夫妻互为第一顺序法定继承人。

2. 子女。子女是家庭成员的重要组成部分，包括婚生子女和非婚生子女。父母对子女有抚养教育的义务；子女对父母有赡养扶助的义务。父母不履行抚养义务时，未成年的或不能独立生活的子女有要求父母付给抚养费的权利。子女不履行赡养义务时，无劳动能力或生活困难的父母，有要求子女付给赡养费的权利。

3. 父母。在家庭关系中，父母是相对于子女而言的概念。在一个家庭里，父母与子女互为家庭成员，是承担亲属间抚（扶）养权利义务的基本主体，具有密切的人身和财产关系。法律上的父母子女关系可以分为两类：一类是自然血亲的父母子女关系；包括父母与婚生子女、父母与非婚生子女；另一类是拟制血亲关系，包括养父母与养子女、继父母与受其抚养教育的继子女。

4. 兄弟姐妹。兄弟姐妹是血缘关系中最近的旁系血亲。依法律规定，兄弟姐妹在一定条件下，相互负有法定的扶养义务。有负担能力的兄、姐，对于父母已经死亡或父母无力抚养的未成年弟、妹，有抚养义务；有负担能力的兄弟姐妹，对于无劳动能力而且生活困难的兄弟姐妹，应给予经济上的帮助。

5. 祖父母、外祖父母。祖父母、外祖父母是孙子女、外孙子女除父母以外最近的直系亲属。依据有关规定，有负担能力的祖父母、外祖父母，对于父母已经死亡或父母无力抚养、未成年的孙子女、外孙子女，有抚养义务。因此，在一定条件下，祖父母、外祖父母与孙子女或外孙子女具有一定的人身和财产关系。

二、客户家庭财产信息的收集

（一）家庭财产的内容

家庭财产既可以是作为生活资料使用的财产，也可以是作为生产资料使用的财产，主要包括以下四个方面。

1. 合法收入。家庭合法收入是指家庭成员通过各种合法途径取得的货币收入与实物收入。如劳动收入，接受继承、赠与、遗赠的收入以及由家庭财产产生的天然孳息和法定孳息等。

2. 不动产。家庭不动产主要指房屋，房屋是家庭生活中的重要财产，可以通过自建、购买、继承、赠与等方式取得房屋所有权。房屋是不动产，按照法律规定必须依法登记后才能取得完全的法律效力。

3. 金融资产。随着居民家庭收入的不断增加以及金融市场的不断发展，金融资产在家庭财产中占据的份额越来越大，品种也越来越多，主要包括储蓄、债券、保险、基金、股票等。

4. 其他财产。除以上所列资产外，家庭中还包括其他一些资产，如家庭所拥有的家电、家具、珠宝首饰、家庭收藏的古董字画等。

（二）指导客户填写事先准备好的客户财产登记表

通过填写客户财产登记表的方式收集客户家庭的财产信息。如表9-2所示。

表9-2   客户财产登记表

财产类别	数量	价值	取得时间	备注

【实训活动】

活动1：分组设计家庭结构调查表、家庭财产登记表。

活动2：分组模拟客户信息收集过程。

训练二　界定财产分配规划中的财产属性

理财规划师只有正确界定客户财产的属性，才能为客户量身定做财产分配规划，同时保证其所提供的理财规划建议书合法有效，这也是实现客户理财目标的重要保障。财产的权属不仅包括财产本身的属性界定，还包括附着于其上的权利属性界定。

【知识要点】

一、界定客户财产权属的流程

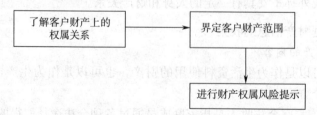

二、界定客户财产范围

（一）夫妻法定财产

夫妻法定财产是指夫妻在婚前或婚后均没有对双方共有的财产作出约定或者约定不明确时，依照法律的规定直接对夫妻之间的财产所做的划分。一般情况下，夫妻法定财产分为法定共有财产和法定特有财产。

1. 夫妻法定共有财产。夫妻法定共有财产是指夫妻在婚姻关系存续期间所取得的，归夫妻双方共同所有的财产。即指在婚姻关系存续期间，除了个人特有财产和夫妻另外有约定的财产外，夫妻双方或一方所得的财产，均归夫妻共同所有。在共同所有还是个人所有不能确定时，推定为共同所有。夫妻法定财产通常有以下几类。

（1）工资奖金。这里的工资奖金应作广义的理解，泛指工资性收入。目前我国职工的基本工资只是个人收入的一部分，在基本工资之外，还有各种形式的补贴、奖金、福利等，甚至还存在着一定范围的实物分配，这些共同构成了职工的个人收入。在婚姻关系存续期间，个人的工资奖金等收入属于夫妻法定共有财产的范围。

（2）生产、经营的收益。在婚姻关系存续期间，夫妻一方或双方从事生产、经营的收益，既包括劳动所得，也包括大量的资本性收入。

（3）知识产权的收益。知识产权是一种智力成果权，它既是一种财产权，也是一种人身权，具有很强的人身性，与人身不可分离。婚后一方取得的知识产权权利本身归一方专有，权利也仅归权利人行使，但是，通过知识产权取得的经济利益，属于夫妻共同财产。

（4）金融资产。金融资产如股票、债权、保险的权利等在婚姻存续期间取得的，都是夫妻共同财产。

（5）因继承或赠与所得的财产，但遗嘱或赠与合同中确定只归夫或妻一方的财产除外。共有财产关注更多的是家庭，是夫妻共同组成的生活共同体，而不是个人，由此，夫妻一方经法定继承或遗嘱继承的财产，同个人的工资收入、知识产权收益一样，都是满足婚姻共同体存在的必要财产，应当归夫妻共同所有。

（6）其他应当归夫妻共同所有的财产。这是一项概括性规定。随着社会经济的发展和人们生活水平的提高，夫妻共有财产的范围在不断地扩大，共有财产的种类也在不断地增加。

2. 夫妻法定特有财产。所谓夫妻法定特有财产，又叫夫妻个人财产或夫妻保留财产，是夫妻在拥有共有财产的同时，依照法律规定，各自保留的一定范围的个人所有财产。婚姻一方对属于自己的这部分财产，可以自由地进行管理、使用、收益和处分，以及承担有关的财产责任等，不需要征得另一方的同意。

法律规定的夫妻个人财产通常有以下几类。

（1）一方的婚前财产。婚前财产是指夫妻在结婚之前各自所有的财产，包括婚前个人劳动所得财产、继承或受赠的财产以及其他合法财产。婚前财产归各自所有，不属于夫妻共有财产。

（2）一方因身体受到伤害获得的医疗费、残疾人生活补助费等费用。这里的医疗费、残疾人生活补助费等费用是指与生命健康直接相关的财产。由于这些财产与生命健康关系密切，对于保护个人利益具有重要意义，因此应当专属于个人所有，而不能成为共有财产。这样，有利于维护受害人的合法权益，为受害人能够得到有效治疗、残疾人能够正常生活提供了法律保障。

（3）遗嘱或赠与合同中确定只归属于夫妻其中一方的财产。因继承或赠与所得的财产，属于夫妻共同财产。但为了尊重遗嘱人或赠与人的个人意愿，体现公民对其财产的自由处分，如果遗嘱人或赠与人在遗嘱或赠与合同中明确指出，该财产只遗赠或赠给夫妻一方，另一方无权享用这些财产，那么，该财产就属于夫妻特有财产，归夫妻一方个人所有。

（4）一方专用的生活用品。一方专用的生活用品具有专属于个人使用的特点，如个人的衣服、鞋帽等，属于夫妻特有财产，应当作为个人财产处理。

（5）其他应当归一方的财产。这项规定属于概括性规定。夫妻特有财产除前四项外，还包括其他一些财产和财产权利。一般认为，以下几类也属于夫妻个人所有的财产：①一方从事自身职业所必需的财产，但价值较大的除外；②夫妻某一方所获得的奖品；③具有人身性质的保健费、保险赔偿金等；④复员、转业军人所得的复员费、转业费、复员军人从部队带回的医药补助费和回乡生产补助费等；⑤国家资助优秀科学工作者的科研津贴；⑥一方创作的文稿、手稿、艺术品的设计图、草图等；⑦劳动关系的补偿金、用人单位发放的再就业补贴、提前退休补贴费、吸收劳动力安置费等。随着社会经济的飞速发展、新的财产类型的出现以及个人独立意识的增强，夫妻个人特有财产的范围也必将大幅增加。

夫妻在婚姻关系存续期间，通常以共有财产负担家庭的生活费用，在夫妻共有财产不足以负担家庭生活费用时，夫妻应当以各自的特有财产来分担。

（二）夫妻约定财产

夫妻约定财产是夫妻法定财产的对称，指夫妻双方以协议的形式来商定夫妻双方财产的归属、管理、使用、收益、处分及债务清偿。夫妻约定财产是夫妻双方在婚后各自保持必要的财产独立，行使和保障个人权利的途径。

1. 夫妻财产约定制的三种类型。我国法律规定了夫妻财产约定制的类型：分别财产制、一般共同制和部分共同制。即夫妻可以约定婚姻关系存续期间所得的财产及婚前财产归各自所有、共同所有或部分各自所有部分共同所有。对于这三种形式，夫妻双方只能选择其中一种进行财产约定。

（1）分别财产制是指夫妻双方婚前财产及婚后所得财产全部归各自所有，并且各自行使管理、使用、收益和处分权的夫妻财产制度。夫妻之间对自己的财产行使独立的管理权，如果夫妻一方委托对方管理财产的，适用有关委托管理的规定。分别财产制建立在夫妻为独立个体的理念基础上，对于双方均具有较高的经济收入或有较多的财产的婚姻当事人而言是合适的。在我国，由于受到传统思想的限制，以及我国经济发展水平还未达到相当程度，因此，分别财产制的适用范围极为有限，只有那些双方经济水平都很高且崇尚独立的夫妻会采用这种形式。

（2）一般共同制是指一般共同财产制，即夫妻双方婚前和婚姻关系的全部财产均归夫妻双方共同所有，包括动产和不动产，这种制度为大多数人所接受，是中国大部分家庭一直以来所采用的传统方式。

（3）部分共同制又叫限定共同制，是指当事人双方协商确定一定范围内的财产归夫妻双方共有，共有范围外的财产均归夫妻各自所有的财产制度。夫妻双方可以约定财产实行部分各自所有、部分共同所有，前提是只要不违反法律的禁止性规定，没有损害社会公共利益，也不会损害到第三人的利益，夫妻双方可以在约定实行某种财产制下再以明确表示方式将某部分财产排除在外。在现实社会中，越来越多的年轻人在组建家庭时开始推崇部分共同制，我国现今家庭实行约定财产制的夫妻绝大多数倾向于采用部分共同制。

夫妻双方可以在法律规定的以上三种制度框架内，选择适合的方式来对财产进行约定，只有在夫妻双方对财产没有约定或者约定不明确的情况下，才能按照法律的规定对家庭财产进行界定。

2. 夫妻财产约定制度的内容。

理财规划师必须全面理解我国的夫妻约定财产制度，才能为客户提出合理的建议。我国夫妻财产约定制度的主要内容如下。

（1）约定的主体。夫妻财产约定的主体自然是夫妻，夫妻之外的人无权对夫妻财产进行约定，重婚或非法同居双方进行的财产约定不属于夫妻财产约定。

（2）约定的内容。对夫妻财产约定的内容，我国规定的是排斥性的夫妻财产协议，即法律不限制夫妻对财产进行约定的内容，夫妻可以对其财产进行自由约定。可供双方约定的财产范围包括婚姻关系存续期间所得财产，也包括婚前财产；既可以对全部财产的归属进行约定，也可以对部分财产的归属进行约定；可以是财产所有权和债权债务的约定，也可以是对财产使用权、收益权、处分权等某项权能的约定。例如，夫妻双方可以约定，男方工资收入用于购置家电、家具等大件用品，女方工资用于购买粮油副食品等生活消费品，所有权仍为共同共有，显然，这类约定有利于夫妻合理处理家庭生活支出。

约定的形式也不受限制，可以约定财产为共同财产或分别财产，也可以是共同财产和分别财产并存。这些均由夫妻双方根据自己的具体情况而定。夫妻对财产未作约定或约定不明确的，就要根据该财产的属性及法律的相关规定来确认该财产是属于夫妻共同财产还是夫妻个人财产。

（3）约定的形式。夫妻财产约定应当以书面的形式，如果没有采用书面形式，一旦发生纠纷就会被认定为没有约定。所谓书面形式包括协议书、信件和数据电文（包括电报、电传、传真、电子数据交换和电子邮件）等可以明确地表现所载内容的形式。

（4）约定的时间。按照通常的解释，双方作出财产约定的时间可以在结婚之前，也可以在婚姻关系存续期间。婚姻关系存续期间所做约定的，则夫妻双方应当明确是否对约定之前的夫妻财产适用。

（5）约定的效力。夫妻之间的财产约定对夫妻双方均具有约束力，也就是说一旦达成协议，夫妻双方必须遵守夫妻财产约定的内容，根据其约定的内容来确定夫妻财产的所有权。对约定财产享有所有权的一方，可以自由处分归其所有的财产，而对方要尊重该方对财产的所有权，不能擅自处理不属于自己的财产。

3. 夫妻财产协议的有效要件。一份合法有效的夫妻财产协议才会对财产分配规划产生实质性的影响，理财规划师要能够综合各种因素，帮助客户分析夫妻财产协议的有效性。夫妻财产协议应符合以下条件：

（1）夫妻双方具有合法的身份。

（2）夫妻双方必须具有完全行为能力，如果不符合这一条会导致夫妻财产协议无效。

（3）夫妻对财产的约定是基于其真实的意思表示，如果任一方采取欺诈、胁迫等手段迫使另一方违背自己的真实意思签订夫妻财产协议，该协议无效。

（4）夫妻约定的内容必须合法。夫妻不能利用财产协议来规避法律以损害国家、集体或他人的利益，不能违背社会公共利益。约定的内容不能超出夫妻财产的范围，也不能利用约定逃避对第三人的债务和其他法定义务。

（5）约定一定要采取书面形式。

（三）共有财产的分割原则和方法

1. 分割原则。共有财产的分割原则因按份共有或共同共有而不同。共同共有财产在分割时需要确定各共有人的份额。按份共有财产在分割时虽不涉及确定各共有人份额的问题，但要涉及财产清理、估价、分配等一系列问题。因此，为避免纠纷，减少矛盾，使分割顺利进行，在分割共有财产时，需要坚持以下原则。

（1）遵守法律的原则。法律对共有财产的规定并不明确，基本上只是定义性的规定。因此，在分割共有财产时，需要特别注意遵守其他法律的相关规定，例如分割夫妻共有财产需要遵守《中华人民共和国婚姻法》（以下简称《婚姻法》）的有关规定，分割遗产需要遵守《中华人民共和国继承法》的有关规定，分割合伙企业经营积累的财产需要遵守《中华人民共和国合伙企业法》的有关规定。这些法律、制度对有关共有财产的分割问题都有比较具体的规定。

（2）遵守约定的原则。共有人对相互间的共有关系有约定的，分割共有财产时应遵守其约定。例如，夫妻相互之间对共有关系的约定，应作为分割夫妻财产的依据。按份共有的共有人对其共有关系通常都有约定，否则就难以区分共有关系。因此遵守共有人之间的约定对分割按份共有财产尤为重要，亲自参加约定的共有人应遵守其约定，后加入的没有亲自参加约定的共有人遵守其他共有人原先的约定。遵守约定与遵守法律规定的关系是，有约定的应先遵守其约定，当然前提是约定合法有效，对于没有明确约定的事项才遵守法律的有关规定。例如，合伙人在分配合伙积累的财产或合伙亏损的负担时，如合伙协商对只提供技术劳务的合伙人应占的份额比例没有明确约定，那就应当根据有关司法解释确定他的份额比例。

（3）平等协商，和睦团结的原则。共有财产的分割直接涉及各共有人的物质利益，容易引起纠纷，影响团结，因此在分割共有财产时，对有争议的问题就要本着平等协商、和睦团结的原则来处理。凡能够在平等协商的基础上取得一致意见的，应充分协商，尽量争取达成协议。实在不能达成协议的，在分割按份共有财产时，可按占半数以上份额的共有人的意见处理。如无法在共同共有财产分割份额比例等问题上达成协议，按照有关规定，应当根据等分原则处理，并且考虑共有人对共有财产的贡献大小，适当照顾共有人生产、生活的实际需要等情况。

2. 分割方法。共同共有的财产的分割方法主要有以下三种。

（1）实物分割。如果共有财产分割后无损于它的用途和价值时，如布匹、粮食等，可在各共有人之间进行实物分割，使各共有人取得应得的份额。当共有财产是一项由多个物组成的集合财产时，即使其中的物是不可分物，也可以在估定各自的价值后，采取适当搭配的方法进行实物分割。实物分割是分割共有财产的基本方法。除非共有财产是一个不可分割的物（比如一台冰箱），在其他情况下均有办法进行实物分割。分割共有财产的通常做法是先进行实物分割，对剩余的无法进行实物分割处理的财产，再用其他方法处理。

（2）变价分割。变价分割是将共有财产出卖换成货币，然后由共有人分割货币。如果共有财产是一个不可分物，而且又没有共有人愿意取得该物，就只能采取变价分割的方法进行分割。另外，如果共有财产是一套从事某种生产经营活动的集合财产（如合资兴办的一间工厂），要将共有财产整体拍卖后再分割资金。

（3）作价补偿。作价是指估定物的价格。当共有财产是不可分物时，如果共有人之一希望取得该物，就可以作价给他，由他将超过其应得份额的价值补偿给其他共有人。一般来说，在共有财产分割中，只要有的共有人希望取得实物，有的共有人不希望取得实物，不管共有财产是否可分，经大家协商之后，都可以采取折价补偿的办法分割共有财产。

 【阅读材料】

现行《婚姻法司法解释》中关于房产的处理

现行《婚姻法》第 17 条到第 19 条明确了夫妻共同财产是在夫妻关系存续期间取得的财产，离婚时，双方有婚姻财产约定的，依约定。一方的特有财产归本人所有。夫妻共有财产一般应当均等分割，必要时亦可不均等，有争议的，应依法判决。随着我国社会主义市场经济的发展和住房制度的改革，夫妻共同财产结构愈发多元化，尤其是房屋等价值较大的财产在夫妻共同财产中占有较大的比例。在离婚案件中，解除婚姻关系不再是案件的主要矛盾，问题主要集中于夫妻财产分割问题和子女的抚养问题，而夫妻财产分割问题则集中在房屋的分割上。新《婚姻法》中关于夫妻离婚房产分割的几种情况如下。

（一）房产增值部分，离婚财产如何分割

《新婚姻法司法解释三》第五条：确定了夫妻一方婚前或者婚后购买的房屋产生的增值部分，属于一方个人财产。离婚时房屋增值部分不予分割。

（二）婚内房屋赠与，离婚财产如何分割

《新婚姻法司法解释三》第六条：婚前或者婚姻关系存续期间一方将房产赠与另一方，未过户的，可以撤销赠与行为。

（三）一方父母出资买房，离婚财产如何分割

《新婚姻法司法解释三》第七条：婚后由一方父母出资为子女购买的不动产，产权登记在出资人子女名下的，视为只对自己子女一方的赠与，该不动产应认定为夫妻一方的个人财产。

（四）双方父母出资买房，离婚财产如何分割

《新婚姻法司法解释三》第七条：由双方父母出资购买的不动产，产权登记在一方子女名下的，该不动产可认定为双方按照各自父母的出资份额按份共有，但当事人另有约定的除外。

（五）婚前一方购买房屋，婚后共同还贷，离婚财产如何分割

《新婚姻法司法解释三》第十条：夫妻一方婚前签订不动产买卖合同，以个人财产支付首付款并在银行贷款，婚后用夫妻共同财产还贷，不动产登记于首付款支付方名下的，离婚时该不动产由双方协议处理。依前款不能达成协议的，可以判决该不动产归产权登记一方，尚未归还的贷款为产权登记一方的个人债务。双方婚后共同还贷支付的款项及其相对应财产增值部分，离婚时应根据《婚姻法》第三十九条第一款的原则，由产权登记一方对另一方进行补偿。

三、婚姻家庭财产风险因素

在理财规划师对客户进行财产分配及财产传承规划服务过程中，要向客户提示其家庭财产所面临的风险，如经营风险、婚姻变动中的财产风险、子女抚养教育的相关财产风险等。

【实训活动】

分析如下案例：李明和张晓于 2000 年相识并于 2002 年 2 月 1 日登记结婚，2001 年 1 月李明首付 20 万元，贷款购买了一套价值 100 万元的房子，婚后共同偿还房屋贷款 30 万元，2001 年 12 月李明父亲去世，2002 年的 3 月李明分得父亲遗产 20 万元，李明 2001 年 6 月出版小说一部，2002 年的 5 月获得稿酬收入 30 万元，2006 年李明和张晓由于性格不合而分居，张晓购买了一套价值 50 万元的房子用于居住，2007 年，二人起诉离婚。

要求：请根据案例所提供的信息，对家庭资产进行权属分配。

训练三　客户财产分配规划咨询

男女双方基于婚姻关系组建家庭，在一起共同生活，共同承担对家庭的责任，这种特定的身份关系使双方在婚姻关系存续期间经济上产生混同，财产关系也变成复杂的共

同共有关系。为了避免在家庭婚姻关系出现破裂解体时出现经济纠纷，对家庭财产分配作出整体规划，是非常有必要的。

【知识要点】

一、离婚

婚姻情况的变动会涉及人身关系的变动和财产的分割，因而，准确理解离婚的条件非常重要。按照我国《婚姻法》的规定，如感情确已破裂，调解无效，应准予离婚。夫妻"感情确已破裂"是判决离婚的法定条件。《婚姻法》规定：男女双方自愿离婚的，准予离婚。双方必须到婚姻登记机关申请离婚。婚姻登记机关查明双方确实是自愿并对子女和财产问题已有适当处理时，发给离婚证。男女一方要求离婚的，可由有关部门进行调解或直接向人民法院提出离婚诉讼。

通常情况下离婚按照方式不同可以分为协议离婚和诉讼离婚。

1. 协议离婚。协议离婚在我国现行婚姻法中称作双方自愿离婚，指婚姻关系因双方当事人的合意而解除。根据《婚姻法》和《婚姻登记管理条例》的规定，准予协议离婚登记的法定条件是：

（1）申请离婚的男女双方必须是已经办理结婚登记的合法夫妻，能提供结婚证或夫妻关系证明书。非法同居、事实婚姻、无结婚证的，当事人申请离婚，婚姻登记机关不予受理。根据《婚姻登记管理条例》第十二条的规定，未办理过结婚登记的男女申请离婚登记的，婚姻登记管理机关不予受理。其间发生的有关身份关系的纠纷，以及涉及子女、财产问题的争议，可以诉请人民法院处理。

（2）申请离婚的男女双方应当都具有完全民事行为能力。凡不具备完全民事行为能力的人，只能由其法定代理人向人民法院起诉或者应诉离婚。只有完全民事行为能力的人才能独立自主地处理自己的婚姻问题。一方或者双方当事人为限制民事行为能力或者无民事行为能力的，即精神病患者、痴呆症患者，不适用协议离婚程序，只能适用诉讼程序处理离婚问题，以维护没有完全民事行为能力当事人的合法权益。

（3）离婚申请书是申请离婚的男女双方本人自愿真实意思的表示。登记离婚必须是夫妻双方自愿，非受外界的阻挠、干涉的自愿行为。对于一方要求离婚的，婚姻登记管理机关不予受理。"双方自愿"是协议离婚的基本条件，协议离婚的当事人应当有一致的离婚意愿。

（4）申请登记离婚的男女双方已经就夫妻财产、债权、债务及子女的抚养或对生活困难一方的经济帮助达成离婚协议。对子女抚养、夫妻一方生活困难的帮助、财产及债务处理事项未达成协议的，婚姻登记管理机关不予受理。"对子女和财产问题已有适当处理"是协议离婚的必要条件。如果婚姻关系当事人不能对离婚后的子女和财产问题达成一致意见、作出适当处理的话，则不能通过婚姻登记程序离婚，而只能通过诉讼程序离婚。

（5）男女双方必须亲自到婚姻登记机关共同提出离婚申请。由于协议离婚是当事人的合意与法律的确认结合在一起而成的复合行为，故协议离婚的效力应受当事人合意的效力及法律确认效力的双重影响，只有在当事人的离婚合意及法律确认行为均为合法有效的情形下，协议离婚才是合法有效的。

2. 诉讼离婚。许多离婚案件的发生都是家庭有难以调和的矛盾，因此很难达成离婚协议，这个时候，一方可以诉诸法院请求诉讼离婚。我国法律规定，人民法院审理离婚案件，应当先进行调解；如感情确已破裂，调解无效，应准予离婚。《婚姻法》把准予离婚归纳为不忠、分居、失踪、虐待、遗弃、恶习、威胁安全以及其他导致夫妻感情破裂的情形。

二、子女监护

父母对未成年的子女有监护义务，法律上可以分为法定监护和指定监护。后者仅适用于没有法定监护人或法定监护人不适合监护的情况。

法定监护是指监护人直接根据法律规定而产生。未成年人的监护人首先应由其父母担任，如父母死亡或无监护能力的，按顺序应由以下人员担任：祖父母、外祖父母；成年的兄、姐；未成年人父母所在单位或者未成年人住所地的居民委员会、村民委员会或者民政部门。

监护责任包括对未成年人的人身监护与财产监护。人身监护即对未成年人人身监护的权利和义务。财产监护即对未成年人财产上的管理的权利和义务，主要指对被监护人的财产的保全和管理。

监护人不履行监护职责，或者侵害了被监护人的合法权益，可由其他有监护资格的人或者单位向人民法院起诉，要求变更监护关系。

对于未成年人，夫妻离婚后，与子女共同生活的一方无权取消对方对该子女的监护权；但是，未与该子女共同生活的一方，对该子女有犯罪行为、虐待行为或者对该子女明显不利的，人民法院认为可以取消的除外。

夫妻一方死亡后，另一方将子女送给他人收养，如收养对子女的健康成长并无不利，又办了合法收养手续的，认定收养关系成立；其他有监护资格的人不得以收养未经其同意而主张收养关系无效。

监护人可以将监护职责部分或者全部委托给他人。因被监护人的侵权行为需要承担民事责任的，应当由监护人承担，但另有约定的除外；被委托人确有过错的，负连带责任。

三、子女收养

在法律上，子女可以分为亲子女、继子女和养子女。其中，养子女与养父母的关系就是收养关系。收养涉及人身关系的变动，而且收养后双方会形成法律上的父母与子女的关系，是涉及收养人、送养人和被收养人利益的民事法律行为，因此法律对三方关系人的条件做了明确规定。

1. 被收养人应具备的条件。被收养人为不满 14 周岁的未成年人，如被收养人已年满 10 周岁以上，收养时应征得被收养人的同意；被收养人应是丧失父母的孤儿，或查找不到生父母的弃婴和儿童，或是生父母有特殊困难无力抚养的子女。

2. 送养人应具备的条件。孤儿的监护人、社会福利机构、有特殊困难无力抚养子女的生父母可以作为送养人。生父母送养子女，需双方共同送养（如生父母一方不明或查找不到的，可单方送养）；送养必须为自愿送养，而且不能以送养子女为由，违反计划生育的规定再生育子女；除非未成年人面临严重危害，监护人不得将父母无完全民事行为能力的未成年人送养他人。

3. 收养人应具备的条件。年满 30 周岁、无子女、有抚养教育被收养人能力且未患有在医学上认为不应当收养子女的疾病的人可以成为收养人；收养人必须是自愿收养且只能收养一名子女，有配偶者收养子女，需夫妻共同收养。

收养是民事法律行为，收养关系当事人在各自符合收养关系成立的实质要件的情况下，还必须符合形式要件，即履行一定的收养程序，收养关系才能合法成立。收养关系成立后，收养人和被收养人之间形成了法律拟制的血亲关系，养子女取得了与生子女相同的法律地位。养父母与养子女之间的人身和财产方面的权利义务，与亲生父母子女之间的人身和财产方面的权利义务完全相同。

四、指导客户填写相关文书

理财规划师要指导客户填写相关文书，如婚前财产协议、婚内夫妻财产协议、离婚财产协议等。同时，协助客户办理各种公证，如婚姻状况公证书、亲属关系公证书等。

【实训活动】

活动 1：秦先生与何女士于 2007 年 1 月协议离婚，女儿玲玲归何女士抚养，2007 年 12 月玲玲将同学小玉打伤，须赔偿医药费 2 万元，何女士因下岗生活困难，只能负担 6000 元医药费，于是何女士要求秦先生支付其余的赔偿款，但遭到秦先生的拒绝。

根据案例回答问题：

（1）秦先生是否应该负担医药费赔偿款？为什么？

（2）如果秦先生应该负担赔偿款，负担的比例是多少？为什么？

活动 2：分组讨论，如何才能降低因婚姻变故而带来的财产风险？

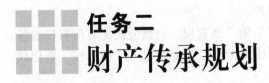

任务二
财产传承规划

财产传承规划是为了保证财产安全继承而设计的财务方案，是当事人在其健在时通过选择适当的遗产管理工具和制订合理的遗产分配方案，对其拥有或控制的财产进行安排，确保这些财产能够按照自己的意愿实现特定目的，是从财务的角度对个人生前财产进行的整体规划。

【工作目标】

1. 熟悉遗产继承的方式。
2. 掌握遗产的界定及遗产继承中的风险。

【工作程序】

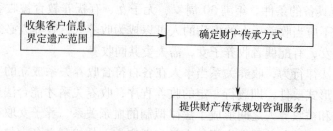

训练一 收集客户信息、界定遗产范围

【知识要点】

一、收集客户信息

1. 客户家庭构成及家庭成员信息的收集。客户家庭构成及家庭成员的生活状况都会对遗产继承产生影响，因此在向客户提供财产传承规划服务前要先了解客户家庭成员的构成及家庭成员的信息。（信息收集的内容和方法与财产分配规划中的信息收集一样，此处不再赘述）

2. 客户财务状况信息的收集。客户的财务状况决定着可分配遗产的规模，因此在进行财产传承规划服务前要详细了解客户的资产情况、负债情况。客户资产情况主要是客户所有的财产状况、数额、形式等。负债情况主要指客户所欠债务的数额、期限等。（信息收集的方法与财产分配规划中的信息收集一样，此处不再赘述）

二、界定遗产范围

遗产的形式包括公民的收入，公民的房屋、储蓄、生活用品，公民的林木、牲畜和家禽，公民合法收藏的文物、图书资料，法律允许公民所有的生产资料，公民的著作权、专利权中的财产权利，公民的其他合法财产。

概括地说，我国遗产主要有三个方面：（1）财产所有权，包括公民拥有所有权的各类动产和不动产；（2）债权；（3）知识产权中的财产权，包括专利权、商标权、著作权当中的财产权部分。

三、制作遗产清单

在详细了解客户财务状况的基础上，为客户制作遗产清单，并交客户核对。

表9-3   遗产清单

姓名				日期		
资产				负债		
种类	权属	价值		种类	权属	价值
合计				合计		

四、制定继承人清单

在详细了解了客户家庭结构及家庭成员信息的基础上，帮助客户制定继承人清单。遗产继承人清单由客户按照自己的意愿列出，以避免在制订遗产计划的时候有遗漏。

表9-4   继承人清单

姓名：   日期：

	继承人姓名	性别	年龄	与被继承人关系	身体状况	生活状况（有无收入来源）	备注
1							
2							
3							
4							

【实训活动】

活动1：分组设计客户遗产清单。

活动2：讨论如何界定遗产范围。

训练二　确定财产传承方式

财产传承即遗产继承，其方式比较多，在我国遗产继承的方式有法定继承、遗嘱继承等方式。

【知识要点】

一、遗产继承方式

（一）法定继承

法定继承是指按法律规定的继承人范围、继承顺序和遗产分配原则进行的继承。

1. 法定继承人。法定继承人是指按法律规定有资格继承遗产的人。

2. 法定继承顺序。法定继承顺序是指法定继承人继承遗产的先后次序。我国法定继承分为两个顺序。第一顺序：配偶、子女、父母；第二顺序：兄弟姐妹、祖父母、外祖父母。同一顺序中的继承人的权利是相等的。继承开始后，由第一顺序继承人继承，第二顺序继承人不继承，如果没有第一顺序继承人继承的，则由第二顺序继承人继承。法律规定，丧偶儿媳对公婆，丧偶女婿对岳父岳母，尽了主要赡养义务的，作为第一顺序继承人。

（二）遗嘱继承

遗嘱是遗嘱人在法律允许的范围内按照自己的意愿处分自己财产和安排与此有关的其他事务，并于遗嘱人死后发生法律效力的声明。遗嘱必须要符合法定的形式。需要注意的是，根据我国的继承法，有合法有效的遗嘱，被继承人死亡时，按照遗嘱执行继承；如果没有合法有效的遗嘱，则按照法定继承处理。

1. 遗嘱的形式。按照我国继承法的规定，遗嘱必须符合下列五种形式之一方为有效。

（1）公证遗嘱。公证遗嘱是经过公证机关公证的遗嘱。公证遗嘱必须由遗嘱人亲自到公证机关办理，不能由他人代理。公证遗嘱必须采用书面的形式，如遗嘱人亲笔书写遗嘱，要在遗嘱上签名或盖章，并注明年、月、日，公证人员对遗嘱审查后认为合法有效的，予以公证；如遗嘱人口头叙述遗嘱，要由公证人员进行笔录，经过公证人员向遗嘱人宣读并确认无误后，由公证人员和遗嘱人共同签名盖章，并注明设立遗嘱的地点和年、月、日。公证人员对遗嘱经过审查后认为合法有效的，予以公证，出具《遗嘱公证证明书》，公证书由公证机关和遗嘱人分别保存。

（2）自书遗嘱。指遗嘱人亲笔书写的遗嘱。自书遗嘱必须由遗嘱人亲笔书写遗嘱的全部内容，遗嘱人在上面签名，并注明年、月、日。自书遗嘱不能由他人代笔，也不能打印。

（3）代书遗嘱。是指由他人代笔书写的遗嘱。代书遗嘱须符合以下要求才有效：①代书遗嘱须由遗嘱人口授遗嘱内容，由他人代书；②代书遗嘱须有两个以上的见证人（代书人也可以为见证人）在场见证；③代书人、其他见证人和遗嘱人在遗嘱上签名并注明年、月、日。

（4）录音遗嘱。指用录音磁带、录像磁带记载遗嘱内容的遗嘱。录音遗嘱须符合以下要求方有效：①磁带中所录制的须是遗嘱人口述的遗嘱内容；②须由两个以上见证人见证，见证人的见证证明也应当录制在录制遗嘱的音像磁带上，录音遗嘱设立后，应将录制遗嘱的磁带封存，并由见证人共同签名，注明年、月、日。

（5）口头遗嘱。指立遗嘱人仅有口头表述而没有其他方式记载的遗嘱。口头遗嘱必须符合以下条件才有效：①只有在不能以其他方式设立遗嘱的危急情况下才可以立口头遗嘱。所谓危急情况，一般指遗嘱人生命垂危或者处于战争中或遭遇意外灾害，随时都有生命危险，来不及或无条件设立其他形式遗嘱的情况；危急情况解除后，遗嘱人能够用书面或者录音形式设立其他形式遗嘱的，所立的口头遗嘱无效。②须有两个以上的见证人在场见证。

2. 遗嘱见证人。遗嘱见证人应当具备以下条件：①具有完全民事行为能力的人。

②与继承人、遗嘱人没有利害关系。见证人的限制主要有：①无民事行为能力人、限制民事行为能力人不能作为见证人。无民事行为能力人、限制民事行为能力人包括未成年人和精神病人。见证人是否具有民事行为能力，应当以遗嘱见证时为准。②继承人、受遗赠人不能作为见证人。遗嘱对于遗产的处分直接影响着继承人、受遗赠人对遗产享有的权利，与遗嘱有着直接的利害关系，由他们作见证人难以保证其证明的客观性、真实性。③与继承人、受遗赠人有利害关系的人不能作为见证人，继承人，受遗赠人的债权人、债务人、共同经营的合伙人，也应当视为与继承人、受遗赠人有利害关系，不能作为见证人。遗嘱见证人身份的取得，应当由遗嘱人指定。未经指定，即使出现在设立遗嘱的现场、能够证明遗嘱内容真实性的人，也不是遗嘱见证人，其见证也是无效的。正是因为遗嘱见证人身份的取得是基于遗嘱人的信任和特别指定，其能否作见证人取决于遗嘱人的意思表示。当然是否作见证人属于见证人意思自治的范围，见证人可以接受遗嘱人要求其见证的请求，也有权拒绝。

3. 遗嘱的内容。遗嘱的内容是遗嘱人在遗嘱中表示出来的对自己财产处分的意思，是遗嘱人对遗产及相关事项的处置和安排。为便于执行，遗嘱的内容应当明确、具体，一般包括以下方面。

（1）指定遗产继承人或者受遗赠人。遗嘱中指定继承人继承的，应记明继承人的姓名。遗嘱中指定的继承人可为法定继承人中的任何一人，不受继承人继承顺序的限制，但不能是法定继承人以外的人。遗嘱人可以立遗嘱遗赠财产，要指明遗赠人的姓名或名称，受遗赠人可以是国家、法人，也可以是自然人，但不能是法定继承人范围以内的人。

（2）说明遗产的分配办法或份额。遗嘱中应列明遗嘱人的财产清单，说明各个指定继承人可以继承的具体财产，指定由数个继承人共同继承的，应说明指定继承人对遗产的分配办法或每个人应继承的份额。遗赠财产的，应当说明赠与各遗赠人的具体财产或者具体份额。

（3）对遗嘱继承人或受遗赠人附加的义务。遗嘱人可以在遗嘱中对遗嘱继承人、受遗赠人附加一定的义务，例如指明某财产用于某特定用途，某继承人应用某财产的收益部分扶养某人等。但附加的义务，须为可以履行的，而且不违反有关法律的规定，否则该约定义务无效。

（4）再指定继承人。再指定继承人是指遗嘱中指定的继承人不能继承时，由其继承遗产的继承人。再指定继承人只能在指定继承人不能继承的情形下才有权依遗嘱的指定参加继承。

（5）指定遗嘱执行人。遗嘱人可在遗嘱中指定遗嘱执行人。但因遗嘱执行人只关系遗嘱的执行而不涉及对遗产的处分，因此，指定遗嘱执行人并非遗嘱的主要内容，但有时却是必要内容。

实践中，为了保证遗嘱在遗嘱人死亡以后能得到认真切实地执行，遗嘱人会在遗嘱中指定一人或数人作为遗嘱执行人，遗嘱执行人负责按照遗嘱的内容对财产进行分割，以实现遗产的转移，遗嘱执行人通常会与法律机构、会计师、律师及所有的受益人打交道，以解决遗嘱人"身后"出现的所有法律、财务等问题。还要负责遗产的规划、增值等事务，也会依委托人的个别需要而制订具体的执行计划，达到保存财产、避免浪费、执行遗嘱、监护子女等多种目的。

二、向客户提示财产传承中的风险

1. 遗嘱的效力风险。大部分遗嘱都有被推翻的可能性，也就是说任何人只要认为自己有权继承遗产却被排除在外的，都可以到法庭申诉，由法院来裁决。除此之外，人们常利用遗嘱来指定子女的监护权归何人所有，但是这充其量只是立遗嘱人单方面意愿的表达，只能当作建议来参考，并不具有法律约束力。现实中，还存在指定的监护人不愿意充当监护人的情况及监护人侵害被监护人利益的情形，这些都背离了遗嘱人立遗嘱的本意。

2. 设立遗嘱执行人的风险。如前所述，遗产执行人应当及时清理遗产，编制遗产清单，并妥善保管遗产，执行人不能侵夺和争抢遗产，还应当防止和排除对遗产的人为侵害和对遗产的自然侵害。遗产执行人不能擅自对遗产进行使用收益和处分。在数人共同继承时，遗产为继承人共同所有的，对遗产的使用收益应由共同继承人共同决定。我国法院并不会主动去指定遗嘱执行人，一旦遗嘱执行人不正当履行职责被撤销资格或者不具有执行遗嘱能力的情况发生时，还是要由继承人按照遗嘱人的遗嘱分割遗产。

在有遗嘱执行人的情形下，虽然遗嘱由遗嘱执行人来保管，但遗产通常还是由继承人持有，遗产极容易受到侵吞，不仅容易在继承人之间产生纠纷，而且遗嘱人的遗嘱也得不到很好的执行。

【实训活动】

活动1：姜先生父母双亡，于2007年和前妻刘女士离婚后与二儿子姜辛一起生活，大儿子姜强由于智障不能自理，随母亲刘女士一起生活。2010年6月，姜先生由于突发心脏病而去世，在清理遗产时发现了姜先生的一份自书遗嘱，将全部财产60万元留给小儿子姜辛。

根据案例信息讨论姜先生的遗嘱是否有效。

活动2：讨论遗嘱继承和法定继承相比优势有哪些，在制定遗嘱时应注意哪些问题。

训练三　提供财产传承规划咨询服务

财产传承规划的目标是通过向客户提供适合可行的遗产规划咨询服务，使其遗产可以按照自己的真实意愿进行分配，真正解决其后顾之忧。所以，随着家庭财产规模的不断增大和财产形式的不断多样化，遗产规划在家庭理财规划中显得越来越重要。

【知识要点】

一、界定客户所需填制的财产文本文件

1. 根据客户需求界定客户所需相应财产文本文件的类型，并说明其用途及填制意义。

2. 向客户介绍该文本文件的制定需要客户本人准备的相关资料。

3. 介绍文本文件的基本内容和基本格式。

二、根据客户实际财务状况，向客户进行相关注意事项的提示，尤其是提醒客户注意影响文本生效的情形。

三、协助客户填写或书写相关的文本文件。

【实训活动】

分组模拟，向客户提供财产传承规划咨询服务的过程。

职业技能训练

训练1

丁一是退休公务员，其父母、妻子早已亡故，有一子丁丁，35 岁。丁一唯一的弟弟丁二生活不能自理，一直由丁一照料并负担全部生活费。2003 年 3 月 15 日，丁一立下遗嘱，将存款 50 万元捐献给母校，房产赠与同学刘军。2004 年 7 月，丁一去世。丧事料理完毕后，母校和刘军都要求按照遗嘱处分遗产，遭到丁丁拒绝。

根据案例，请回答以下问题：

（1）本案例涉及的法律关系是什么？

（2）丁丁拒绝按照遗嘱处理财产，哪些理由可以成立？

（3）本案中刘军的权利有哪些？

训练2

赵刚（男）和黄丽（女）夫妇二人父母均已过世。赵刚的弟弟赵强好吃懒做，经常靠赵刚接济。2002 年，女儿赵莎与工程师郑涛结婚，2004 年生育一子郑天天。儿子赵峰大学四年级。2005 年 3 月赵莎因病去世。郑涛因工作繁忙，经常将儿子郑天天交给赵刚夫妇照管。2006 年 5 月，赵刚开车途中与一辆违章行驶的汽车相撞，当场死亡。赵刚夫妇的住房经评估折合人民币 40 万元，银行存款有 20 万元。在料理赵刚后事过程中，家人发现赵刚生前立有两份遗嘱，一份在 2005 年 3 月订立，经过了公证机关公证，将自己的全部财产平均分成两份，分给黄丽和郑天天；另一份在 2006 年 4 月订立，是本人亲自书写的，遗嘱中将自己所有财产留给妻子黄丽。

根据案例，请回答以下问题：

（1）赵刚的遗产总额是多少？

（2）赵刚遗产的法定继承人有哪些？

（3）赵刚遗产分割前，黄丽的财产是多少？

（4）赵刚遗产应当按照什么方式进行分配？

（5）赵刚的遗嘱先后有两份，哪份有效？为什么？

（6）赵刚的遗产分配结果是什么？

本章习题

一、单项选择题

1. 下列情形不属于无效婚姻的有（　　　）。

A. 甲男和乙女未到法定婚龄而结婚的

B. 甲男婚前患有医学上认为不应当结婚的疾病，婚后未治愈

C. 甲男乙女是表兄妹而结婚

D. 乙女因受家庭强迫与甲男结婚

2. 罗某和张某（女）是夫妻关系，1980年5月13日生有一子明明。1994年罗某与张某离婚，明明由张某抚养。2000年8月10日，在本地上大学的明明骑车外出，不慎将同学方方撞伤，花费医药费5 000元，本次事故明明负全部责任。下列有关方方医疗费的说法，正确的是（　　　）。

A. 由明明承担

B. 应当由罗某和张某平均承担

C. 应当由罗某和张某连带承担

D. 就张某不能承担的部分，罗某与张某共同承担

3. 刘先生与李女士因感情不和而离婚，双方对其他财产的分割均无异议，但对以下财产的分割发生纠纷：刘先生婚前首付30万元，贷款70万元购买的房屋一套，婚后二人就贷款部分共同还贷，在离婚时，房屋贷款已还清。刘先生婚后与他人合资开办了一家有限责任公司，刘先生出资80万元，占40%的股份，离婚时，刘先生的股份已增值至200万元，对于李女士是否出任公司股东的问题，过半数股东持否定意见。

（1）对房屋进行分割，李女士可分得（　　　）。

A. 35万元　　　　　　B. 50万元　　　　　　C. 60万元　　　　　　D. 75万元

（2）该房屋属于（　　　）。

A. 夫妻共同财产

B. 刘先生婚前个人财产

C. 李女士婚前个人财产

D. 30万元属于婚前个人财产，70万元属于夫妻共同财产

（3）对有限责任公司的股权进行分割，李女士可分得（　　）。

A. 80 万元　　　　　B. 40 万元　　　　　C. 200 万元　　　　　D. 100 万元

（4）关于有限责任公司的股权分割，（　　）的说法是错误的。

A. 李女士不可能成为公司的股东　　B. 其他股东拥有优先购买权

C. 其他股东在规定时间内不行使优先购买权，则李女士可以成为股东

D. 能够用来证明"过半数股东"不同意的证据，可以是股东会的决议，也可以是当事人其他合法途径取得的股东书面声明材料

4. 张明，男，一家公司的总会计师，父母健在，有一个 15 岁的身体残疾的弟弟张良和父母生活在一起。2000 年 10 月，张明与夏敏结婚。2002 年张明不幸因病去世，而夏敏当时已经怀孕 7 个月，经查，张明的家庭财产包括 60 万元银行存款，市价 70 万元的房子（该房子为张明个人婚前购买，全款付清），价值 20 万元的汽车，还有其他财产共 20 万元。没有留下遗嘱。

（1）张明的遗产应当按照（　　）的原则处理。

A. 法定继承　　　　B. 遗嘱继承　　　　C. 转继承　　　　D. 代位继承

（2）按照法定继承，张明的第一顺序继承人不包括（　　）。

A. 夏敏　　　　　　B. 张明的父亲　　　　C. 张明的母亲　　　　D. 张良

（3）如果没有夫妻财产协议，在对张明的遗产进行分割前，要进行的工作中不包括（　　）。

A. 对遗产范围进行界定　　　　　　B. 对夫妻财产进行分析

C. 将属于夏敏的财产分离出去　　　D. 将遗产交付信托

（4）张明的遗产总额为（　　）。

A. 120 万元　　　　B. 170 万元　　　　C. 85 万元　　　　D. 60 万元

（5）可分得张明遗产的人为（　　）。

A. 张明的父亲、张明的母亲、夏敏

B. 张明的父亲、张明的母亲、夏敏、张良

C. 张明的父亲、张明的母亲、夏敏、未出生的孩子

D. 张明的父亲、张明的母亲、夏敏、未出生的孩子、张良

（6）按照一般原则，下列关于张明遗产的分配，说法正确的是（　　）。

A. 张明的父母共分得 1/3 的遗产　　　B. 张明的妻子得到 1/4 的遗产

C. 张良可适当分得遗产　　　　　　　D. 为未出生的孩子分出 1/3 的遗产

（7）张明未出生的孩子可以分得张明的遗产是（　　）。

A. 基于照顾弱小的原则　　　　　　B. 基于法律对胎儿必留份的规定

C. 基于法定第一顺序继承人的身份　D. 违反法律的规定

（8）根据本例所示，夏敏获得的遗产总数约为（　　）。

A. 22 万元　　　　　B. 40 万元　　　　　C. 30 万元　　　　　D. 42.5 万元

（9）根据本例所示，夏敏所有的财产约有（　　）。

A. 72 万元　　　　　B. 80 万元左右　　　C. 90 万元　　　　　D. 92.5 万元

5. 张某的财产中，不符合法律规定的个人所有的财产的有（　　　　）。

A. 自己开办工厂购买的机器设备　　　　B. 供自己使用的生活用品

C. 种植自己购置的林木的林地　　　　D. 个人购置的房屋

二、判断题

1. 我国遗产继承的方式有法定继承、遗嘱继承等方式，法定继承优先于遗嘱继承。（　　　）

2. 结婚登记是婚姻成立的形式要件，必须由男女双方亲自到婚姻登记机关共同提出并申请办理。（　　　）

3. 按份共有财产在分割时不涉及确定各共有人份额的问题，而共同共有财产在分割时需要确定各共有人的份额。（　　　）

4. 夫妻之间有相互扶养义务，而且夫妻双方对共同财产拥有平等处分权。（　　　）

5. 夫妻财产约定可以采用口头形式也可以采用书面的形式。（　　　）

6. 婚后一方取得的知识产权权利及通过知识产权取得的经济利益均属于夫妻共同财产。（　　　）

7. 对于未成年人，夫妻离婚后，与子女共同生活的一方有权取消对方对该子女的监护权。（　　　）

8. 遗嘱人可以在遗嘱中对遗嘱继承人、受遗赠人附加一定的义务。（　　　）

9. 夫妻一方在婚姻关系存续期间一方因身体受到伤害获得的医疗费、残疾人生活补助费等费用也属于共有财产。（　　　）

10. 夫妻法定财产是指夫妻在婚前或婚后均没有对双方共有的财产作出约定或者约定不明确时，依照法律的规定直接对夫妻之间的财产所做的划分。（　　　）

项目十

综合理财规划

ZONGHE LICAI GUIHUA

理财必须花长久的时间，短时间是看不出效果的。理财是马拉松比赛，而不是百米冲刺。

——李嘉诚

【工作任务】

1. 掌握综合理财规划建议书的基本知识。
2. 掌握设计综合理财规划建议书的工作程序，能够完成综合理财规划建议书制定。

【知识要点】

一、综合理财规划建议书的基本概念

综合理财规划建议书是指在对客户的家庭状况、财务状况、理财目标及风险偏好等详尽了解的基础上，通过与客户的充分沟通，运用科学的方法，利用财务指标、统计资料、分析核算等多种手段，对客户的财务现状进行描述、分析和评议，并对客户财务规划提出方案和建议的书面报告。

综合理财规划建议书的内涵主要表现在它的目标指向性上。通过调查分析，指出问题所在，进而提出改正方案和积极进取的建议。

二、综合理财规划建议书的作用

综合理财规划建议书能够帮助客户认识当前财务状况，明确现有问题，改进不足之处，选择最优方案，实现家庭理财效益最大化。

1. 对于客户具有以下作用。

（1）是一种向客户传达财务策划建议的媒介，可以让客户有充足的时间，对方案充分考虑。

（2）通过书面形式，可以让客户记住。

2. 对于理财规划师具有以下作用。

（1）减少法律风险。

（2）增强客户对于所提出方案的好感。

（3）可以建立一个良好的机制，促使规划师考虑全面。

三、综合理财规划建议书的特点

1. 操作的专业化。其专业性主要体现在参与人员的专业要求；分析方法的专业要求；建议书行文语言的专业要求。

2. 分析的量化性。数量化分析和数量化对比是理财规划的操作方法，同时也体现了理财规划建议书的专业性特点。

3. 目标的指向性。综合理财规划建议书写作的目的是指向未来的。分析客户一定时期的财务状况属于回顾，回顾的目的是为今后更好地进行理财规划获得充分、真实的决策依据。

四、理财建议书的工作步骤

理财规划建议书的工作步骤如图 10 - 1 所示。

第一步：制作封面及前言。

1. 封面。理财规划建议书的封面一般包括标题，执行该理财规划的单位，出具报告的日期。标题通常包括理财规划的对象名称及文种名称两部分，如《××家庭理财规划建议书》。日期应为最后定稿并由理财机构签章的日期。

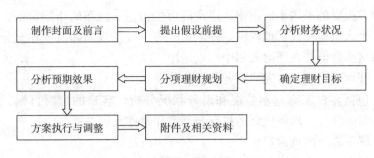

图 10 - 1 理财规划建议书工作流程图

2. 前言。

（1）致谢。通过撰写致谢辞对客户信任本公司并选择本公司的服务表示感谢。具体写法如"尊敬的××先生/女士"。然后换行写致谢辞，如可以简介公司的概况、执业年限和经历、下属理财规划师的资历，表达对客户信任公司的感谢，并提出希望与客户保持长期合作关系。

（2）理财规划建议书的由来。这部分内容需要写明接受客户委托的时间，简要告知客户本建议书的作用。

（3）建议书所用资料的来源。需要列举出来理财规划师在制订理财规划的过程中收集的各种资料，如客户自己提供的资料、市场资料、政策资料等，以便使客户相信最终方案是可信的。

（4）公司义务。写明公司的义务，以便将来一旦有争端，能够准确划分双方的责任。例如讲明公司指定的理财规划师具有相应的胜任能力、勤勉尽责的工作态度、保证不泄露客户隐私和商业秘密等。

（5）客户义务。客户的义务通常包括按约定缴纳理财服务费；提供相关的一切信息，信息内容真实准确；客户家庭或财务状况如有重大变化应及时告知理财规划师；对理财建议书不经许可不得供第三方使用或公开发表披露；为理财规划的制订提供必要的便利条件等。

（6）免责条款。理财规划师需周密考虑可能发生的各种情况，划分己方与客户方的责任。如理财规划的制订是基于客户提供的资料和通常可接受的假设，合理地估计的，因此推算出的结果可能与真实情况有一定误差，这一误差非理财规划师的过错。由于客户提供信息错误而造成的损失、由于客户未及时告知客户家庭或财务状况变化造成的损失，公司不承担责任。公司不对实现理财目标作任何保证，且对客户投资任何金融工具或实业工具也不作任何收益保证。

（7）费用标准。这部分需要写明公司各项理财规划的收费情况。往往各种理财产品的收费标准是根据客户金融或实物资产的多少为依据的，会有不同数量级别的划分。应清晰告诉客户每一级相对应的费用以及各品种的服务年限及服务内容。

第二步：提出理财规划方案的假设前提。

理财规划的制订是基于多个假设前提的，包括未来平均每年通货膨胀率、客户收入的年增长率、定期及活期存款的年利率、股票/债券/货币型基金投资平均年回报率、投资连结险及债券投资的平均年回报率、房产的市场价值、汽车的市场价值、子女教育费的年增长率、个人所得税及其他税率、外汇汇率等。理财规划师需要在充分了解市场的基础上，列出这些数值并在理财规划中加以运用。

第三步：开始编写正文，完成财务分析部分。

正文部分包括客户家庭基本情况和财务状况分析、客户的理财目标、分项理财规划、调整后的财务状况、理财规划的执行与调整和附件及相关资料。

第四步：确定客户的理财目标。

根据理财规划分为全面理财规划和专项理财规划，理财目标也相应分为全面理财规划目标和专项理财规划目标。

1. 全面理财规划目标。全面理财规划追求的是家庭财务状况达到最优水平。因此，按照规划内容，全面理财目标需包括养老、保险、子女教育、投资、遗产等方面的因素。

全面理财规划目标按照规划时间的长短分为短期、中期、长期目标。短期目标：如5年内的目标购买新房、新车、出国旅游等。中期目标：如10年、20年的子女教育，双方父母的养老安排，双方自身的后续教育计划，旅游安排，家庭固定资产置换计划。长期目标如20～30年后的夫妻自身的养老计划，对金融资产及实物资产的投资，移民等。

2. 分项理财规划目标。分项理财规划追求某一方面的最优。如分项规划的目标为足够的意外现金储备、充足的保险保障、双方父母的养老储备基金、双方亲友特殊大项开支的支援储备、夫妻双方的未来养老储备基金、子女的教育储备基金等。在完成各分项规划目标时需要制定更具体的目标，如家庭储蓄率应达到的比重、各金融产品所应达到的比重、家庭现金流数量、非工资收入比重和家庭净资产值等。

理财规划师需要与客户沟通，将分项规划按照轻重缓急进行排序，一般保险规划处于较为优先的地位，养老规划次之，而购房计划处于比较靠后的地位。

第五步：完成分项理财规划。

分项理财规划通常包括现金规划、消费支出规划、子女教育规划、风险管理与保险规划、税收规划、投资规划、退休养老规划、财产分配与传承规划8项规划。具体规划的编制在本书的各项目中已有介绍，不再赘述。

第六步：分析理财方案预期效果。

在此部分需要编制方案执行后的资产负债表、收入支出表，同时列示调整前的数字，此外，需要计算进行方案执行后的财务比率，同时列示国际通用的财务比率的合理范围及调整前的比率，使客户直观看到理财规划的效果。

第七步：完成理财规划方案的执行与调整部分。

理财规划师需要编制一个方案具体执行的时间计划和相应的人员安排。同时还需向客户说明：方案执行人员如何协助客户购买合适的理财产品；当出现新产品时理财规划师承诺将主动提醒客户关注；理财规划师具有监督客户执行理财规划的义务；如果客户家庭及财务状况发生变动，影响理财规划方案的正确性，则应按照怎样的程序进行方案调整；方案调整的注意事项；在理财规划方案的实施过程中的文件存档管理；理财方案实施中的争端处理等。

第八步：完备附件及相关资料。

1. 投资风险偏好测试卷及表格。

2. 配套理财产品的详细介绍。具体包括各大银行、基金公司、保险公司、证券公司等金融机构推出的适合本理财规划建议书的理财产品目录及介绍。

五、理财规划建议书的策划原则

（一）综合考虑、整体规划

理财规划方案通常是一个包括现金规划、消费支出规划、风险管理与保险规划、子女教育规划、税收规划、投资规划、退休养老规划、财产分配与传承规划8项单项规划在内的综合性规划。现金规划、风险管理规划和退休规划是保证财务安全；投资规划是实现资产增值；税收规划和遗产规划是保护资产。在客户已有经济情况下，通常需要先做好现金规划、风险管理规划、子女教育规划和消费支出规划这四项刚性需求规划。其次做好投资规划。退休规划与风险管理规划和投资规划需要相互结合。税收规划贯穿人生的各个阶段，包括财产的传承。由此可见，一份综合理财规划需要考虑客户的综合需求和现实状况，协调各专项规划，以帮助客户实现理财目标。

（二）风险管理优于追求收益

理财规划的目标是帮助客户实现财富的保值增值，实现财务安全和财务自由。保值是增值的前提，财务安全是财务自由的前提，因此，理财规划师首先考虑的因素应该是风险，而不是收益。

（三）开源与节流并举

1. 增加收入。工资收入和投资收益是收入的两大来源。家庭成员可以充分利用业余时间和职业优势开展第二职业来增加工资性的收入。更重要的是，要将部分资金用于投资增加投资收益。中国老百姓习惯于储蓄，这样不利于资产的增值，通常都抵消不了通货膨胀带来的资产贬值。因此，理财规划师要引导客户树立投资意识。

2. 节省开支。

（1）减少消费支出。理财规划师可以通过询问、调查问卷等方式，了解客户的消费项目，按照重要性进行排序，在遇到财务状况不良时，可以优先保证重要项目。此外对于必不可少的项目也可以采用各种方法减少开支，选择合适的时间购物可以充分享受各种优惠；出国留学时选择性价比高的国家和学校。

（2）科学节税。我国工薪阶层的所得税都是由用人单位代扣代缴的，而税收对于家庭可支配收入的影响是很大的。理财规划师可以帮助高薪客户合理节税。

（四）时间是财富的最大盟友，越早理财越好

很多年轻人总认为理财是中年人的事，或是有钱人的事，其实理财能否致富与金钱的多寡关系并不是很大，而与时间长短之间的关联性却很大。人到了中年面临退休，手中有点闲钱，才想到为自己退休后的经济来源做准备，此时却为时已晚。原因是时间不够长，无法使复利发挥作用。要让小钱变大钱，至少需要二三十年以上的时间，所以理财活动越早越好，并培养持之以恒、长期等待的耐心。

被公认为股票投资之神的沃伦·巴菲特，他相信投资的不二法门是在价钱好的时候，买入公司的股票且长期持有，只要这些公司有持续良好的业绩，就不要把他们的股票卖出。巴菲特从11岁就开始投资股市，今天他拥有的巨大财富，完全是靠60年的岁月，慢慢地在复利的作用下创造出来的。而且他自小就开始培养尝试错误的经验，对他日后的投资功力有关键性的影响。

时间是财富的最大盟友，理财的第一大原则就是越早越好，越早开始理财，就能以更低的付出得到更高的回报。

【资料链接】

理财规划建议书样本

理财规划建议书是针对客户具体情况的个性化方案，加上不同理财规划师对理财产品的理解也不同，因此理财方案并没有确定的、标准的模式。为了便于学生学习理财规划建议书的设计思路，下面给出一个完整的理财规划建议书样本，以供大家学习。

唐先生家庭
理财规划建议书

××公司
××××年×月×日

前言

尊敬的唐先生：

我们公司是专业从事理财规划、财经咨询、金融培训的服务性机构。我们拥有国内金融理财领域的众多资深专业人士和国内一流的金融理财专家与顾问团队。非常荣幸能为您和您的家庭设计一套完整的理财规划方案。对您给予我们的信任和支持，我们表示十分感谢，并衷心希望我们能长期保持良好的合作关系。

一、本建议书的由来

本建议书是根据您的委托，由我们公司为您量身定做的理财规划建议书。

本建议书能够协助您全面了解自己的财务状况，明确财务需求及目标，并提供充分利用您财务资源的建议，是一份指导您达成理财目标的手册，供您在管理资产的决策中有所参考，但并不能代替其他专业分析报告。

二、本建议书所使用的资料来源

本建议书的资料来源包括您提供给我们的有关您的财务状况与家庭情况的相关资料文件，及性格分析与投资偏好分析。

三、本公司的义务

根据理财规划师工作要求及职业道德要求，本公司具有如下义务：

1. 本公司为您指定的具体承办理财规划事务的理财规划师具有相应的胜任能力，已经通过国家理财规划师职业资格考试，取得执业证书，具有一定的工作经验。

2. 本团队所提供的理财规划均基于目前的宏观经济情况和个人财务知识以及经验累积，仅为建议，由客户作最终决策。本团队不负有任何法律责任。

3. 本团队所获得的客户财务情况仅为作财务策划之用，在未获得客户允许的情况下保证不泄露任何客户私人信息。

4. 若客户的财务状况发生重大变化，客户有义务及时告知本理财团队；若宏观经济发生重大变化，本团队也有义务及时告知客户，以便及时对其理财规划建议书作出调整。

四、客户方面义务

1. 本人提供部分调查表中所要求的信息，并要求××团队仅根据此信息为本人提供服务。

2. 本人理解××团队提供的个人理财规划服务的质量将依赖于本人所提供信息的准确性。因此，本人声明并保证，所提供的信息是完整而准确的。

五、免责条款

1. 本理财规划建议书是在您提供的资料的基础上，并基于通常可接受的假设、合理的估计，综合考虑您的资产负债情况、理财目标、现金收支及理财对策而制订的。推算出的结果可能与您真实情况存有一定误差，您提供信息的完整性、真实性将有利于我们为您更好地量身定制个人理财规划，提供更好的理财规划服务。

2. 您须承诺向理财规划师如实陈述事实，如因隐瞒真实情况、提供虚假信息或错误信息而造成损失，本公司及指派的理财规划师本人将不承担任何责任。

3. 本公司的理财规划为参考性质的，它仅为您提供一般性的理财指引，不代表我们对实现理财目标的保证。

理财规划建议书的假设前提

本理财规划建议书的计算均基于以下假设条件：

1. 年通货膨胀率为 3%

2. 活期储蓄存款利率 0.81%，一年期定期存款的年利率为 3.60%

3. 货币市场基金年收益率为 2.5%

客户财务状况分析

一、客户家庭成员基本情况及分析

成员	年龄	职业	收入状况
唐先生	35	行业主管	中等、稳定
唐太太	35	财务主管	中等、稳定
儿子	9	小学	无

二、家庭财务状况分析

（一）资产负债表

客户：唐先生和唐太太家庭　　　日期：2016 年 12 月 31 日　　　单位：元

资产	金额	负债与净资产	金额
金融资产		负债	
现金与现金等价物		信用卡透支	
现金	250 000	住房贷款	
活期存款	50 000	负债合计	
活期存款利息	365		
现金与现金等价物小计	300 365		
其他金融资产			
股票	50 000		
保险理财产品	53 000		
其他金融资产小计	103 000		
金融资产小计	403 365	净资产	1 153 365
实物资产			
自住房	600 000		
汽车	150 000		
实物资产小计	750 000		
资产总计	1 153 365	负债与净资产总计	1 153 365

（二）现金流量表

客户：唐先生与唐太太家庭

日期：2016 年 1 月 1 日至 2016 年 12 月 31 日　　　单位：元

年收入	金额	百分比	年支出	金额	百分比
工资和薪金			日常生活开支	36 000	37.58%
唐先生	200 000	72.24%	养车费及车险车船税	28 800	30.06%
唐太太	48 000	17.34%	儿子	6 000	6.26%
奖金和佣金	28 840	10.42%	服装休闲开支	5 000	5.22%
投资收入			外出旅游开支	10 000	10.44%
租金收入			探亲费	10 000	10.44%
收入总计	276 840	100%	支出总计	95 800	100%
年结余	181 040				

1. 家庭收入分析

我们认为您的家庭收入主要来自于税后工资，收入过于单一。万一出现失业或意外，您的家庭抗风险的能力较低，将会对您的家庭产生不良影响。

2. 家庭开支分析

您目前提供的家庭开支中，家庭的日常消费开支确实不是很大，这说明您的家庭生活非常传统，储蓄意识也很强。

3. 客户财务状况的比率分析（略）

总体分析您的各项指标，说明您的财务结构不尽合理。您很关注资产的流动性，流动性资产完全可以应付支出，结余很多，应适当增加投资，充分利用杠杆效应提高资产的整体收益性。

4. 客户财务状况预测

客户现在处于事业的黄金阶段，预期收入会有增长的可能，投资收入的比例会逐渐加大。同时现有的支出也会增加，随着年龄的增长，保险医疗费用也会有所增加。

5. 客户财务状况总体评价

总体看来，客户偿债能力较强，结余比例较高，财务状况较好。其缺陷在于定期存款占总资产的比例过高，投资结构不太合理。该客户的资产投资和消费结构可进一步提高。

客户理财目标

根据您的期望和我们之间的多次协商，我们认为您与您太太的理财目标是：

1. 现金规划：保持家庭资产适当的流动性。
2. 保险规划：增加适当的保险投入进行风险管理。
3. 证券投资规划。
4. 消费支出规划——购房：近期内购买一套预计总价为 700 000 元的住房。（短期）
5. 子女教育规划：九年后孩子上大学，从考入大学到硕士研究生毕业综合考虑各种因素预计需要 350 000 元。（长期）
6. 唐先生和唐太太夫妇的退休养老计划，预计 2 000 000 元。（长期）

一、分项理财规划

（一）现金规划

您目前流动资金有 300 365 元，占到您总资产的 26%。您目前每月生活费大约为 7 980元，现金、活期存款额度偏高，对于唐先生唐太太夫妇这样收入比较稳定的家庭来说，保持 3 个月的消费支出额度即可，建议保留 30 000 元的家庭备用金，避免因失业、意外疾病事故或其他突发事件是家庭经济出现剧烈的变动。本家庭已经有 25 万元的定期存款，可以把结余的部分拿出去投资，为了可随时存取。可以购买一些货币市场基金，其收益一般高于活期存款，可两天通知灵活取现免利息税、免手续费等，是个不错的选择。

（二）消费支出计划

从您的理财目标可以看出，您的家庭打算近期买一套房子，还打算对原有住房进行处理，我们对您的购房计划进行规划。

购房规划：

购房的费用：面积为 100 平方米，价格为 7 000 元每平方米，预计需要 700 000 元。

从您的家庭状况看，我们建议您在三个月内买房，需要将原有的住房卖掉一共是

600 000 元，剩下的可以从半年的收入结余中支取。

（三）证券投资规划

鉴于本家庭已计划购买货币市场基金，且属于保守型投资者，可选择购买国债类风险低、有一定收益的证券。

（四）教育规划

您为您的儿子购买的是学校统一的人身意外保险，您的意向是让儿子读到硕士研究生毕业，综合考虑大概需要 35 万元。

现在每月儿子需要 6 000 元的支出，9 年是 648 000 元，用每个月的收出来支付。静态计算 9 年后需要 35 万元左右，对您的家庭来说，教育基金的筹集还是要靠投资来完成。每年为孩子预留 50 000 元，这样的话 9 年后就会有 45 万元，建议把每年的教育基金进行平稳股票基金投资。

（五）风险管理和保险规划

唐先生家庭的财产和成员都缺少风险保障。唐先生本人除了公司为其缴纳的三险一金未购买任何商业保险，唐太太也未购买任何商业保险，您的儿子购买了学校统一购买的人身意外保险，考虑到唐先生家庭的收入水平，其家庭各项风险保障费用加总不宜超过 18 000 元，即家庭年度结余的 10%，这样在形成家庭保障的同时不会造成家庭过重的财务负担。具体风险保障规划按家庭成员和家庭财产分别陈述如下。

1. 首先我们对唐先生您个人的保险规划提出如下建议：

（1）人寿保险建议——针对您的生命风险进行的规划

（2）健康保险建议——针对您的身体健康进行的规划

2. 我们对唐太太的保险规划提出以下建议

健康保险建议——针对您的身体健康进行的规划

3. 我们对唐韬的保险规划建议

人寿保险建议——针对您的生命风险进行的规划

4. 我们对您的不动产的保险规划建议

（六）投资计划

基金投资分析。因为基金投资取得了一定的受益，并且是风险很低的投资，所以建议多加一些基金方面的投资。

（七）退休养老计划

您的目标是 20 年后退休，并且能筹集 2 000 000 元退休费用，安享晚年，您未来工作 10 年间每年会有 18 万的结余，除去每年的教育基金 5 万元还有 13 万元。每年的 18 万元投入到基金中，收益率会在 5%～15%。9 年后除去教育基金 35 万元，保守估计 9 年后会有 135 万元。20 年后您退休时可以拥有 300 多万元资产。

（八）财产分配与传承规划

唐先生唐太太希望百年之后他们的房子可以进行拍卖，将拍卖后所得的二分之一捐赠给慈善机构，剩余的二分之一留给儿子，其他的财产按照法定继承处理。这方面如果您有进一步的需求，请您在后续服务中跟我们联系，我们可以安排您在相关法律人士和信托专家的帮助下设立遗嘱或者遗嘱信托。

二、理财方案的预期效果分析

2017 年现金流量表

客户：唐先生与唐太太家庭

日期：2017 年 1 月 1 日至 2017 年 12 月 31 日

年收入	金额	百分比	年支出	金额	百分比
工资和薪金			日常生活开支	42 000	43.84%
唐先生	200 000	72.24%	养车费及车险车船税	28 800	30.06%
唐太太	48 000	17.34%	服装休闲开支	5 000	5.22%
奖金和佣金	28 840	10.42%	外出旅游开支	10 000	10.44%
投资收入			探亲费	10 000	10.44%
租金收入					
收入总计	276 840	100%	支出总计	95 800	100%
年结余	181 040				

资产负债表

客户：唐先生与唐太太家庭   日期：2017 年 12 月 31 日

资产	金额	负债与净资产	金额
金融资产		负债	
活期存款	50 000	信用卡透支	
活期存款利息	365	住房贷款	
定期存款	250 000	负债合计	
现金与现金等价物小计	300 365		
其他金融资产			
股票	50 000		
基金	53 000		
其他金融资产小计	103 000		
金融资产小计	403 365	净资产	1 153 365
实物资产			
自住房	600 000		
小汽车	150 000		
实物资产小计	750 000		
资产总计	1 153 365	负债与净资产总计	1 153 365

财务状况的综合评价：

通过以上规划的执行，客户的理财目标基本可以得到实现，财务安全得到保障的同时，整体资产的收益率在客户的风险承受范围内也比较理想。如果客户财务状况稳定，客户可于一年后对本理财规划建议进行调整。

三、理财方案的执行和调整

9 年后儿子毕业，能够独立获取资金。

预计 20 年后唐先生和唐太太相继退休，享有退休金。

唐先生、唐太太相继退休，但因享有退休金，对家庭收入冲突相应较少。儿子毕业得到工作，能够独立获取资金，职位也会逐渐上升，工资逐渐增长，家庭收入呈缓速增长趋势。可以相应新增相关理财目标。

类别	内容
房产	购置一套 100～200 平方米的房产作为儿子未来的新房。
养老	设立自备养老金，采取随存随取的方式。

四、持续理财服务（略）

五、附件及相关资料（略）

职业技能训练

训练1

张先生为某外企高层管理人员，税后年工资收入约 30 万元，今年 40 岁；张太太为国企职员，税后月工资收入约 6 000 元，年终奖 5 万元，今年 36 岁。家中有一个 8 岁男孩张笑。2001 年夫妻俩购买了一套总价为 90 万元的住宅，该房产还剩 10 万元左右的贷款未还，因当初买房采用等额本息还款法，张先生没有提前还贷的打算。夫妻俩在股市的投资约 70 万元（现值）。银行存款 25 万元左右；另外，张先生有一处 50 平方米的出租住房，每月租金收入 1 880 元，房产的市场价值为 60 万元。每月补贴双方父母 2 000 元（双方父母具有养老和医疗保障）；每月房屋月供 2 000 元，家庭日常开销每月在 4 000 元左右，孩子教育费用平均每月 1 000 元左右。每年外出旅游的花费在 12000 元左右。

夫妻俩对保险不了解，分别买了一份人身意外伤害综合险（吉祥卡），给孩子买了一份两全分红型保险，保险理财产品目前现金价值 8 280 元。张太太有在未来 5 年购买第三套住房的家庭计划（总价预计 80 万元）。此外，夫妻俩有购车想法，目前看好的车总价约在 30 万元左右，夫妻俩想在 10 年后（2015 年）送孩子出国念书，综合考虑各种因素，预计各种支出每年需要 10 万元，共 6 年（本科加硕士）。

请为张先生家庭制订一份理财规划建议书。

理财规划建议书（参考）

第一部分 客户财务状况分析

一、客户家庭成员基本情况分析

（一）家庭成员基本情况

成员	年龄	职业	收入状况
张先生	40	外企高管	高收入、较稳定
张太太	36	国企职员	中等、稳定
儿子	8	小学生	—

（二）家庭境况分析

您的家庭属于中年家庭，正处于家庭与事业的成长期，夫妇二人工作相对稳定且已积累了一定的工作经验，您的家庭收入将保持稳定增长。孩子正在读小学，随着孩子的成长，您的家庭未来的教育支出将不断增加，另外，随着您夫妇二人的年龄不断增大，您的退休养老规划也应提上日程。

（三）家庭投资风险偏好

以目前您的投资方向及委托内容分析，您的风险承受力属于中等水平，风险偏好属于中低范围，是风险厌恶型的保守投资者。建议您亲自来本理财中心，做一个详细的风险偏好类型和风险承受能力评估，以使分析和规划更贴近您的真实情况。

二、家庭财务状况分析

（一）家庭资产负债表

单位：元人民币

时间：2016－12－31			客户：张先生
资产		负债	
金融资产		住房贷款	100 000
银行存款	250 000		
股票	700 000		
分红险	8 280		
实物资产			
自住房产	900 000		
投资性房产	600 000		
总资产	2 458 280	总负债	100 000
净资产		2 358 280	

（二）家庭现金流量表

单位：元人民币

日期：2016 - 01 - 01 至 2016 - 12 - 31				客户姓名：张先生		
收入		金额	百分比	支出	金额	百分比
工资薪金	张先生	300 000	67.48%	日常开销	48 000	40%
	张太太	72 000	16.2%	孩子教育费	12 000	10%
				赡养老人	24 000	20%
奖金和佣金		50 000	11.25%	归还房屋按揭贷款	24 000	20%
房屋租金收入		22 560	5.07%	外出旅游	12 000	10%
收入总计		444 560		支出总计	120 000	
结余				324 560		

（三）家庭财务比率分析

1. 清偿比率 = 净资产/总资产 = 2 358 280 ÷ 2 458 280 = 0.96

您的家庭资产中净资产所占比例很高，即使面临较大的还债压力，您也有足够能力通过变现资产来偿还。

2. 即付比率 = 流动资产/负债总额 = 250 000 ÷ 100 000 = 2.5

您家庭的即付比例远远高于0.7的标准值，说明您家庭利用可随时变现资产偿还债务的能力很强。

3. 负债收入比率 = 负债/税后收入 = 24 000 ÷ 444 560 = 0.054

您家庭的负债收入比远远低于0.4的临界点，说明您家庭的财务安全，还贷压力较小。

4. 流动性比率 = 流动性资产/每月支出 = 250 000 ÷ 10 000 = 25

一般来说，流动资产可以满足3至6个月的开支即可，您的家庭收入比较稳定，流动性比率应保持在3倍。您现在的流动性比率达到25倍，说明您的流动性资产配置较多，资产收益较差。

5. 结余比例 = 结余/税后收入 = 324 560 ÷ 444 560 = 0.73

从结余比率可以看出，您的家庭在满足当年支出以外，还可将73%的收入用于增加储蓄或者投资，家庭净资产未来增长潜力较大。

6. 投资与净资产比率 = 投资资产/净资产 = 1 308 280 ÷ 2 358 280 = 0.55

投资性资产包括所有可产生利息、租金、资本利得等理财收入的金融性资产与房地产，合适比例应该为50%以上，您的投资与净资产比率是55%，比较合适。

通过分析，我们认为，您的家庭财务状况良好，家庭总负债率较低，家庭储蓄能力强，未来家庭净资产增长潜力较大。您的家庭投资性资产持有比例适度，但资产配置比较单一，风险较集中；另外，家庭中流动性资产持有过多，使资产的收益率下降。您的家庭也没有充分应用家庭的负债能力去扩大家庭资产的规模，因此，合理配置资产，做好各种规划将是您家庭理财的重点。

第二部分　分项理财规划（略）

一、现金规划

二、保险规划

三、消费支出规划

四、教育规划

五、投资规划

六、退休养老规划

七、财产分配与传承

第三部分　理财方案预期效果分项（略）

第四部分　理财方案执行与调整（略）

训练 2

通过本书的学习，请为自己的家庭或身边的亲人制订一份综合的理财规划方案，以检验自己的学习效果，提高理财能力并回馈亲人。

本章习题

一、单项选择题

1. （　　）是在对客户的家庭状况、财务状况、理财目标及风险偏好等详尽了解的基础上，通过与客户的充分沟通，运用科学的方法，利用财务指标、统计资料、分析核算等多种手段，对客户的财务现状进行描述、分析和评议，并对客户财务规划提出方案和建议的书面报告。

A. 投资建议书　　　　　　　　　　B. 综合理财规划建议书

C. 旅游规划建议书　　　　　　　　D. 收入规划建议书

2. 下列哪一项不是理财规划建议书的封面应该包括的？（　　）

A. 标题　　　　　　　　　　　　　B. 执行该理财规划的单位

C. 出具报告的日期　　　　　　　　D. 姓名

3. 下列哪一项不属于客户的性格类型？（　　）

A. 主导型　　　　B. 自我型　　　　C. 悲伤型　　　　D. 协调型

4. 下列哪一项不属于专项理财规划的目标？（　　）

A. 家庭整体财务状况达到最优水平

B. 足够的意外现金储备、充足的保险保障

C. 双方父母的养老储备基金

D. 双方亲友特殊大项开支的支援储备基金

5. （　　）是指在收集客户的教育需求信息、分析教育费用的变动趋势并估算教育费用的基础上，为客户选择适当的教育费用准备方式及工具，制订并根据因素变化调整教育规划方案。

A. 教育规划　　　　　B. 购房规划　　　　　C. 购车规划　　　　　D. 个人信贷消费规划

6. 在全面理财规划中，理财规划师可通过与客户的沟通得出合理的各阶段分期目标，其短期目标的时间是（　　）。

A. 5 年　　　　　B. 10 年　　　　　C. 20 年　　　　　D. 30 年

7. 下列哪一项不属于理财规划方案基于的假设前提？（　　）

A. 未来平均每年通货膨胀率　　　　　B. 客户收入的年增长率

C. 定期及活期存款的年利率　　　　　D. 银行贷款的年利率

8. 下列哪一项不属于综合理财规划建议书写作的操作要求？（　　）

A. 全面　　　　　B. 细致　　　　　C. 难度适中　　　　　D. 有条理

9. （　　）旨在通过财务安排和合理运作来实现个人、家庭或企业财富的保值增值，最终使生活更加舒适、快乐。

A. 旅游规划　　　　　B. 理财规划　　　　　C. 收入规划　　　　　D. 方案规划

二、多项选择题

1. 下列属于综合理财规划建议书前言中的有（　　）。

A. 致谢　　　　　B. 理财规划建议书的由来　　　　　C. 公司义务

D. 建议书所用资料的来源　　　　　E. 客户义务

2. 免责条款是指双方当事人事前约定的，为免除或者限制一方或者双方当事人未来责任的条款。下列哪几项属于免责条款？（　　）

A. 理财规划师基于客户提供的资料和通常可接受的假设，合理地估计、估算的误差

B. 因客户方隐瞒真实情况、提供虚假或错误信息而造成损失

C. 客户的家庭情况发生变化，且客户没有及时告知公司而造成的损失，公司不承担任何责任

D. 理财规划师对实现理财目标作出保证

E. 对客户投资任何金融或实业工具作出保证

3. 在编写理财规划建议书正文过程中，下列哪几项属于所需要的家庭成员基本情况及分析？（　　）

A. 基本情况介绍　　　　　B. 客户本人的性格分析

C. 客户投资偏好分析　　　　　D. 家庭重要成员性格分析

E. 家庭重要成员投资偏好分析

4. 理财规划师在编写正文时，首先应对家庭成员作一介绍，需具体到家庭每一个成

员的姓名、年龄、职业、收入，可用文字或表格的形式进行说明。某一客户的家庭成员
应该包括（　　）。

A. 客户的子女　　　B. 客户的妻子　　　C. 客户老家的父母

D. 客户老家的姐姐　E. 客户

5. 在客户的现有经济状况下，可能并不能同时综合理财规划中的八大规划。但是，
我们首先要考虑的规划是（　　）。

A. 现金规划　　　　B. 投资规划　　　　C. 风险管理规划

D. 子女教育规划　　E. 消费支出规划

6. 下列哪几项是理财规划师对客户进行理财规划的过程中必须要注意遵循的原则？
（　　）

A. 通观全盘、整体规划原则　　　　B. 建立现金保障原则

C. 追求收益优先原则　　　　　　　D. 消费、投资与收入相匹配原则

E. 节流重于开源原则

7. 理财规划师应该根据不同家庭形态的特点分别制定出不同的理财规划策略。下列
哪些理财建议是正确的？（　　）

A. 可以将年轻、经济负担不重的青年家庭在理财规划的策略上制定为进攻类型

B. 理财规划师应该建议青年家庭以渐进式、积累式的方式分批投入，适合攻守兼
顾型

C. 中年家庭的理财规划方案适合攻守兼备的理财规划策略

D. 中年家庭的理财规划方案在三种家庭形态中相对是最复杂的，适合防守型的理
财规划策略

E. 老年家庭的特点决定了其积极的理财规划策略

8. 理财规划师在为具体家庭做保险规划时，还应注意一些原则（　　）。

A. 先为家庭中老幼投保保险

B. 先为家庭主要收入提供者买保险

C. 家庭成员同时购买商业保险时，保险额度应和收入水平成正比

D. 对于整个家庭的财务安全来说，丈夫的重要性高于妻子

E. 制订购买商业保险规划时考虑家庭成员的社保和已购买商业保险的情况

9. 理财规划师通过与客户的充分交流，总结出客户通过专项理财规划，所希望实现
的规划目标。这些目标应包括（　　）。

A. 足够的意外现金储备

B. 充足的保险保障

C. 双方父母的养老储备基金

D. 双方亲友特殊大项开支的支援储备基金

E. 夫妻双方的未来养老储备基金

高职高专系列教材书目

一、高职高专金融类系列教材

货币金融学概论	周建松			主编	25.00 元	2006.12 出版
货币金融学概论习题与案例集	周建松	郭福春等		编著	25.00 元	2008.05 出版
金融法概论（第二版）	朱 明			主编	25.00 元	2012.04 出版
（普通高等教育"十一五"国家级规划教材）						
商业银行客户经理	伏琳娜	满玉华		主编	36.00 元	2010.08 出版
商业银行客户经理	刘旭东			主编	21.50 元	2006.08 出版
商业银行综合柜台业务(第二版)	董瑞丽			主编	36.00 元	2012.08 出版
（国家精品课程教材·2006）						
商业银行综合业务技能	董瑞丽			主编	30.50 元	2008.01 出版
商业银行中间业务	张传良	倪信琦		主编	22.00 元	2006.08 出版
商业银行授信业务	王艳君	郭瑞云	于千程	编著	45.00 元	2012.10 出版
商业银行授信业务	邱俊如	金广荣		主编	32.00 元	2009.02 出版
商业银行业务与经营	王红梅	吴军梅		主编	34.00 元	2007.05 出版
金融服务营销	徐海洁			编著	34.00 元	2013.06 出版
商业银行基层网点经营管理	赵振华			主编	32.00 元	2009.08 出版
商业银行柜面英语口语	汪卫芳			主编	15.00 元	2008.08 出版
银行卡业务	孙 颖	郭福春		编著	36.50 元	2008.08 出版
银行产品	彭陆军			主编	25.00 元	2010.01 出版
银行产品	杨荣华	李晓红		主编	29.00 元	2012.12 出版
反假货币技术	方秀丽	陈光荣	包可栋	主编	58.00 元	2008.12 出版
小额信贷实务	邱俊如			主编	23.00 元	2012.03 出版
商业银行审计	刘 琳	张金城		主编	31.50 元	2007.03 出版
金融企业会计	唐宴春			主编	25.50 元	2006.08 出版
（普通高等教育"十一五"国家级规划）						
金融企业会计实训与实验	唐宴春			主编	24.00 元	2006.08 出版
（普通高等教育"十一五"国家级规划教材教材辅助教材）						
新编国际金融	徐杰芳			主编	39.00 元	2011.08 出版
国际金融概论	方 洁	刘 燕		主编	21.50 元	2006.08 出版
（普通高等教育"十一五"国家级规划教材）						
国际金融实务	赵海荣	梁 涛		主编	30.00 元	2012.07 出版
国际金融实务（第二版）	李 敏			主编	34.00 元	2014.08 出版
风险管理	刘金波			主编	30.00 元	2010.08 出版
外汇交易实务	郭也群			主编	25.00 元	2008.07 出版
外汇交易实务	樊祎斌			主编	23.00 元	2009.01 出版
证券投资实务	徐 辉			主编	29.50 元	2012.08 出版
国际融资实务	崔 荫			主编	28.00 元	2006.08 出版

理财学（第二版）	边智群　朱澍清	主编	39.00 元	2012.01 出版

（普通高等教育"十一五"国家级规划教材）

投资银行概论	董雪梅	主编	34.00 元	2010.06 出版
金融信托与租赁（第二版）	蔡鸣龙	主编	35.00 元	2013.03 出版
公司理财实务	斜志斌	主编	34.00 元	2012.01 出版
个人理财规划（第二版）	胡君晖	主编	33.00 元	2017.05 出版
证券投资概论	王　静	主编	22.00 元	2006.10 出版

（普通高等教育"十一五"国家级规划教材/国家精品课程教材·2007）

金融应用文写作	李先智　贾晋文	主编	32.00 元	2007.02 出版
金融职业道德概论	王　琦	主编	25.00 元	2008.09 出版
金融职业礼仪	王　华	主编	21.50 元	2006.12 出版
金融职业服务礼仪	王　华	主编	24.00 元	2009.03 出版
金融职业形体礼仪	钱利安　王　华	主编	22.00 元	2009.03 出版
金融服务礼仪	伏琳娜　孙迎春	主编	33.00 元	2012.04 出版
合作金融概论	曾赛红　郭福春	主编	24.00 元	2007.05 出版
网络金融	杨国明　蔡　军	主编	26.00 元	2006.08 出版

（普通高等教育"十一五"国家级规划教材）

现代农村金融	郭延安　陶永诚	主编	23.00 元	2009.03 出版
"三农"经济基础	凌海波　郭福春	主编	34.00 元	2009.08 出版

二、高职高专会计类系列教材

管理会计	黄庆平	主编	28.00 元	2012.04 出版
商业银行会计实务	赵丽梅	编著	43.00 元	2012.02 出版
基础会计	田玉兰　郭晓红	主编	26.50 元	2007.04 出版
基础会计实训与练习	田玉兰　郭晓红	主编	17.50 元	2007.04 出版
新编基础会计及实训	周　峰　尹　莉	主编	33.00 元	2009.01 出版
财务会计（第二版）	尹　莉	主编	40.00 元	2009.09 出版
财务会计学习指导与实训	尹　莉	主编	24.00 元	2007.09 出版
高级财务会计	何海东	主编	30.00 元	2012.04 出版
成本会计	孔德兰	主编	25.00 元	2007.03 出版

（普通高等教育"十一五"国家级规划教材）

成本会计实训与练习	孔德兰	主编	19.50 元	2007.03 出版

（普通高等教育"十一五"国家级规划教材辅助教材）

管理会计	周　峰	主编	25.50 元	2007.03 出版
管理会计学习指导与训练	周　峰	主编	16.00 元	2007.03 出版
会计电算化	潘上永	主编	40.00 元	2007.09 出版

（普通高等教育"十一五"国家级规划教材）

会计电算化实训与实验	潘上永	主编	10.00 元	2007.09 出版

（普通高等教育"十一五"国家级规划教材辅助教材）

财政与税收（第三版）	单惟婷	主编	35.00 元	2009.11 出版
税收与纳税筹划	段迎春　于　洋	主编	36.00 元	2013.01 出版

金融企业会计	唐宴春		主编	25.50 元	2006.08 出版
普通高等教育"十一五"国家级规划教材					
金融企业会计实训与实验	唐宴春		主编	24.00 元	2006.08 出版
普通高等教育"十一五"国家级规划教材辅助教材					
会计综合模拟实训	施海丽		主编	46.00 元	2012.07 出版
会计分岗位实训	舒 岳		主编	40.00 元	2012.07 出版

三、高职高专经济管理类系列教材

经济学基础	高同彪		主编	45.00 元	2012.07 出版
管理学基础	曹秀娟		主编	39.00 元	2012.07 出版
大学生就业能力实训教程	张国威 褚义兵等		编著	25.00 元	2012.08 出版

四、高职高专保险类系列教材

保险实务	梁 涛	南沈卫	主编	35.00 元	2012.07 出版
保险营销实务	章金萍	李 兵	主编	21.00 元	2012.02 出版
新编保险医学基础	任森林		主编	30.00 元	2012.02 出版
人身保险实务	黄 素		主编	36.00 元	2013.02 出版
国际货物运输保险实务	王锦霞		主编	29.00 元	2012.11 出版
保险学基础	何惠珍		主编	23.00 元	2006.12 出版
财产保险	曹晓兰		主编	33.50 元	2007.03 出版
普通高等教育"十一五"国家级规划教材					
人身保险	池小萍	郑祎华	主编	31.50 元	2006.12 出版
人身保险实务	朱 佳		主编	22.00 元	2008.11 出版
保险营销	章金萍		主编	25.50 元	2006.12 出版
保险营销	李 兵		主编	31.00 元	2010.01 出版
保险医学基础	吴艾竞		主编	28.00 元	2009.08 出版
保险中介	何惠珍		主编	40.00 元	2009.10 出版
非水险实务	沈洁颖		主编	43.00 元	2008.12 出版
海上保险实务	冯芳怡		主编	22.00 元	2009.04 出版
汽车保险	费 洁		主编	32.00 元	2009.04 出版
保险法案例教程	冯芳怡		主编	31.00 元	2009.09 出版
保险客户服务与管理	韩 雪		主编	29.00 元	2009.08 出版
风险管理	毛 通		主编	31.00 元	2010.07 出版
保险职业道德修养	邢运凯		主编	21.00 元	2008.12 出版
医疗保险理论与实务	曹晓兰		主编	43.00 元	2009.01 出版

五、高职高专国际商务类系列教材

国际贸易概论	易海峰		主编	36.00 元	2012.04 出版
国际商务文化与礼仪	蒋景东	刘晓枫	主编	23.00 元	2012.01 出版
国际结算	靳 生		主编	31.00 元	2007.09 出版
国际结算实验教程	靳 生		主编	23.50 元	2007.09 出版

国际结算（第二版）	贺　瑛　漆腊应	主编	19.00 元	2006.01 出版
国际结算（第三版）	苏宗祥　徐　捷	编著	23.00 元	2010.01 出版
国际结算操作	刘晶红	主编	25.00 元	2012.07 出版
国际贸易与金融函电	张海燕	主编	20.00 元	2008.11 出版
国际市场营销实务	王　婧	主编	28.00 元	2012.06 出版
报检实务	韩　斌	主编	28.00 元	2012.12 出版

如有任何意见或建议，欢迎致函编辑部：jiaocaiyibu@126.com。